समय शिला पर...

एक जीवन-यात्रा

समय शिला पर...

एक जीवन-यात्रा

नमिता सिंह

वाणी प्रकाशन

प्रकाशन के उत्कृष्टतम 60 वर्ष

vaniprakashan.com

सजिल्द प्रथम संस्करण : 2024

वाणी प्रकाशन
4695, 21-ए, दरियागंज, नयी दिल्ली-110 002
फ़ोन : +91 11 23273167; 23275710
शाखाएँ
अशोक राजपथ, पटना-800 004, बिहार
कॉफ़ी हाउस कैम्पस, महात्मा गांधी मार्ग, इलाहाबाद-211 001, उत्तर प्रदेश
महात्मा गांधी अन्तरराष्ट्रीय हिन्दी विश्वविद्यालय, वर्धा-442 001, महाराष्ट्र
36/ए, शेक्सपियर सरणी, रानी बिरला गर्ल्स कॉलेज के पास, कोलकाता-700 017, प. बंगाल
sales@vaniprakashan.in
vaniprakashan@gmail.com

Samay Shila Par...
by Namita Singh

ISBN : 978-93-5775-324-1
Memoirs

मूल्य : ₹ 395

आर. टेक ऑफ़सेट प्रिंटर्स, दिल्ली-110 032 में मुद्रित

वाणी प्रकाशन का लोगो मक़बूल फ़िदा हुसेन की कूची से

अपने मित्रों, सहयोगियों और सभी परिवारी जन का आभार!
इस पुस्तक को लिखते समय उनसे
तरह-तरह की मदद मिली
विशेषकर कोरोना-काल के
कठिन समय में...

पूर्व कथन

मैं जीवन के अस्सी साल पूरे करने वाली हूँ। पीछे मुड़कर देखती हूँ तो वहाँ एक सहमी, झेंपू सी लड़की दिखायी देती है। लोगों के सामने आने से बचने की कोशिश। लगता सब उसी को देख रहे हैं, हँस रहे हैं। दूसरी ओर दिमाग़ में कुछ-न-कुछ हरदम चलता रहता। हर काम में हाथ आजमाना, हर जगह उपस्थित रहने की चाहत। इसी कशमकश में तय कर लिया एक लम्बा सफ़र!

और अब, अपने समय को पढ़ने की कोशिश की है!

इतिहास बनता समय जो बीते ज़माने की केवल शिनाख़्त नहीं करता, बल्कि वर्तमान को समझने में मदद करता है। इसी समझ से भविष्य का रास्ता भी तय होता है, उसका रंग-रूप, प्रवृत्तियाँ निर्मित होती हैं। व्यक्ति तो केवल चरित्र हैं। वे माध्यम हैं समय को समझने के लिए...उनके पाठ को आत्मसात करने के लिए। इतिहास में व्यक्ति की भूमिका महत्त्वपूर्ण होते हुए भी सीमित होती है। समाज और संस्कृति का फलक व्यापक है। धरती से लेकर आकाश तक फैला है। समय की अविरल धारा में रास्ता बनाते शिलाखण्ड और उन पर अंकित होते पदचिह्न जो इतिहास हैं और वर्तमान समय की पहचान भी...बस इसलिए ताकि सनद रहे।

लोगों के बीच काम करने का मौक़ा मिला तो नित नये अनुभव हुए। ज्ञानचक्षु मानो खुल गये। लगा कि जो होता है वह दिखायी नहीं देता और जो दिखता है वह होता ही नहीं। लखनऊ से निकले तो अलीगढ़ में रुके। अपनी आरामगाह से बाहर बहुत कुछ नया था सीखने और समझने के लिए। समाज के अनगिनत स्तर, नयी हलचलें। सामाजिक ताने-बाने की टूट-फूट का विस्फोटक रूप भी जीवन के विरल अनुभवों में रहा जिस पर बहुत बार कलम चलायी। कई कहानियाँ, लेख, उपन्यास। सबसे अधिक विचलित करने वाली घटनाओं में एक था दिसम्बर 1991 का भीषण दंगा। भयानक सामाजिक ध्रुवीकरण का माहौल। शहर को सामान्य होने में बहुत समय लगा। स्कूल कॉलेज तो महीने भर बाद खुल गये लेकिन आम जीवन तो लँगड़ा रहा था।

व्यापार और उद्योग बैठ गये थे। प्रमुख व्यवसायी और उद्योगपति राम मन्दिर आन्दोलन के साथ प्रत्यक्ष या अप्रयत्क्ष रूप से जुड़ चुके थे। उनकी राजनीतिक सम्बद्धता बदलते समय के साथ भविष्य की तस्वीर देख रही थी लेकिन ताला और पीतल उद्योग को बहुत बड़ा झटका लगा था। निर्यातकों का धन्धा बन्द होने के कगार पर आ गया था। मज़दूर, कारीगर सब ग़ायब। कुछ पीड़ित थे तो कुछ डरे-सहमे। पुरानी स्थिति में आने में छह-सात महीने लग गये। उद्योग और व्यापार को बहुत नुकसान हुआ था। इसके बाद शहर ने एक सकारात्मक पाठ यह पढ़ा कि व्यवसाय के लिए सुरक्षा और शान्ति का माहौल ज़रूरी है। 6 दिसम्बर 1992 को जब बाबरी मस्जिद ढहायी गयी और पूरा देश दंगों की चपेट में था, उस समय अलीगढ़ अपेक्षाकृत शान्त रहा। छोटी-मोटी घटनाएँ हुईं। कुछ हिंसात्मक वारदातें भी हुईं लेकिन समय रहते स्थिति को नियन्त्रण में किया जाता रहा। सामाजिक असुरक्षा और अशांत वातावरण में उद्योग धन्धे नहीं चल सकते, यह सबक सभी ने ग्रहण किया। विकास की बात करते हुए आज पूरे देश-समाज के लिए भी यह सबक ज़रूरी है। परिवर्तन प्रकृति का नियम है। सत्ता और राजनीति का चोली-दामन का साथ रहा है। सामाजिक परिवर्तन की स्थिति एकाएक नहीं होती। कभी-कभी अनेक अन्तर्धाराएँ मुख्य धारा से अधिक प्रभावी और बलशाली होती हैं जो सतह पर दिखायी नहीं देतीं या साधारण स्थितियों में पहचानी नहीं जातीं। समय आने पर विस्फोटक रूप सामने आता है और प्रवाह या तो अवरुद्ध हो जाता है या रास्ता बदल लेता है। सामाजिक स्थितियाँ जीवन मूल्य तय करती हैं और मनुष्य के रूप में हमारी संवेनदशीलता को भी प्रभावित करती हैं। व्यावहारिक विसंगतियों के बावजूद इन्सान सामाजिक प्राणी है। मानव समाज के विकास की लम्बी जद्दोजहद के बाद अर्जित मनुष्यता के मूल्य इन्सान के भीतर दूबघास की तरह है। सूखा पड़ता है तो दूबघास ऊपर से सूख जाती है, नष्ट हो जाती है। फिर, मौसम अच्छा हुआ, बादल घिरने लगे और बारिश हुई तो मिट्टी की सोंधी ख़ुशबू फिर महकने लगती है। दूबघास फिर जीवित हो उठती है, बढ़ने लगती है और हरियाली छा जाती है। हाँ! कभी-कभी बरसात का इन्तज़ार लम्बा हो जाता है...बहुत लम्बा।

अनेक लेखक मित्रों और सहृदय पाठकों का आग्रह था कि अपने जीवनानुभवों को आत्मकथा के रूप में प्रस्तुत करूँ। विशेष रूप से अपने समय की हलचल और लोगों के बीच काम करने के अपने अनुभव। आत्मकथा लिखना सचमुच कठिन है और हिम्मत का काम है। बेहद ईमानदारी और स्वयं के प्रति निर्मम होना ज़रूरी है।

मुझे लगा की बेहतर होगा अगर अपने समय को संस्मरण के रूप में लिखूँ। कोरोना काल के बन्द जीवन ने यह अवसर भी दे दिया।

लिखने बैठी तो बेहद फैलाव नज़र आया। अनगिनत रास्ते और पगडण्डियाँ। ढेर सारे सहयोगी और मित्र जगह-जगह थे। हिमालय की गोद में बसी, अपने पुरखों की ज़मीन को याद करना ज़रूरी लगा। वह भी इतिहास का एक सबक था जिसने अपने आपको गढ़ने में मदद की। लखनऊ से जीवन प्रवाह शुरू हुआ तो ठहराव अलीगढ़ में आकर हुआ और वही कर्मभूमि बनी। महसूस हुआ कि अलीगढ़ केवल एक शहर नहीं, मिनी हिन्दुस्तान है, अपनी क्षमताओं, सम्भावनाओं और अन्तर्विरोधों के साथ। विविध रंग हैं—पर्त-दर-पर्त। इस शहर ने जीवन के पाठ दिये और नज़र दी कुँवरपाल ने। विलक्षण व्यक्तित्व था कुँवरपाल का। जीवन में घर-परिवार और समाज के बीच की दूरी जैसे थी ही नहीं। समझ नहीं आता था कि वे हमारे हैं या दीन-दुनिया के, सबके हैं। कभी अपने सिद्धान्तों की क़ीमत पर जीवन में समझौता नहीं किया उन्होंने। इसलिए मैंने हमेशा कहा है कि हमारे घर की चहारदीवारी तो थी लेकिन घर में दरवाज़ा नहीं था। आने का रास्ता हमेशा खुला रहता था। जो पाठ यहाँ मिले वो शायद समाजशास्त्र की किसी पुस्तक में नहीं।

अनवरत जीवन...चलते जाना है। समय बदल गया है...समाज का चेहरा बदल गया है। इस सफ़र में समय शिला पर जो निशान बनते रहे वे सामाजिक जीवाश्म हैं, फॉसिल्स—जो इतिहास को समझने का ज़रिया होते हैं। इतिहास, अब चाहे प्रकृति का हो या समाज का।

नमिता सिंह

अनुक्रम

शापित देवी भवन

मुख्य सड़क से क़रीब दस-बारह सीढ़ियाँ चढ़कर बग़ल में जाने वाला थोड़ा सँकरा रास्ता। उसके बायीं ओर था चौड़े-चौकोर पत्थरों से पटा हुआ आँगन। इतना बड़ा कि शहर में तो उसमें एक फ्लैट ही बन जाये। आँगन के दूसरी ओर विशाल मुख्य द्वार। एक नहीं तीन प्रवेश द्वार जिस पर बना तीन मंज़िला विशाल भवन। मोटे, किलों जैसे भारी दरवाज़े। आधे गज मोटाई वाली चौखटें। नक़्क़ाशीदार, पीतल जड़े डिज़ाइन-पुराने किलों के सिंहद्वार जैसे। लगभग सौ साल की तो आयु होगी इनकी। लेकिन अभी भी जस-के-तस!

"लो आ गया तुम्हारा स्यूनराकोट! देख लो! यही है देवी भवन।"

मैं आँख फाड़े देख रही थी। यह महलनुमा देवी भवन...पं. गंगादत्त पन्त ने कैसी योजना बनायी थी! क्या सपने थे!

वाकया 2002 का है। एक सेमिनार में हिस्सा लेने कुँवरपाल और मैं अल्मोड़ा गये थे। वहाँ हम कुछ दिन रुके। मुझे कुँवरपाल को कौसानी का अपना पैतृक मकान भी दिखाना था। संग्रहालय बन चुके उस मकान में, तस्वीरों के माध्यम से ही सही, अपने पुरखों से परिचय कराना था। मेरी माँ साथ में थीं। उनकी भी इच्छा थी कि तल्ला चौंसार में अपने मायके का उजड़ा मकान देख आयें और वहाँ बच गये दो-एक भाई-बन्दों से मिल आयें, गले लगें।

वापस चलने से एक दिन पहले मैंने ज़िक्र किया तो बोलीं,

'चल, तेरा स्यूनराकोट दिखा लाती हूँ...। तुम्हारे पुरखों की जन्म स्थली।'

'स्यूनराकोट! वो तो पुराना गाँव है। जाने कितनी दूर होगा यहाँ से, अम्मां हंसने लगीं।

'अरे, जहाँ तुम्हारा परिवार... पन्त परिवार बस गया वहीं हो गया स्यूनराकोट।'

पहाड़ में पुराने दिनों में, हर कुनबे खानदान की बसावट जिस क्षेत्र में, मुहल्ले में होती उसी के आधार पर पहचान बन जाती। श्रेणीगत श्रेष्ठता का आधार भी वही होता। मसलन, फलाँ जगह के पन्त, फलाँ जगहों के जोशी, फलाँ जगहों के

पाण्डे या तिवारी... वग़ैरह-वग़ैरह। वहाँ भी प्रचलित समाज व्यवस्था के अनुरूप विभाजन-दर-विभाजन रहा है। पहले तो बामन (ब्राह्मण), जिमदार (राजपूत), शाह (व्यापारी), फिर दलित, जो पहाड़ में डोम कहलाते थे। बीसवीं सदी के तीसरे-चौथे दशक में जब पूरे भारत में अछूतोद्धार आन्दोलन के विविध रूप सक्रिय थे और गांधी जी ने इन्हें 'हरिजन' कहा तब यहाँ इन्हें शिल्पकार नाम दिया गया। पहाड़ में इनकी संख्या मैदानी इलाक़ों के मुकाबिले कम रही है। ये मूलतः ब्राह्मण और जिमदारों के हलवाहे (हलिया) हुआ करते। ऊँची जात के लोग हल में हाथ लगाने वाले नहीं हुए, चाहे भूखों मर जायें। ब्राह्मणों में फिर लम्बी धोती और छोटी धोती का विभाजन। ऊँचे कुलीन 'ठुल' ब्राह्मण टखनों तक लम्बी धोती पहनते। नीची श्रेणी वाले 'नान' (छोटे) ब्राह्मणों की धोती घुटने से तनिक नीचे, छोटी होती। 'छोटी धोती' कहलाने वाले दरअसल पहाड़ के मूल निवासी थे, जो खेती करते थे और हल भी चलाते थे। बाद में विविध कारणों से महाराष्ट्र, गुजरात से कुछ ब्राह्मण परिवार जो बद्रीनाथ, कैलास मानसरोवर की तीर्थ यात्रा करने आये थे, वहीं पहाड़ों में बस गये। उस समय वहाँ चन्द वंश का राज्य था। इसका सन्दर्भ सोलहवीं सदी से मिलता है। सत्रहवीं-अठारहवीं सदी में चन्द वंश का राज्य विस्तारित होकर गढ़वाल क्षेत्र से लेकर कांगड़ा घाटी तक फैला था। श्री बदरीदत्त पाण्डे ने अपनी पुस्तक 'कुमायूँ का इतिहास' में इसकी विस्तार से चर्चा की है। कहने का तात्पर्य यह है कि बाहर से आये इन ब्राह्मण परिवारों का प्रभाव राजदरबार में तथा सेना में भी था। इनमें कुछ वैद्यकी में पारंगत थे। इसीलिए इनका रुतबा बढ़ा। नतीजा, वहाँ के मूल ब्राह्मण जो प्रभाव क्षेत्र से पीछे धकिया दिये गये, वे लम्बी धोती वाले ब्राह्मणों की तरह सोने के नहीं, केवल चाँदी के आभूषण धारण करते थे। उनका मुख्य पेशा खेती रह गया था। वे घरों में पुरोहिताई भी कर लेते थे।

बदरीदत्त पाण्डे जी अपनी पुस्तक में पन्त खानदान के पुरखे के रूप में जयदेव पन्त का नाम लेते हैं। इनका सम्बन्ध महाराष्ट्र के चितपावन ब्राह्मणों के साथ और पेशवा वंश के साथ जोड़ा गया। इनकी आगे की पीढ़ियाँ चन्द राजाओं के राजदरबार से जुड़ी रहीं।

चार पीढ़ी पहले स्यूनराकोट (लोग बताते हैं मूल नाम सुनहरा कोट) गाँव से आये गंगादत्त पन्त से देवी-भवन की कहानी शुरू हुई। मेहनत से अपने बलबूते पर उन्होंने घर-परिवार बनाया। उस ज़माने के लिहाज़ से पढ़े लिखे थे, दसवीं पास थे। कौसानी में किन्हीं मि. नॉरमन नामक अंग्रेज़ के चाय बागान में मैनेजर हो गये।

उस समय वे उनके मुंशी कहलाते थे। बाद में मि. नॉरमन इंग्लैंड चले गये तो गंगादत्त पन्त ने उनसे वे चाय बाग़ान ख़रीद लिए। बाद में काम फैला तो नौघर में भी कुछ चाय के बाग़ ख़रीदे। जंगलात में ठेकेदारी की। टिम्बर का व्यापार किया जो दूर तक फैला था। बाद में पत्थरों का व्यापार भी किया। कौसानी में बड़ा मकान बनाया जो खासा ऊँचाई पर है। नीचे लम्बी सीढ़ियाँ हैं जो मुख्य सड़क पर खुलती हैं।

अच्छी बात यह थी कि जितना उनका कारोबार फैलता-बढ़ता गया उनकी दरियादिली भी बढ़ती रही। लम्बा-चौड़ा कुनबा था। चारों बेटियों की शादी हो गयी। चार में से तीन बेटे भी परिवार वाले हो गये। घर में व्यवस्था रहती कि अगर दस लोग भी आ गये तो भोजन सबका बनता। उनके मित्रगण, सहायक, काम करने वाले सभी शामिल होते। बाद में जब अल्मोड़ा में स्यूनराकोट आ गये तो यह सिलसिला वहाँ भी रहा। यूँ कौसानी का घर भी ठीक था। ख़ासे बड़े पाँच कमरे। तीन तरफ़ चौड़े बरामदे। बाहर बहुत बड़ा आँगन, चारों ओर चौड़ी लेकिन नीची दीवार से घिरा जो आल्थी-पाल्थी मारकर बैठने के काम की भी थी। आँगन में चौकोर पत्थर लगे हुए थे। नीचे जाने के लिए सीढ़ियाँ। नब्बे के दशक में उ.प्र. सरकार ने जब अधिग्रहण कर उसे कविवर सुमित्रानन्दन पन्त का स्मारक बना दिया, इसके बाद से बाहर के हिस्से पर होने वाले अनधिकृत कब्जों पर रोक लग गयी। आँगन के बीचों-बीच पन्त जी की धातु की मूर्ति लगवा दी गयी है। पीछे की खाली ज़मीन में एक लाइब्रेरी और एक सभा भवन का निर्माण भी हुआ है।

गंगादत्त पन्त ने बीसवीं शताब्दी के दूसरे दशक का अन्त होते-होते स्यूनराकोट में देवी भवन का निर्माण कराया। लगता है कि उनके जंगलात की ठेकेदारी और टिम्बर व्यापार ख़ूब फल-फूल रहे थे। इसलिए ठोस-बेहतरीन लकड़ी का मानो महल खड़ा कर दिया हो। तीन मंज़िला भवन का निर्माण इस रूप में हुआ था कि मकान के छह हिस्से थे जो अलग होते हुए भी संयुक्त रूप से एक थे। चार लड़कों के चार हिस्से। एक हिस्सा अपने लिए और एक लड़कियों के लिए कि जब कभी मायके आयें तो उन्हें आराम मिले। गंगादत्त पन्त पूजा-पाठ वाले धार्मिक व्यक्ति माने जाते थे सो पूरे अनुष्ठान किये होंगे भवन निर्माण के समय। उनकी ख्याति अब ज़मींदार के रूप में थी सो हर चीज़ तबीयत से और सुरुचिपूर्ण ढंग से बनवायी होगी। वहाँ मैंने बीच के बड़े प्रवेशद्वार के ऊपर एक चौड़ा गोल-सा हाड़ का पिंजर लटका देखा। ठीक वैसे ही जैसे नये बने मकान के बाहर अजीब शक्ल वाली रंगी-पुती हांडियाँ लटका दी जाती हैं कि नज़र न लगे। यहाँ तो नज़र उतारने के लिए कछुए का पिंजर

ही ठोंक दिया गया था। माँ ने बताया कि पहाड़ में कछुए का हाड़ शुभचिह्न के रूप में, अनिष्ट से बचाने के लिए होता है कि ईश्वर सब मंगल करेंगे। लेकिन देवी भवन में तो सब अमंगल ही होकर रहा। कछुए की हड्डियाँ मुसीबतों के आगे कमज़ोर पड़ गयीं। बहरहाल, उस समय प्रतिष्ठा तो थी गंगादत्त पन्त की और देवी भवन की भी। कारोबार बढ़ा तो उनकी व्यस्तता भी बढ़ी। वे अब ज़्यादातर अल्मोड़ा से बाहर रहते। चाय बागान, जंगलात की ठेकेदारी, टिम्बर का काम। अब पत्थर का काम भी शुरू कर दिया था। इसी बीच अल्मोड़ा और आसपास अंग्रेज़ों का आना-जाना बहुत बढ़ गया था। वे स्कूल, कॉलेज खोल रहे थे। मिशनरी भी वहाँ आ रहे थे और अपने सेवा केन्द्र बना रहे थे। भवन निर्माण का काम अब ख़ूब होने लगा था। एक तरह से विकास हो रहा था। विकास होता है तो निर्माण होता है...तो व्यापार होता है...तो व्यस्तता बढ़ती है।

गंगादत्त पन्त की एक बहन ज़्यादातर मायके में रहती थीं क्योंकि ससुराल में उनकी आर्थिक स्थिति अच्छी नहीं थी। उनके बच्चे भी साथ ही रहते थे। गंगादत्त पन्त उनकी मदद करना चाहते थे। दादी बताती थीं कि वे घर की बहुओं के लिए परम्परागत सास से भी ज़्यादा सख़्त थीं। घर में आधिपत्य बहन का ही था। उनके बड़े बेटे शिवदत्त जी को भी काम में जमाने के लिए, उनके लिए एक दुकान खुलवा दी गयी थी। घर का इन्तज़ाम, विशेष रूप से रुपये-पैसे का हिसाब-किताब शिवदत्त जी के जिम्मे था। बहुत भरोसा था उन्हें इन पर।

दूसरे नम्बर के बेटे रघुवरदत्त जी घर ही रहते थे। बाप की ज़मींदारी का भूत उनके सर पर चढ़कर बोलता था। वे थे असली रईस। खाने और पीने दोनों के शौक़ीन! वे ख़ूब पूजा करते, खाते और पीते और मस्त रहते थे। घर में दो रसोइये थे। एक जो उनके लिए मांस-मछली बनाता। दूसरा शाकाहारी भोजन के लिए। घर की औरतें तो शाकाहारी हुईं। पहाड़ में और हमारे यहाँ ब्राह्मणों में भी बकरा-मुर्गा ख़ूब चलता है।

मेरे बाबा हरदत्त पन्त चार भाई और चार बहनों में सबसे बड़े थे। उन्होंने बरेली कॉलेज से 1908 में ग्रेजुएशन किया था। उस ज़माने में बरेली कॉलेज इलाहाबाद यूनिवर्सिटी से सम्बद्ध था। ग्रेजुएशन में उन्होंने फिलासफी, अंग्रेज़ी और संस्कृत के साथ सर्वाधिक अंक लेकर सर्वोच्च स्थान प्राप्त किया और उन्हें गोल्ड मेडल मिला। द्वितीय भाषा के रूप में संस्कृत में उन्हें सर्वाधिक अंक मिले जिसके लिए उन्हें सिल्वर मेडल मिला। मुझे जब एम. एस-सी. में गोल्ड मेडल मिला तो पन्त जी ने कहा कि, "मुझे तुम पर गर्व है। दद्दा के बाद तीसरी पीढ़ी में तुम्हें गोल्ड

मेडल मिला है।" अभी कुछ दिन पहले मुझे अपने चाचा के पास पीला पड़ा हुआ बेहद खस्ताहाल एक काग़ज़ मिला। यह प्रशंसा पत्र था जो बाबा को उनके प्रोफ़ेसर ने दिया था। उसमें इन सब बातों के अलावा यह ज़िक्र भी था कि पढ़ाई के दिनों में वे फुटबाल, क्रिकेट और टेनिस भी खेला करते थे। एक शताब्दी से भी ज़्यादा समय पहले की बातें आज सपने जैसी लगती हैं। बाद में वे अपनी मित्र मण्डली में बिलियर्ड खेलने के लिए मशहूर थे।

अजीब विरोधाभासी जीवन था परिवार में। घर के भीतर सब बेहद परम्परावादी। औरतों पर तो वैसे भी धर्म और परम्परा के रीति-रिवाज़ निभाने की जिम्मेदारी रही है। घर से बाहर मर्दों की दुनिया एकदम अलग। बेहद आधुनिक, सोच में और व्यवहार में भी। लेकिन परिवार में किसी तरह का टकराव नहीं। कोई किसी के क्षेत्र का अतिक्रमण नहीं करता था।

हमारे बाबा पढ़ाई पूरी कर अल्मोड़ा आ गये थे। विवाह हो गया। उन्हें मजिस्ट्रेट के पद के लिए आग्रहपूर्वक बुलाया गया। ज़ाहिर है, पारिवारिक स्थिति और शिक्षा देखकर ही यह ऑफर होगा। छोटे भाई रघुवरदत्त जी ने उन्हें यह पद स्वीकारने नहीं दिया कि अरे ज़मींदार का बेटा होकर चाकरी करेगा अंग्रेज़ों की...। अन्ततः वे नौकरियों के सिलसिले में अल्मोड़ा से बाहर ही रहे। इतनी जगह उन्होंने नौकरियाँ कीं—रियासतों में रहे—अगर उन्होंने अपने अनुभवों की पुस्तक लिखी होती तो वह दीवान जरमनीदास की 'महाराजा' या 'महारानी' से शायद ज़्यादा दिलचस्प होती। वे सारे क़िस्से दादी बताती थीं। पढ़ाई ख़त्म होने के बाद वे गृहस्थ बने। उस समय के रिवाज़ के अनुसार दस साल की मेरी दादी से उनका विवाह हुआ। कुछेक साल बाद ही वे अचानक कहीं चले गये। दो साल बाद जब लौटे तब ज्योतिषशास्त्र में पारंगत थे। संस्कृत के साथ ज्योतिष का मेल। ज्योतिष के प्रकाण्ड पण्डित के रूप में उनकी ख्याति अन्त तक रही। लेकिन इतने समय तक कहाँ रहे, कौन गुरु रहे, नहीं पता।

उनका जीवन अधिकतर रियासतों में बीता। आज़ादी से पहले पूरे भारत में लगभग छह सौ रियासतें थीं। कुछ स्वतन्त्र थीं, कुछ ब्रिटिश राज की सहयोगी थीं तो कुछ उनके संरक्षण में भी थीं। लगभग बीस-बाईस साल वे इन रियासतों में रहे। इन सभी में उनका मुख्य काम राजकुमार (क्राउन प्रिंस) की पढ़ाई आदि देखना होता था और वे उनके ट्यूटर गार्जियन होते थे। उनका पहला मुकाम था कश्मीर की पुंछ रियासत। यूँ तो उनका जीवन, रहन-सहन, ठाठ-बाट वाला होता था लेकिन था जोखिम भरा। उनका काम राजकुमार के साथ रहना, पढ़ाई-लिखाई देखना था

लेकिन भीतर-बाहर की गतिविधियाँ, तरह-तरह के षड्यन्त्र...जान हथेली पर रहती। दादी के पास क़िस्सों का ख़ज़ाना था। नाम लेना ठीक नहीं होगा, इस रियासत में उन्हें राजकुमार, जो वली अहद थे, उनके विरुद्ध अन्त:पुर में चल रहे षडयंत्र के बारे में पता चला। उन्होंने फौरन राजा साहब को सूचना दी। राजा साहब ने उनका आभार मानते हुए कार्रवाई तो की, इन्हें इनामात से नवाज़ा। लेकिन वे रातों-रात अपना घोड़ा दौड़ाते हुए वहाँ से निकल लिये। राजमहलों के भीतर की गतिविधियाँ अक्सर सत्ता संघर्षों से जुड़ी रहती थीं...ऐसा दादी बताती थीं। उनका स्वाभिमानी स्वभाव भी एक वजह थी कि बहुत लम्बे समय तक वे कभी एक जगह टिक नहीं सके। उनका परिवार अधिकतर अल्मोड़ा में ही रहता। पुंछ रियासत के अलावा वे गुजरात के देवगढ़ बेरिया, अजमेर तथा मयूरभंज (उड़ीसा) में रहे। अजमेर में राजकुमार मेयो कॉलेज में पढ़ते थे। वे उनके ट्यूटर गार्जियन थे। साथ ही वहाँ के राज-ज्योतिषी भी थे। वहाँ वे काफ़ी लम्बे समय तक और राजमहल से बाहर रहे। अत: परिवार भी साथ में था। हमारे बाबू जी और चाचा, बुआ लोगों की स्मृति में अजमेर हमेशा रहा। वहाँ उन लोगों ने कई साल पढ़ाई भी की। अजमेर में भी आन्तरिक विवाद और राजमहल के भीतर की खींचातानी के बीच वे छोड़कर चले आये। मेरी बुआ सबसे ज़्यादा चर्चा करती हैं मयूरभंज के राजकुमार प्रवीरचन्द्र भंजदेव की। वहाँ भी बाबा सपरिवार रहे। राजकुमार यूँ तो कम आयु के थे लेकिन उनका राज्याभिषेक हो चुका था। आकर्षक शक्ल-सूरत और व्यवहार में बेहद आत्मीय। बस्तर से जुड़ा हुआ वह उड़ीसा का आदिवासी इलाक़ा। प्रवीरचन्द्र भंजदेव बस्तर के बीसवें अन्तिम शासक थे और पहले उड़िया शासक। हिन्दुस्तान आज़ाद होने के बाद वे विधानसभा के लिए भी चुने गये। बस्तर का वह इलाक़ा पहले मध्य प्रदेश भी शामिल था। वे आदिवासियों के हक, उनके सामाजिक-राजनीतिक अधिकारों के लिए आवाज़ उठाते रहे। उनके शोषण के ख़िलाफ़ सरकारों से सम्पर्क करते रहे। 1961 में मध्य प्रदेश की पुलिस ने उनको और उनके 21 साथियों को जगदलपुर में उनके महल के बाहर गोली मार दी। बुआ उनको याद करके तब बहुत दुखी थीं। उन्होंने बताया कि एक बार पचास के दशक में किसी साल वे लखनऊ आये थे। उन्होंने अपने ट्यूटर-गार्जियन को याद रखा और मिलने आये।

जिन्दगी भर की यायावरी से बाबा शायद थक चुके थे। वे फिर इलाहाबाद आ गये और इंडियन प्रेस में मैनेजर हो गये। छोटे बाबा कविवर पन्त वहाँ साहित्य समाज के सिरमौर बन चुके थे। मेरे पिता गिरीशचन्द्र पन्त युवा कवि के रूप में पहचान

बना रहे थे। उन्होंने निराला जी को अपना गुरु बनाया और उनके प्रिय बने। उस समय की सुधा, माधुरी, चाँद, संगम, विशाल भारत जैसी पत्र-पत्रिकाओं में छप रहे थे। इलाहाबाद के बाद फिर लखनऊ। लखनऊ अन्तिम पड़ाव बना। यहाँ वे नवल किशोर प्रेस से जुड़ गये। प्रेस की इस नौकरी के कारण हमारे घर में दादी और बुआ को निराला, प्रेमचन्द और आचार्य चतुरसेन शास्त्री जैसी साहित्यिक विभूतियों के दर्शन हुए। चतुरसेन शास्त्री जी के हाथ की लिखी हुई पंक्तियों के साथ बचपन में मैंने उनकी पुस्तक 'आरोग्य शास्त्र' दादी के पास देखी थी। अब इसे स्वाभिमान कहिए या अहम्, हमारे बाबा कभी एक जगह लम्बे समय तक टिक नहीं सके। जैसे चोट खाया दर्द फिर-फिर उभर आता। मित्र मण्डली को छोड़ दिया जाये, घर में वे ज़्यादातर चुप ही रहते थे। इस चुप्पी ने परिवार को बहुत लम्बे समय तक अपनी गिरफ़्त में रखा।

इस पूरे क़िस्से में देवी भवन की गाथा तो रही गयी। परिवार के क़िस्से अगर शुरू हो जायें तो विषयान्तर से बचना मुश्किल होता है। हाँ, तो गंगादत्त जी का परिवार अब देवी भवन में रहने लगा था। छोटे बाबा की साहित्य साधना चल रही थी। अल्मोड़ा अख़बार निकल रहा था, उसे भी उनका सहयोग था। रघुवरदत्त जी को छोड़कर बाक़ी तीनों भाई किसी-न-किसी रूप में व्यस्त थे। घर के इन्तज़ाम शिवदत्त जी पर ही थे। लेन-देन, पैसे का हिसाब भी वही रखते थे।

इतने बड़े सम्पन्न परिवार में घर की स्थिति बड़ी विचित्र थी। मेरी दादी को जीवन भर अपनी बेटी कृष्णा के निधन का दुख रहा। परिवार में घर के भीतर और बाहर की दुनिया में बहुत बड़ा फ़ासला था। मेरे पिता भाई-बहनों में सबसे बड़े थे। उनसे छोटी बहन कृष्णा थी। बाद में मेरी तीन बुआ और एक चाचा का जन्म और हुआ। दादी कहती थी कि दस साल की कृष्णा बीमार हुई और उसका इलाज ही नहीं हुआ। घर की औरतों की आवाज़ बाहर नहीं पहुँचती। मर्द अपनी नौकरियों, कामों के सिलसिले में बाहर। अल्मोड़े के प्रसिद्ध डॉ. खजानचन्द पारिवारिक मित्र हुआ करते थे। विडम्बना यह कि बाहर तक आवाज़ शिवदत्त जी के जरिये ही पहुँचती। रुपये-पैसे भी उन्हीं के पास रहते थे। वही ज़रिया थे, भाइयों की अनुपस्थिति में, बाहर सम्पर्क के लिए।

रघुबरदत्त जी के शौक़ अहबाब भी उन पर ही निर्भर थे। उन्हें पैसे की ज़रूरत होती तो शिवदत्त जी से कहते। शिवदत्त जी अपनी असमर्थता दिखाते और कहते कि बाज़ार से (उधार) दिलवा सकते हैं। वे उन्हें दस रुपये देते तो सौ पर दस्तख़त कराते।

बहुत लम्बे अर्से बाद गंगादत्त पन्त जब अल्मोड़े आये तब उन्हें लेने शिवदत्त जी शहर से बाहर चले गये। गंगादत्त पन्त घोड़े पर थे। ये उनके साथ थे। वे लोग ख़रामा-ख़रामा चल रहे थे। पूरा बाज़ार नापते हुए घर की ओर बढ़ रहे थे। रास्ते भर जगह-जगह रुकते हुए शिवदत्त जी उन्हें देनदारों के पास से होते हुए ला रहे थे और देनदारी के काग़ज़ों पर दस्तख़त करा रहे थे। गंगादत्त पन्त का अपने भांजे पर अटूट विश्वास था। बेटा ही समझते थे वह उन्हें।

वे घर पहुँचे। आराम किया। दूसरे दिन उनके एक निकट के रिश्तेदार जनार्दन दत्त जोशी उनसे मिलने पहुँचे। दादी बताती थीं कि वे डिप्टी कलक्टर थे। बाज़ार में हो रही गर्म चर्चाओं के बीच गंगादत्त पन्त के आने की ख़बर पाकर वे तुरन्त आये। आते ही पूछा—'बाज़ार में किन्हीं काग़ज़ों में दस्तख़त वग़ैरह तो नहीं किये?' उन्होंने कहा—'हाँ! शिवदत्त ने कहा कि ज़रूरी काग़ज़ हैं...जहाँ-जहाँ कहे, कर दिये...।'

जनार्दन जी हालात से परिचित थे। उन्होंने सर पीट लिया। शिवदत्त जी की करतूतों का खुलासा हुआ। गंगादत्त पन्त को ऐसा धक्का लगा कि कुछ बोल ही नहीं सके। बीमार पड़ गये। जितने दिन जीवित रहे शिवदत्त जी को श्राप ही देते रहे...'इतना बड़ा धोखा...सब नष्ट कर दिया...शिवदत्त कीड़े पड़ेंगे तेरे...सबको सड़क पर ला दिया...।' उनका यह प्रलाप अन्तिम समय तक रहा।

इस कर्ज को उतारने में सब कुछ बिक गया। ठेकेदारी, व्यापार वग़ैरह कुछ नहीं देखा उन्होंने। वे गये ही नहीं फिर। बिस्तर से लग गये। सब बेचने के बाद भी जब पूर्ति नहीं हुई तो फिर घर की बहुओं से ज़ेवर माँग लिए। बुआ बताती हैं कि आज से लगभग नब्बे साल पहले रघुवरदत्त जी की पान के उधारी ही लगभग चार हज़ार थी।

जनार्दन जी ने गंगादत्त पन्त से कहा कि मकान सहित पूरी जायदाद अपने लड़कों में बाँट दो और स्वयं को दीवालिया घोषित कर दो। वे अपने पद के प्रभाव का इस्तेमाल करेंगे। जनार्दन जी के छोटे भाई मथुरा दत्त जोशी पुलिस में अफ़सर थे। वे भी मदद करेंगे। इस पर गंगादत्त पन्त ने जो जवाब दिया वह मानो खानदान की टैग लाइन थी—'गंगादत्त पन्त अब असत्य वचन बोलेगा? अपने को दीवालिया कहेगा? ऊपर क्या जवाब दूँगा...।'

बहरहाल, देवी भवन के एक हिस्से में पूरा परिवार सिमट गया। एक हिस्से पर शिवदत्त जी ने पहले ही क़ब्ज़ा कर लिया था। वह उनकी मिल्कियत थी। बाक़ी हिस्से भी बाद में अलग-अलग लोगों ने ख़रीदे।

बाद की कहानी जल्दी ही सिमट गयी। अपराध-बोध से भरे रघुबरदत्त पन्त का पहले निधन हुआ। उन्हें टाइफाइड हुआ। खाने के लिए वह हमेशा की तरह

आग्रहशील थे, अत: बीमारी से उबर नहीं पाये। उनका परिवार ननिहाल की शरण गया। गंगादत्त पन्त बीमार रहे और जल्दी ही शरीर छोड़ दिया। अन्तिम समय में वे विक्षिप्त से हो गये थे। इतने शक्की कि मेरी दादी या मेरे पिताजी अपने हाथों से उन्हें खिलाते। बस, अन्तिम समय तक शिवदत्त जी को श्राप ही देते रहे।

मेरी दादी बताती थीं कि बाद में शिवदत्त जी बहुत बुरी मौत मरे। लम्बे समय तक बिस्तर पर बीमार पड़े रहे। उचित देखभाल न होने से पूरे शरीर में घाव हो गये थे और शरीर पूरा पक गया था। पता नहीं अन्तिम समय में उनकी दुर्गति की ख़बर से परिवार वालों को कितना सन्तोष हुआ होगा लेकिन गंगादत्त पन्त के निधन के बाद किसी ने उस ओर रुख नहीं किया। मेरे बाबा अपनी नौकरियों में, छोटे बाबा इलाहाबाद में। देवीदत्त पन्त कुछ दिन गवर्मेंट बॉयज़ कॉलेज के ऊपर नज़र कॉटेज में रहे। फिर मुहल्ला सेलाखोला में अपने किसी रिश्तेदार के घर के एक खाली हिस्से में रहने चले गये। उनका कार्यक्षेत्र तो आज़ादी के पहले से ही अल्मोड़ा था। बाद में सांसद चुने जाने के बाद दिल्ली चले गये।

अपने पुराने दिनों को याद करते हुए मेरी दादी ज़रूर कभी-कभी कहतीं—'अरे! लकड़ी का व्यापार...कभी नहीं फलता...मैंने तो शुरू से कहा था...हम औरतों की सुनता कौन था...।'

शापित देवी भवन। सच पूछा जाये तो चौथी पीढ़ी ज़रूर उसके श्राप से आज़ाद हुई है, क्योंकि उसने कुछ देखा ही नहीं था। जो कुछ मिला जीवन में अपनी जद्दोजहद से, कोशिशों से मिला। अच्छा हुआ, देवी भवन का भूत तीसरी पीढ़ी तक आते-आते दफ़न हो गया।

हुड़किया पण्डित

'मैं अब सी.एम., वी.एम. नहीं बनता! अब बनूँगा तो पी.एम. ही बनूँगा...' और एक ज़ोर का मिला-जुला ठहाका! ठहाका लगाने वाले थे देश के प्रधानमन्त्री पं. जवाहरलाल नेहरू और मेरे मंझले बाबा (दादा जी) देवीदत्त पन्त जो 1951-52 में हुए चुनावों में कुमायूँ से सांसद हुए थे। यह बेतकल्लुफ़ी विरल थी और सहज था दोस्ताना, आपसी सम्बन्ध। एक ओर देश के पहले प्रधानमन्त्री, कद्दावर नेता। दूसरी ओर उस समय कुमायूँ के प्रख्यात जन-नेता। स्वभाव से फक्कड़-व्यवहार में फ़क़ीरी। दोनों के दोस्ताना सम्बन्ध जग-जाहिर थे। यह संवाद-प्रकरण उन्होंने घर आने पर बच्चों के सामने मंझली दादी को हँसते हुए सुनाया था। मैं सोच रही थी तब सामाजिक-राजनीतिक परिदृश्य कितना सरल और आत्मीय हुआ करता था। आज कांग्रेस में आत्मीय सम्बन्ध तो छोड़ आपसी संवाद भी नहीं रह गया है। जितना बड़ा नेता, उतना ऊँचा उसका सिंहासन...इतना ऊँचा कि उसे अपने ही लोग दिखायी नहीं देते और उन्हें देखने के लिए लोगों को गर्दन आसमान की ओर करनी पड़ती है। अहम् के पर्वत के नीचे दबे हुए आज के नेतागण अपनी आने वाली सात पीढ़ियों की चिन्ता में मानो अदृश्य जीवन बिताकर चल देते हैं और लोग भी उन्हें शीघ्र भूल जाते हैं। मेरे बाबा का सांसद रहते हुए जब निधन हुआ तब उनकी कच्ची गृहस्थी थी। बच्चे पढ़ रहे थे। आज़ादी से पहले तक कभी आन्दोलन में तो कभी जेल में। आज़ादी के बाद जीवन थोड़ा सहज हुआ तो नयी ज़िम्मेदारियाँ, नयी तरह की व्यवस्थाएँ। घर-गृहस्थी में रहने का ढंग से मौका ही नहीं मिला। इसलिए निधन के बाद परिवार कठिन परिस्थितियों में था। आज के नेताओं के आचरण में तो पद-कुर्सी की खींचतान, उठा-पटक भर रह गयी है। इस परिदृश्य में लगता है, उस ज़माने में ये लोग क्या देवलोक से आये थे?

दरअसल, यह सब, आज की राजनीतिक स्थितियों के बीच, याद आने का कारण है। पिछली बार, कोरोना संकट से बहुत पहले मैं अपने गोर्की कक्का से मिलने गयी थी।

वहाँ उनकी मेज़ पर एक बहुत पुराना फ़ोटो था, फ्रेम में लगा हुआ। उठाकर देखा। उसमें तीन-चार लोग दिखायी दे रहे थे। पीछे एक बिल्डिंग का आभास था। ध्यान से देखा तो उनमें से एक थे पण्डित जवाहरलाल नेहरू। पास में खड़े थे मेरे मंझले बाबा देवीदत्त पन्त, गोर्की कक्का के पिता। मेरे पूछने पर उन्होंने बताया कि जवाहरलाल नेहरू जी 1934-35 के दौरान अल्मोड़ा जेल में थे। दुबारा फिर से 1945-46 में अल्मोड़ा जेल में बन्द हुए और ये उनकी नौवीं जेल यात्रा थी। देवीदत्त पन्त कुमायूँ में कांग्रेस के बड़े नेताओं में थे और वहाँ वकालत करते थे। पण्डित जवाहरलाल नेहरू के जेल से छूटने पर वे उन्हें लेने आये थे और उसी समय का वह फ़ोटो था। उन्हें घर के काग़ज़-पत्तरों के बीच वह दुर्लभ फ़ोटो मिला तो उन्होंने उसे फ्रेम करा लिया।

देवीदत्त पन्त, मंझले बाबा हमारे घर में बुआ, चाचा और बाबू जी के मंझील काक (मंझले काका) और मेरी दादी के मंझील लाल (मंझले लला यानी देवर) हुआ करते थे। इलाहाबाद विश्वविद्यालय से क़ानून की पढ़ाई करने के बाद अल्मोड़ा में प्रैक्टिस करने लगे और कुमायूँ में वकील के रूप में ख्यात थे। तब तक मेरे प्रपितामह गंगादत्त पन्त और उनका पूरा परिवार कौसानी से अल्मोड़ा (स्यूनराकोट) आ चुका था। वहाँ उनका विशाल तीन मंज़िला देवी भवन था, जो आसपास सभी के लिए उत्सुकता के साथ-साथ ईर्ष्या का केन्द्र भी था। छोटे बाबा सुमित्रानन्दन पन्त (गोसाईंदत्त) के जन्म के साथ ही हमारी परदादी का देहान्त हो गया था। अल्मोड़ा का कारोबार-घर आदि देखने का ज़िम्मा उन्होंने अपने भांजे शिवदत्त जोशी को दे रखा था। शिवदत्त जी की माँ का परिवार बहुत मामूली था। उनकी आर्थिक स्थिति को देखते हुए गंगादत्त पन्त उनकी मदद करना चाहते थे। इसलिए वह अधिकतर समय मायके में अपने भाई के परिवार के साथ रहती थीं। मेरी दादी घर की सबसे बड़ी बहू थीं लेकिन उनकी स्मृतियों में अपनी फुफिया सास की छवि सुखद नहीं थी। दादी बताती थीं कि वे घर की बहुओं के लिए परम्परागत सास से भी ज़्यादा कठोर थीं।

आठ बहन-भाइयों में सबसे बड़े मेरे दादा (हरदत्त पन्त), देवीदत्त पन्त और सुमित्रानन्दन पन्त सभी इलाहाबाद विश्वविद्यालय में पढ़े। हरदत्त पन्त पढ़ाई करके इधर-उधर नौकरियाँ करते रहे। देवीदत्त पन्त और सुमित्रानन्दन पन्त एक साथ इलाहाबाद में थे। उसी समय एक बार महात्मा गांधी इलाहाबाद आये। आज़ादी के लिए जैसे पूरा देश और जनता का हर वर्ग आन्दोलनरत था। कांग्रेस के नेता और उनके पीछे साधारण-जन आये दिन गिरफ़्तार हो रहे थे। शहर हो या गाँव, बच्चे, बूढ़े, नौजवान सभी के बीच गांधी जी के सन्देश, उनकी मात्र उपस्थिति सबको ऊर्जावान

बना रही थी, आवेशित कर रही थी। गांधी जी ने एक बड़ी सभा में जनता का, विशेषरूप से युवाओं, विद्यार्थियों का आह्वान किया कि वे कांग्रेस के हाथ मज़बूत करें और आन्दोलन को शक्ति प्रदान करें। युवाओं की सहमति के लिए उन्होंने हाथ खड़े करने को कहा तो देवीदत्त पन्त ने तुरन्त अपना हाथ खड़ा किया और पास बैठे छोटे भाई सुमित्रानन्दन पन्त का हाथ भी पकड़कर ऊँचा कर दिया। यूँ वे विद्यार्थी जीवन से ही कांग्रेस की आन्दोलनकारी गतिविधियों में शामिल रहते थे। गांधी जी के समक्ष उन्होंने देश सेवा का प्रण तो लिया लेकिन वे व्यावहारिक बुद्धि के थे। उन्होंने समझदारी दिखायी और क़ानून की पढ़ाई पूरी की।

दरअसल, गंगादत्त पन्त ने लड़कों को पढ़ने के लिए बाहर भेजा तो साथ में सुविधाएँ भी मुहैया करायी। ज़रूरत पड़ने पर भाई मकान लेकर रहे। रसोइया पहाड़ से भेजा गया। इस सम्बन्ध में इन भाइयों के अनेक क़िस्से मुझे पहाड़ के एक प्रतिष्ठित लेखक यमुनादत्त वैष्णव 'अशोक' जी ने सुनाये। अस्सी के दशक में वे कुछ समय अलीगढ़ में रहे थे। उनका छोटा बेटा, जो उ. प्र. प्रशासनिक सेवा में अधिकारी था, अलीगढ़ में उसकी नियुक्ति हुई थी। अशोक जी की उम्र उस समय भी अस्सी के क़रीब ही थी, लेकिन थे सक्रिय और दुरुस्त! किसी ने उन्हें मेरे बारे में बताया तो वे फ़ौरन मिलने चले आये। कौसानी में उन्होंने पन्त परिवार को निकट से देखा था। वे कविवर पन्त के बड़े प्रशंसकों में थे। उनकी एक साहित्यिक संस्था थी और उसकी ओर से हर वर्ष कौसानी (के अनासक्ति आश्रम) में वह 20 मई को पन्त जी के जन्मदिन पर बड़ा आयोजन करते थे। मुझे ताज्जुब था कि उन क़िस्सों के बारे में हमारे परिवारों के बीच कभी चर्चा नहीं होती थी। दरअसल, गंगादत्त पन्त के खानदान के तीसरी पीढ़ी तक लोग अपनी पैतृक भूमि से विस्थापित होने और घर-कारोबार के नष्ट होने के हादसे से कभी उबर ही नहीं पाये। एक अजीब मनोवैज्ञानिक सदमे के शिकार थे और सब उस प्रकरण को भूल जाना चाहते थे। केवल मेरी दादी, जब कभी अपने मंझले लला या छोटे लला से उनकी मुलाकात होती तो कहतीं—'लला, कुछ तो अपनी ज़मीन, अपने पुरखों के घर-बार के लिए करो...।' वे अपनी बोज्यू की बात पर हँस देते। सब लोग उस अध्याय को बन्द कर चुके थे और भूल जाना चाहते थे।

परिवार के सभी लोग इतिहास बनते अतीत को भूल चुके थे। देवीदत्त पन्त भी भूल गये होंगे। पढ़ाई पूरी कर अल्मोड़ा में वे वकालत करने लगे। वकील के रूप में उनकी ख्याति थी। कांग्रेस पार्टी के लिए भी होलटाइमर के रूप में थे। राजनीति में व्यस्तता बढ़ी तो वकालत के केस अपने जूनियर वकीलों को देने लगे। उस ज़माने

में आज़ादी की लड़ाई के सिपाहियों के सरोकार ही दूसरे होते थे। देवीदत्त पन्त की भी गृहस्थी थी। चार बच्चे थे। अकेले रहने की कठिनाइयाँ भी थीं। वे कभी जेल में तो कभी जनता जनार्दन के बीच होते। परिवार की कठिनाइयाँ उनकी राह का रोड़ा नहीं बनीं। ऐसे में ननिहाल ही उनके बच्चों का सम्बल बनता। बच्चों के मामा चारुचन्द्र पाण्डे नैनीताल के जाने-माने डॉक्टरों में एक थे और बड़ी प्रतिष्ठा थी उनकी।

अत्यन्त लोकप्रिय जन-नेता के रूप में देवीदत्त पन्त की ख्याति थी। कोई भी, कभी भी उनसे आकर मिल सकता था। पब्लिक के हर जमावड़े में वे दिखायी देते। जुलूस हो या मेला-ठेला, उनकी उपस्थिति अनिवार्य होती। नन्दा देवी के मेले में रुमाल लेकर गाँव वालों के साथ झौड़ा (नृत्य) करते दिखायी देते, जो एक सामूहिक नृत्य होता है और स्त्री-पुरुष मिलकर लय में झूमते-नाचते हैं। जनता के बीच गले में हुड़का लटकाकर गाते-बजाते भी दिख जाते। (हुड़का पहाड़ का ढोलकनुमा लेकिन काफ़ी छोटा वाद्य है जिसके दोनों सिरे तिकोने डमरू जैसे होते हैं, जिससे थाप दी जाती है।) इसी कारण वे 'देवी हुड़की' या 'हुड़किया पण्डित' के नाम से भी प्रसिद्ध थे। बहुरंगी व्यक्तित्व था उनका। एक ओर ये रूप, दूसरी ओर कोट-पैंट-टाई से लैस वकील साहब।

उनकी दोस्तियों का दायरा बहुत विस्तृत और विविध था। अल्मोड़ा में वहाँ के कलाकारों, जिनमें गायक, नर्तक आदि थे और मंचीय कलाकार भी थे, उनके मित्रवत सम्बन्ध थे। प्रख्यात लोकगायक और रंगकर्मी मोहन उप्रेती ने वहाँ 'लोक कलाकार संघ' की स्थापना की थी। अल्मोड़ा यूँ भी कलाकारों की प्रश्रय स्थली रहा है। उदयशंकर जैसे कलाकार ने भी एक समय इस पर्वतीय अंचल में डेरा जमाया था। कुमायूँ में नृत्य और गायन की बेहद सुदृढ़ परम्परा है। कुमाऊँनी होली जो शास्त्रीय गायन और लोक का अद्भुत संगम है, जग प्रसिद्ध है। वहाँ के कलाकार आज भी उसे जीवित रखे हैं। मोहन उप्रेती ने अपनी मृत्यु से पहले एक संस्मरण-लेख में देवीदत्त पन्त को बहुत संवेदनशीलता के साथ याद किया था। उनका स्वाभाविक जुड़ाव पर्वतीय कलाकारों के साथ था।

कांग्रेस में आज़ादी से पहले तरह-तरह की विचारधाराओं के लोगों का संगम था। आधुनिक शिक्षा से लैस प्रगतिशील विचारधारा से लेकर परम्परावादी-धार्मिक विश्वासों से संचालित होने वाले, तरह-तरह के लोग थे। देवीदत्त पन्त आधुनिक विचारों के थे और प्रगतिशील लोगों में गिने जाते थे। अपने मित्रों के बीच वे

'लाल डेविड' कहलाते, क्योंकि कोट-पैंट और लाल टाई उनकी औपचारिक वेशभूषा होती। उनका यह विशिष्ट सोच ही था कि उन्होंने अपने दोनों बेटों के नाम रूसी क्रान्ति से जुड़े दो महानायकों के नाम पर रखे। उनके बड़े बेटे लेनिन थे और छोटे बेटे गोर्की। यह अलग बात है कि बेटियों के नाम परम्परागत हेमा और सोमा रहे। सम्भवत: यह पारिवारिक दबाव रहा हो। यूँ भी वे पारिवारिक शादी-ब्याह के मामलों में परम्परावादी भी थे।

एक और दिलचस्प बात यह है कि सुप्रसिद्ध लेखक यशपाल से उनकी निकट की मित्रता थी। लेखक होने के नाते समझा जा सकता था कि वे सुमित्रानन्दन पन्त के ज़्यादा क़रीबी होंगे। यशपाल ने भी अनेक जगह, अपने संस्मरणों में उन्हें याद किया है। उनकी एक कहानी 'मनु की लगाम' के नायक भी वही हैं। पहाड़ में ब्राह्मण परिवारों में लड़कों का यज्ञोपवीत संस्कार एक महत्त्वपूर्ण आयोजन होता है। जनेऊ धारण करने के बाद अनेक नियमों का पालन करना अनिवार्य हो जाता है। मसलन, एक धोती लपेट कर रसोई घर में भोजन करना, रोज़ सबेरे उठकर पहले स्नान-ध्यान, बाहर का खाना निषेध, जाति-बिरादरी के बाहर किसी का छुआ न खाना वग़ैरह-वग़ैरह। एक सीमा के बाद जब ये बन्धन असह्य हो गये तब एक दिन उन्होंने जनेऊ उतार कर बाहर पेड़ पर टाँग दिया और कहा कि अगर यह लगाम ही मुझे ब्राह्मण बनाती है तो यह लो, मैंने लगाम उतार दी...। घर में खासा विरोध हुआ लेकिन उन पर कोई असर नहीं। यशपाल की कहानी में भी किशोर देबू जनेऊ धारण करने के बाद लगे बन्धनों से आजिज़ हो जाता है तो वह अन्त में जनेऊ तोड़कर झाड़ी में फेंक देता है। उसका तर्क है कि जब ब्राह्मण परिवार में जन्म लेने पर मैं ब्राह्मण ही कहलाता हूँ तो धागा पहनने से क्या होगा?

धार्मिक आडम्बर और कर्मकाण्ड से दूर, अपनी सोच और व्यवहार में बेहद आधुनिक देवीदत्त पन्त समाजवादी विचारधारा से प्रभावित कांग्रेसी थे। शायद पं. नेहरू जी से उनकी निकटता का यही कारण था। इसके अलावा पढ़ाई के दिनों में उनका लम्बे समय तक इलाहाबाद में रहना और कांग्रेस की गतिविधियों में सक्रिय होना भी एक सूत्र था। हमारी दादी ने एक बार उनका एक क़िस्सा सुनाया था। क़िस्सा कोताह यह कि पं. जवाहरलाल नेहरू अल्मोड़ा जेल में बन्द थे। उनकी बहन श्रीमती विजयलक्ष्मी पण्डित अपने भाई से मिलने आयीं। देवीदत्त जी उनके साथ थे। मुलाकात के बाद उन्होंने अल्मोड़ा देखने की इच्छा ज़ाहिर की। देवीदत्त जी ने

उनका हाथ पकड़कर लाल बाज़ार होते हुए पूरे बाज़ारों की सैर करायी। अल्मोड़ा के परम्परागत समाज में हो-हल्ला मच गया यानी विजयलक्ष्मी जी जैसी आधुनिक महिला, कांग्रेस की प्रभावशाली नेता, जवाहरलाल जी की बहन का हाथ पकड़कर अल्मोड़ा बाज़ार में घूम रहे हैं...। दादी क़िस्सा सुनाने में ख़ूब हँसतीं कि—'ऐसे थे हमारे मंझील लाल...।'

उनकी लोकप्रियता का एक प्रसंग और मेरी स्मृतियों में है। 1963 में एक बार मैं अपनी माँ के साथ अल्मोड़ा गयी थी। उनका मन था कि वे वहाँ के प्रसिद्ध ज्योतिर्लिंग मन्दिर-जागेश्वर जायें। हम उन्हें ले गये। वहाँ पण्डित जी ने अम्मां की पूजा करायी। पण्डित जी ख़ासे वृद्ध थे लेकिन थे ठीकठाक। पूजा से पहले उन्होंने घर-खानदान, वंश पूछा जो शायद परम्परा है। उन्होंने सुरक्षित रखी एक बहुत पुरानी बही दिखायी जिसमें सैकड़ों परिवारों की वंशावली दर्ज थी। अम्मां ने पहले अपने सबसे छोटे ससुर सुमित्रानन्दन पन्त का नाम बताया यह सोच कर कि उनकी सबसे अधिक प्रसिद्धि रही है। वे अनमने से दिखे। फिर उन्होंने हमारे बाबा का नाम बताया तब उनकी समझ में आया। देवीदत्त पन्त का नाम लिया तो वे हुलस पड़े। पण्डित जी ने उनका गुणगान शुरू कर दिया और उनके क़िस्से सुनाने लगे। हमें अच्छा लगा। पहाड़ के दूर-दराज़ कोनों में, लोगों की स्मृतियों में वे अभी भी ज़िन्दा थे। लोगों में उनकी एक जनसेवक की छवि थी।

पहाड़ में उस ज़माने में उनके अलावा अन्य प्रभावशाली कांग्रेसी नेता भी राजनीतिक परिदृश्य में थे। गोविन्द बल्लभ पन्त, हरगोविन्द पन्त, बद्रीदत्त पाण्डे, पूरनचन्द तिवारी, बलदेवसिंह आर्य आदि अनेक बड़े नाम थे लेकिन आम जनता के बीच जितने लोकप्रिय देवीदत्त वकील थे, उतने शायद अन्य नहीं थे। कभी-कभी ये बातें अप्रत्यक्ष रूप से उठती भी थीं लेकिन उस ज़माने में पार्टी और संगठन के प्रति किसी की निष्ठा इन बातों से कम नहीं होती थी। पार्टी और देश के प्रति समर्पण की भावना सर्वोपरि थी। देवीदत्त पन्त वैसे भी ऐसे दन्द-फन्दों से दूर मस्तमौला क़िस्म के आदमी थे। बरसों पहले चन्द्रसिंह गढ़वाली के लेख में मैंने उनके उद्गार पढ़े थे। उस लेख में वे आज़ादी के आन्दोलन के समय देश के वातावरण और जनभावनाओं का ज़िक्र करते हुए आज़ादी के बाद की स्थितियों पर बात करे रहे थे। उन्हें दुःख था कि अब नेता अपने स्वार्थों में और भ्रष्टाचार में लिप्त हो रहे हैं और जनता से दूर होते जा रहे हैं। उसी लेख में पहाड़ की राजनीतिक-सामाजिक स्थिति का वर्णन करते हुए उन्होंने लिखा कि 'वहाँ सही अर्थों में कोई जन-नेता हुआ तो वह देवीदत्त

पन्त थे। उन्हें अफ़सोस था कि देवीदत्त जी की बहुत जल्दी असामयिक मृत्यु हो गयी वर्ना पहाड़ के लोगों के उत्थान के लिए वे बहुत कुछ करना चाहते थे...। अब चंद पंक्तियाँ चन्द्रसिंह (भण्डारी) गढ़वाली के लिए जो स्वाधीनता आन्दोलन के समय पेशावर काण्ड के महानायक थे। गढ़वाल बटालियन में हवलदार मेजर चन्द्रसिंह गढ़वाली के नेतृत्व में एक टुकड़ी को 23 अप्रैल 1930 को पेशावर भेजा गया जहाँ कांग्रेस के (सीमान्त गांधी) ख़ान अब्दुल ग़फ़्फ़ार ख़ान और उनके साथी देश की आज़ादी के लिए लड़ रहे थे। चन्द्रसिंह गढ़वाली ने निहत्थे पठानों पर गोली चलाने से इन्कार कर दिया। बग़ावत के आरोप में उन्हें और उनके 61 साथियों को मृत्युदण्ड सुनाया गया। बाद में यह सज़ा आजीवन कारावास में बदल दी गयी। फिर 1941 में अनेक प्रतिबन्धों के साथ वे रिहा कर दिये गये। वे गांधी जी से मिले और स्वाधीनता आन्दोलन के कार्यक्रमों में हिस्सा लेने लगे तो फिर जेल गये। राजनीति में सक्रिय रहते हुए 1979 में उनका निधन हो गया।

1951 में हुए पहले लोकसभा चुनावों में अल्मोड़ा सीट से देवीदत्त पन्त जीते। 1952 में जब उन्होंने उत्तर प्रदेश की कमान थामने से इन्कार कर दिया तो पुन: गोविन्द बल्लभ पन्त वहाँ मुख्यमंत्री बने और 1954 में केन्द्र में आकर गृहमन्त्री का पद सँभाला। देवीदत्त पन्त सांसद के रूप में अपना कार्यकाल पूरा नहीं कर सके। 1956 में उनकी टैक्सी मिलिट्री ट्रक से टकरा कर दुर्घटनाग्रस्त हो गयी और उनका निधन हो गया। उस समय उनके चारों बच्चे पढ़ रहे थे। जमा-पूँजी तो कभी उनके पास रही नहीं। आज के राजनीतिक-सामाजिक परिदृश्य को देखते हुए एक विचार अक्सर आता है कि उनके बच्चों ने कभी अपने पिता की राह क्यों नहीं पकड़ी? राजनीति से सबने कोसों दूर का फ़ासला रखा। उस समय राजनेताओं का जीवन इतना सरल नहीं था। राजनीति न तो व्यवसाय थी और न ही किस्मत चमकाने का रास्ता थी। स्वाधीनता आन्दोलन में भागीदारी करते हुए जननेताओं ने न अपना परिवार देखा और न ही भविष्य की चिन्ता की। वंशवादी राजनीति की बेल भी अभी उग नहीं पायी थी।

सांसद होने के बाद दिल्ली आने पर सम्भवत: पहली बार देवीदत्त पन्त ने स्वयं को पारिवारिक ढाँचे में देखा। घर और सन्तान जैसे रिश्तों की पहचान हुई थी। बहुत कुछ छूट गया था पिछली ज़िन्दगी की दौड़-भाग में, जीवन के झंझावातों में। घरेलू फ्रंट पर बहुत कुछ जोड़ने की, सहेजने की ज़रूरत महसूस करने लगे थे शायद। एक बार लखनऊ आने पर हमारे घर आये, अपने बड़े भाई से मिलने। थोड़ा दु:खी थे और चिन्तित भी थे। बड़े बेटे की पढ़ाई को लेकर बात कर रहे थे। सांसद का

बेटा था तो क्या, पढ़ाई तो ठीक से करनी ही थी। कहीं यह भी अहसास था कि घरेलू मोर्चे पर फ़र्ज़ अदायगी में उनसे कुछ छूट गया है। थोड़ा अवसाद की स्थिति में थे। मेरे बाबा ने विस्तार से बात की और उन्हें काफ़ी समझाया। बाद में वह राँची भी गये स्वास्थ्य-परामर्श के लिए। वहाँ उनके मित्र डॉ. डेविस थे। कुछ समय वहाँ रहकर वे फिर दिल्ली आकर अपने कामों में पहले की तरह जुट गये।

उनके निधन के बाद परिवार संकट में तो आ ही गया था। प्रधानमन्त्री पं. जवाहरलाल नेहरू ने व्यक्तिगत दिलचस्पी लेकर ज़रूरी इन्तज़ाम कराये। बड़े बेटे लेनिन को बुलाकर बातचीत की, जो ग्रेजुएशन कर रहे थे। पढ़ाई पूरी कर वे ऑल इंडिया रेडियो में नौकरी करने लगे। बाक़ी बच्चे भी पढ़ाई पूरी करते रहे, नौकरियों में लगते रहे। जो कुछ पाया अपने बल-बूते पर। अन्त में, एक बार फिर! आज के राजनीतिक परिदृश्य में आपाधापी, पदलालसा, स्वार्थ और सिद्धान्तहीनता का बोलबाला है। भ्रष्टाचार हमारा राष्ट्रीय चरित्र बन चुका है। नेता-अभिनेता सब एक हो गये हैं। ऐसे में देवीदत्त पन्त जैसे व्यक्तित्व मानो आसमान से अवतरित लगते हैं। बड़े लोगों की स्वार्थरहित, निश्छल दोस्तियाँ सपने जैसा प्रतीत होती हैं।

कोमल सौम्य पन्त जी और लोकायन

बीसवीं सदी का पूर्वार्द्ध हिन्दी साहित्य सृजन में विशेष रूप से महत्त्वपूर्ण और गतिमान रहा है। 1917 की अक्तूबर क्रान्ति और सोवियत संघ के उदय के बाद नयी राजनीतिक पद्धति और सामाजिक व्यवस्था ने पूरी दुनिया को उद्वेलित किया। नयी दृष्टि, नये विचार और नये प्रयोग लेखकों को भी प्रभावित कर रहे थे। उल्लेखनीय है कि दूसरे विश्व युद्ध की समाप्ति के बाद एक बार फिर पश्चिमी देश और सोवियत संघ अपनी विचारधारा और कार्यनीति में आमने-सामने थे। नयी पीढ़ी के और प्रगतिशील लेखक संघ से जुड़े लेखकों में जन पक्षधरता, आम आदमी, जनता का साहित्य जैसी शब्दावली थी, नये सौन्दर्यशास्त्र की अवधारणा थी। वहीं दूसरी ओर सार्वभौमिक सत्य, शाश्वत मूल्य, कला-कला के लिए जैसी विचारधारा का भरपूर प्रचार-प्रसार हो रहा था। इससे लेखकों के बीच वैचारिक गुटबन्दी का वातावरण भी बन रहा था और लेखक संगठन भी बन रहे थे। इलाहाबाद में परिमल ग्रुप सक्रिय था। महादेवी जी ने साहित्यकार संसद बनायी थी। प्रगतिशील लेखक संघ का भी व्यापक प्रभाव साहित्यिक गतिविधियों में दिखायी देता था।

ऐसे समय में सुमित्रानन्दन पन्त विश्व मैत्री और व्यापक लोकचेतना की सांस्कृतिक संस्था 'लोकायन' की स्थापना करना चाहते थे। लोकायन के लिए पन्त जी के पास विचार थे, इच्छा थी और एक स्वप्न था। उनकी परेशानी यह थी कि उनके पास कोई गुट या शिष्यों का जमावड़ा नहीं था और न ही कोई संगठन था। केवल व्यक्तिगत सम्बन्ध थे और थे बड़े-बड़े नाम जो सहयोगी या कार्यकर्ता तो नहीं, हाँ—दशहरे के सजे-बजे अलंकृत हाथियों की तरह विशेष अवसरों पर शोभा बढ़ाने वाले अवश्य थे। संगठन का उनको रंचमात्र भी तजुर्बा नहीं था। उनके समग्र व्यक्तित्व और स्वभाव को देखते हुए वह संगठनकर्ता या गुटबाज या बैठकबाज हो भी नहीं सकते थे। शरीर और स्वभाव से सचमुच बेहद कोमल, व्यवहार में बेहद शालीन। घर-परिवार के बीच भी कभी किसी ने उनको ज़ोर से बोलते या नाराज़ होते नहीं देखा। ऐसे मौक़ों पर वे ख़ामोश हो जाया करते थे। इसके बावजूद लेखन के

अलावा सामाजिक-सांस्कृतिक क्षेत्र में भी कुछ करने की उनकी इच्छा थी। उनके कवि की सार्वभौमिक लोक कल्याण की भावना उन्हें प्रेरित करती थी।

लखनऊ में मेरे बाबू जी की संस्था 'कला निकेतन' थी। इसके अन्तर्गत छोटे-मोटे सांस्कृतिक कार्यक्रम हो जाते थे। बाबू जी का नाटकों पर विशेष ज़ोर था। यूँ लखनऊ के सांस्कृतिक जगत में वे सक्रिय थे तथा अन्य मंचों से भी जो कार्यक्रम होते, वह उपस्थित रहते थे। 1951-52 में पन्त जी ने एक नयी संस्था लोकायन का प्रारम्भिक प्रारूप बनाया। सर्वपल्ली राधाकृष्णन संरक्षक और प्रो. अमरनाथ झा सभापति थे। पन्त जी लोकायन के सचिव बने। अन्य अनेक गणमान्य शिक्षाविद तथा साहित्यिक लोग इसमें शामिल थे।

'लोकायन संस्कृति पीठ' का प्रारूप, उद्देश्य और नियम उन्होंने बाबू जी को भेजे। उपन्यासकार इलाचन्द्र जोशी और उनके भाई भाषाविद हेमचन्द्र जोशी भी इसमें शामिल किये गये। बाबू जी को लोकायन का विचार और पन्त जी की परिकल्पना ने आकर्षित किया और उन्होंने इसमें दिलचस्पी दिखायी। फिर तो सारा काम लखनऊ से ही होने लगा। लगातार पत्रों के माध्यम से पन्त जी निर्देशित करते रहते। यहाँ तक कि 'लोकायन' की मुहर बनने लगी तो तीन-चार नमूने बाबू जी ने उन्हें भेजे और उन्होंने उसमें से एक पसन्द की। इसी सन्दर्भ में उन्होंने 17 फरवरी, 1953 के एक पत्र में उन्हें लिखा, 'लोक चेतना दोनों के लिए होनी चाहिए—बौद्धिकों तथा सामान्य लोगों के लिए। अनलंकृत, गम्भीर छपाई का रूप अच्छा होगा। अनलंकृत पर कलापूर्ण-सुरुचिपूर्ण। कहानी, एकांकी, कविता, निबन्ध, आलोचना, वर्तमान जीवन की समस्याओं पर प्रकाश-सांस्कृतिक पथ प्रदर्शन उपयोगी, सुगम-सिद्धान्त, तर्क मतवाद आदि से शून्य। मुझे विश्वास है तुम और डॉ. हेमचन्द्र जी अवश्य ही उसे सुथरा, यथोनुकूल आकर्षक रूप दे सकोगे। आज के हिन्दी पत्रों में जैसी निर्जीव सामग्री रहती है वैसी नहीं। युग की जीवित समस्याओं पर सुगम समाधान पूर्ण सामग्री हो-जिससे जीवन के उदात्त के प्रति आस्था बढ़े। वैयक्तिक, सामाजिक तथा वैश्व जीवन पदार्थ में हर्ष-स्वस्थ तथा सजीव'।

तो यह थी उनकी लोकायन के सामाजिक-सांस्कृतिक स्वरूप की परिकल्पना। इसे वह व्यापक लोक-चेतना का साहित्यिक-सांस्कृतिक मंच बनाना चाहते थे। दिलचस्प बात है कि 'लोकायन संस्कृति पीठ' की स्थापना पन्त जी ने इलाहाबाद में की लेकिन उसका कोई आयोजन वहाँ नहीं हुआ। बाबू जी को इस योजना में

दिलचस्पी लेते देख पन्त जी ने पूरा दायित्व उन्हीं को सौंप दिया और 'कला निकेतन' को लोकायन की लखनऊ शाखा के रूप में स्वीकार किया। हालाँकि बाद में कला-निकेतन का नाम ग़ायब हो गया। पुराने पत्रकों में मैंने देखा कि बाबू जी 'लोकायन संस्कृति पीठ' के कुल सचिव के रूप में काम कर रहे थे। 1953 में (गर्मी के दिनों में) इसका उद्घाटन तत्कालीन गवर्नर उत्तर प्रदेश, श्री कन्हैयालाल माणिकलाल मुंशी द्वारा सम्पन्न हुआ। इस अवसर पर यशपाल जी का नाटक 'नशे-नशे की बात' का मंचन भी हुआ। बाबू जी ने नाटक को थोड़ा काट-छाँट दिया था और 'रिक्शे वाला' नाम कर दिया था। यशपाल जी का नाटक खेला जाना शायद मुंशी जी को पसन्द नहीं आया। उन्होंने संस्था की लखनऊ शाखा के अध्यक्ष डॉ. राधाकमल मुखर्जी से शिकायत की कि कहीं ये (लोकायन से जुड़े) लोग कम्युनिस्ट तो नहीं हैं। यशपाल लोकायन की लखनऊ शाखा की तदर्थ समिति के सदस्य भी थे।

पन्त जी उद्घाटन कार्यक्रम में नहीं आ सके। इसके बाद 'विश्व मैत्री पर्व' कार्यक्रम लखनऊ में 1954 में हुआ। इसमें मुख्य अतिथि तत्कालीन मुख्यमन्त्री गोविन्द बल्लभ पन्त थे। उन्होंने संस्था के लिए उस समय पाँच सौ रुपये के अनुदान की घोषणा भी की थी।

सुमित्रानन्दन पन्त केवल पत्रों के माध्यम से ही लोकायन की लखनऊ शाखा से सम्बन्ध बनाये रखते थे। अपने प्रभाव से वह थोड़ी-बहुत धन की व्यवस्था अवश्य कर पाये थे, जो दो बड़े आयोजनों तथा लखनऊ के अन्य कार्यक्रमों और गतिविधियों को देखते हुए बेहद अपर्याप्त थी।

उद्घाटन कार्यक्रम के बाद धन एकत्र करने के लिए पन्त जी ने एक अपील निकालने का विचार किया। लेकिन उसमें भी ढेर सारे अगर-मगर थे। एक लाख रुपये का स्थायी कोष बनाने का विचार भी बना जो केवल सदिच्छा बन कर रह गया। अब चाहे चन्दा ही क्यों न हो, न पन्त जी और न बाबू जी किसी के आगे हाथ नहीं फैला सकते थे। अपनी योजना को कार्यरूप देने के लिए संगठन बनाना, लोगों को इकट्ठा कर मीटिंग करना और सहयोगी समूह बनाकर काम की ज़िम्मेदारी देना और योजना को साकार करना...चाचा-भतीजे दोनों को शायद नहीं आता था। जो कुछ मन में था, विचार रूप में...एकला चलो रे—जैसा ही था।

अपने 09 मई, 1953 के एक पत्र में, जो लोकायन संस्कृति पीठ के श्री कन्हैयालाल माणिकलाल मुंशी द्वारा उद्घाटन होने के बाद उन्होंने लिखा था कि,

"एक लाख रुपये वह (मुंशी जी) दें तो जुट सकते हैं। अपील में मेरा नाम भी दे सकते हो। डॉ. झा तो अब पटना में हैं। कहो तो उनके नाम के लिए उनकी सहमति भी ले लूँगा। पर उनके लिए अपील का ड्राफ्ट भेजना होगा।

वैसे रुपये या तो कलकत्ता, बम्बई, कानपुर, दिल्ली के सेठों से मिल सकते हैं—यदि कोई प्रभावशाली व्यक्ति (माननीय पन्त जी या मुंशी जी) द्वारा उनसे कहलाया जाये अथवा U.P., Bihar, M.P. और Central Govt. अनुदान के रूप में दे सकती है यदि श्री मुंशी जी या डॉ. राधाकृष्णन प्रयत्न करना चाहें। वैसे सम्पन्न मध्यवर्गीय व्यक्तियों से भी 20/25/50/100 भेंट के रूप में इकट्ठा किया जा सकता है। अच्छे नाटकों के प्रदर्शन द्वारा भी बहुत कुछ सम्भव हो सकता है यदि उन्हें बड़े शहरों में अभिनीत किया जा सके...'

दिलचस्प यह है कि केवल व्यक्तिगत स्तर के प्रयास और सम्बन्धों के आधार पर कोष निर्माण की बात होती रही। सांगठनिक स्तर पर कोई चर्चा नहीं थी।

एक बार अपनी परिचित श्रीमती चन्द्रावती मिश्र, जो लखनऊ शाखा से सम्बद्ध थीं, पन्त जी ने सौ रुपये का चेक भेजा था। उन्होंने पत्र में लिखा—'तुम्हारे नाम इसलिए नहीं भेजा कि लोग सोचेंगे तुम मेरे भतीजे हो'—आगे यह भी लिखा—'हिसाब क्रमबद्ध रखना। तुम पर मुझे पूरा विश्वास है, इसकी चिन्ता मत करना।'

इस प्रकार लोकायन संस्कृति पीठ पन्त जी का केवल एक विचार रह गया, जिसको साकार करने का ज़िम्मा उन्होंने लखनऊ में अपने भतीजे को सौंप दिया। बाबू जी ने, जो कुछ उनके द्वारा हो सकता था, लगातार किया और लखनऊ शाखा के माध्यम से राधाकमल मुखर्जी, राधाकुमुद मुखर्जी, भगीरथ मिश्र, यशपाल जैसी हस्तियों को जोड़ने में सफल रहे। पन्त जी ने यह भी कहा कि लखनऊ शाखा के लिए सुविधानुसार नये उपनियम भी बनाये जा सकते हैं।

'विश्व मैत्री पर्व' कार्यक्रम की योजना से वे बहुत उत्साहित थे। इस अवसर के लिए उन्होंने लोकायन के लिए एक गीत लिखा और पत्र द्वारा भेजा। पत्र में गीत तथा आयोजन सम्बन्धी अनेक निर्देश भी थे। पूरा पत्र इस प्रकार से है, जो उन्होंने रानीखेत से भेजा था। पत्र 'बंकिम' को सम्बोधित है। बंकिम मेरे बाबू जी का ही नाम था। घर-परिवार में वे इसी नाम से जाने जाते थे। पत्र में बीच-बीच में अंग्रेज़ी के शब्द हैं जिनका हिन्दी अनुवाद कर दिया गया है। पन्त जी गर्मियों में एक-दो महीने के लिए रानीखेत चले जाते थे। 'वेस्ट व्यू होटल' उनकी पसन्दीदा जगह थी ठहरने के लिए!

पत्र इस प्रकार है—

5/6/54

द्वारा, श्री श्रीधर प्रसाद जोशी

एडवोकेट

रानीखेत (यू.पी. हिल्स)

प्रिय बंकिम

तुम्हारे 17/5 के पत्र का उत्तर अब दे पा रहा हूँ। मैं इधर अस्वस्थ था, व्यस्त भी। 15 ता. जून को अल्मोड़ा जाऊँगा। पता, द्वारा श्री एम.डी. जोशी, रिटायर्ड एस.पी., कृष्ण कुंज, रानीधारा, अल्मोड़ा (यू.पी. हिल्स)। 1 जुलाई को वहाँ से प्रयाग को जाऊँगा।

आरम्भ में विश्व मैत्री पर्व का आयोजन निश्चित रूप से अच्छा रहेगा। कु. निर्मला को पत्र इसके साथ भेज रहा हूँ—तुम विस्तार से उसे लिख कर समझा देना।

मैं लोकायन का गीत भी इस पत्र के साथ भेज रहा हूँ। ख़ूब लोकप्रिय धुन बनवाना। ऐसी ही रचना भी है—कोरस मिले-जुले स्वर (स्त्री-पुरुष) बीच-बीच में पुरुष स्वर और स्त्री स्वर अलग दे देना। टेक को स्त्री-पुरुष साथ ही गायेंगे। आशा है, गीत तुम्हें पसन्द आयेगा।

आयोजन के बारे में और विस्तार से लिखना।

आइटम्स इस प्रकार हो सकते हैं।

(1) लोकायन का गीत

(2) परिसंवाद या सिम्पोजियम वैश्विक एकता पर

(3) एकांकी

(4) रुक्मणि देवी का नृत्य

(5) लोकगीत (लोकनृत्य के साथ, यदि सम्भव हो)

लोकायन का गीत इस प्रकार होगा। मंच पर प्रारम्भ में दो पुरुष, दो स्त्री स्वर, दो बच्चे रहेंगे। गीत प्रारम्भ होगा। धीरे-धीरे ऑडियंस से स्त्री-पुरुष उठकर गाते हुए दोनों ओर से मंच की ओर बढ़ेंगे और मंच पर खड़े व्यक्तियों में सम्मिलित हो जायेंगे। इससे अच्छा प्रभाव पड़ेगा। रिहर्सल अधिक कराना पड़ेगा। तभी सफल होगा। ट्यून बहुत अच्छी कराना। शेष फिर।

पुनश्च-अगर तुम चाहो तो मेरा पद्य नाटक शिल्पी करा सकते हो, उसे प्रस्तुत करने में कठिनाई नहीं होगी।

सस्नेह

कक्का

सुमित्रानन्दन पन्त

लोकायन (समवेत गान)

जन भू का स्वर्ग द्वार,
स्वर्ग द्वार लोकायन Mixed Voices
हृदय हार लोकायन
हृदय हार लोकायन पुरुष स्वर

2

रूढ़ि मुक्त चार द्वार
उन्नत जाग्रत विचार Female Voices
नित नव भाषाभिसार

पुष्प सार लोकायन
स्वर्ग द्वार लोकायन Mixed Voices
हृदय हार लोकायन

3

सृजनकर्म जन साधन
सृजनकर्म प्रभु पूजन
जीवन का सृजन पर्व

4

हो अपार लोकायन
स्वर्ग द्वार लोकायन Mixed Voices
हृदय हार लोकायन

नव संस्कृति का सन्देश
मुक्त करे निखिल देश
जन-मन का मिलन तीर्थ
हो उदार लोकायन
स्वर्ग द्वार लोकायन
हृदय हार लोकायन

5

शोभा के धरे चरण
भू मंगल करे वरण
मानवता की बलिष्ठ
हो पुकार लोकायन
स्वर्ग द्वार लोकायन
हृदय हार लोकायन

6

विस्तृत हो जन मन पथ
वहन करे जीवनस्थ
सारथि चैतन्य, हरे
अन्धकार लोकायन
स्वर्ग द्वार लोकायन
हृदय हार लोकायन

7

मनुष्यत्व महत ध्येय
आशा उर में अजेय
घृणा द्वेष मध्य प्रेम
का प्रसार लोकायन
स्वर्ग द्वार लोकायन
हृदय हार लोकायन

8

दीपित हो भू-जन-मन
कुसुमित जीवन प्रांगण
ज्योति प्रीति श्री सुख का
प्रिय विहार लोकायन
स्वर्ग द्वार लोकायन
हृदय हार लोकायन

आगे फिर उन्होंने अंग्रेज़ी में लिखा—

'अगर तुम पूरा गीत नहीं चाहते तो कुछ हिस्सों का चयन कर सकते हो जिन्हें मैंने चिन्हित कर दिया है। नया हिस्सा शुरू करने से पहले स्त्री स्वर और पुरुष स्वर क्रम से हो सकते हैं, यदि यह तुम्हें ठीक लगता हो। रिहर्सल के दौरान तुम गीत के प्रभाव को अच्छी तरह से परख लेना।'

सुमित्रानन्दन पन्त

लोकायन पन्त जी का मानस शिशु था जिसे विचारों में जन्म देने के बाद पालन, पोषण के लिए अपने भतीजे के पास लखनऊ स्थानान्तरित कर दिया। बाबू जी ने आठ-दस वर्षों तक अपनी सामर्थ्य और सीमित साधनों के बल पर जितना हो सकता था, उसे जीवन दिया।

अन्त में लोकायन की परिकल्पना को उन्होंने अपनी अन्तिम काव्यकृति 'लोकायतन' में जीवित करने का प्रयास किया।

चौथे दशक में पन्त जी साम्यवाद की विचारधारा से प्रभावित दिखायी दिये जो उस समय की उनकी कृतियों में भी दिखायी देता है। एक बार लखनऊ आने पर उन्होंने बातचीत में बाबू जी से कहा, 'साम्यवाद लगता है युगधर्म है और मैं भी अब संघर्ष करना सीख रहा हूँ।' उन्हें लगता कि समाज में व्याप्त दुःख, ग़ैर बराबरी और ग़रीबी जैसी समस्याओं का समाधान साम्यवाद के माध्यम से सम्भव है। लेकिन धीरे-धीरे वे योगी अरविन्द की आध्यात्मिक चिन्तनधारा से अभिभूत हो गये। उन्हें वैश्विक शान्ति, सार्वभौमिक एकता और इसमें निहित विराट आनन्द की परिकल्पना ने आकर्षित किया। उन्हें लगता इस विचार में साम्यवाद बाधक है।

एक दिलचस्प वाकया है। मेरी शादी से पहले बाबू जी ने पन्त जी से विचार-विमर्श किया। उन्होंने पन्त जी को कुँवरपाल के बारे में बताया। हमारे अन्तर्जातीय विवाह से पन्त जी को कोई परेशानी नहीं थी। उन्होंने मेरा समर्थन किया और बाबू जी को भी सहमत किया। उनकी परेशानी सिर्फ़ यह थी कि कुँवरपाल कम्युनिस्ट हैं। फिर भी उन्होंने सहमति दी। हाँ! मुझसे उन्होंने अवश्य कहा कि मैं चाहे जिस संगठन में काम करूँ, समाजसेवा करूँ, लेकिन मुझे पार्टी सदस्यता नहीं लेनी चाहिए। इस आशय का उन्होंने मुझे एक बार मेरी शादी से पहले पत्र भी लिखा।

दिलचस्प है कि साम्यवादी विचारधारा उन्हें कुछ समय बाद मनोनुकूल नहीं लगी। लेकिन प्रथम 'सोवियत लैंड-नेहरू सम्मान' उन्हीं को मिला और वह इसके बाद सोवियत रूस की यात्रा पर भी गये।

दरअसल, वह समय वैचारिक स्तर पर शीतयुद्ध का था। दुनिया में पहली बार मार्क्सवाद व्यावहारिक स्तर पर स्वीकृत हुआ था और सोवियत रूस में कम्युनिस्ट पार्टी का शासन स्थापित हुआ था। पूरा पश्चिमी पूँजीवादी जगत कम्युनिस्ट पार्टियों के अस्तित्व को मिटाने के लिए पूरा प्रयास कर रहा था। हर स्तर पर प्रोपेगैंडा चल रहा था और कम्युनिस्ट सरकारों को बर्बर और निरंकुश तानाशाह साबित करने की कोशिश हो रही थी। इस पश्चिमी प्रचार तन्त्र का प्रभाव पड़ना स्वाभाविक था, विशेष रूप से भारत जैसे विकासशील देश पर जो अपने संसाधनों और योजनाओं के बल पर स्वावलम्बी बनकर प्रगति के रास्ते पर आगे बढ़ रहा था। साहित्य और कला के क्षेत्र में भी एक ओर अगर प्रगतिशील विचारधारा थी तो दूसरी ओर आधुनिकता के साथ रहस्यवादी कलात्मकता, अमूर्तता और सार्वभौमिकता की विचारधारा भी प्रभावी थी। साम्यवाद से विमुखता का सम्भवत: यह कारण भी हो सकता है।

इसके बावजूद अपने पूरे बौद्धिक रूप और बड़े प्रतिष्ठित कवि रूप से अलग वे किसी स्तर पर नितान्त घरेलू भी नज़र आते थे। घर-खानदान में अविवाहित और शादी योग्य लड़के-लड़कियों के लिए रिश्ता ढूँढ़ने और शादी कराने के लिए अक्सर वे प्रयत्नशील दिखायी देते। कई रिश्ते उन्होंने तय कराये। वरिष्ठ होने के नाते इसे वह अपनी ज़िम्मेदारी समझते थे। मैं जब टीकाराम कॉलेज, अलीगढ़ में पढ़ाने लगी थी, तब उस समय उन्होंने हमारे बाबू जी को दो-एक योग्य 'वरों' के बारे में सुझाव दिया और कहा कि वे मेरी जन्मकुण्डली उन्हें भेज दें। बाबू जी ने ऐसा ही किया। वे स्वयं कुण्डली का मिलान करना चाहते थे, जैसी कि हमारे परिवारों में परम्परा थी। लेकिन दूसरी ओर वे बेहद खुले दिमाग़ के थे। कुमायूँ के कुलीन ब्राह्मणों में शादी-ब्याह के मसले सिर्फ़ जन्मकुण्डली तक सीमित नहीं रहते थे। घर, खानदान, सम्बन्ध आदि की बारीक़ी से जाँच होती थी और मीन-मेख निकाले जाते थे। एक पत्र में विवाह सम्बन्धी चर्चा में उन्होंने लिखा, 'आज के युग में कम्युनिटी को बढ़ाने या उससे बाहर जाने में मुझे कोई हानि नहीं दीखती...' इसलिए इन संकीर्णताओं से परे जो विवाह सम्बन्ध हुए उनको उन्होंने हमेशा समर्थन दिया।

पन्त जी पर लिखते हुए जब मैं उनके ढेर सारे पत्रों को पढ़ रही थी तो मुझे लगा कि वे अविवाहित रहे, लेकिन उनके भीतर एक घरेलू व्यक्ति भी था जिसे अपने आसपास, घर-खानदान सबकी चिन्ता रहती थी। उनकी विचारशीलता में कोमलता थी, सौम्यता थी। टकराव और अराजकता से अलग वे शान्ति की, सद्भाव की कामना करते थे, चाहे सामाजिक स्तर पर हो या वैश्विक हो। सब सुखी हों—आनन्दमय हों...। उनकी हमेशा यही कामना थी।

...जिन मुख निकसत नाहिं

आज उम्र के इस मोड़ पर पीछे मुड़कर मैं देखती हूँ और सोचती हूँ किसने मुझे ज़िन्दगी के पाठ पढ़ाये, कौन गुरु रहे तो दो छवियाँ उभरकर आती हैं। मेरे पिता गिरीश चन्द्र पन्त, जिन्होंने जीवन मूल्य दिये और दूसरा अलीगढ़, जिसने समाज का चेहरा पढ़ना सिखाया, राजनीति की पर्त-दर-पर्त से वाकिफ़ कराया। बाईस साल की थी, जब अलीगढ़ आ गयी थी और टीकाराम गर्ल्स डिग्री कॉलेज जॉइन किया था। अलीगढ़ आना भी दरअसल लखनऊ में गले पड़ गयी रिसर्च से पीछा छुड़ाना था। इस दुनिया में आँख खोलने से लेकर अलीगढ़ प्रस्थान तक उम्र की एक फाँक, जिसमें आध्यात्मिकता का जो जीवन-दर्शन पिता से मिला उसने ही शायद मदद की कुँवरपाल के साथ रहते हुए नयी सामाजिक-राजनीतिक अवधारणा को आत्मसात करने में और अपनी सामाजिक गतिविधियों में व्यवहार और चिन्तन के स्तर पर सन्तुलन बनाने में।

मेरे पिता अपने चार चचेरे भाइयों सहित अपनी पीढ़ी के चन्द लोगों में थे, जिन्होंने पितामह गंगादत्त पन्त द्वारा निर्मित राजसी ठाठ-बाट को देखा था। उसका हिस्सा बने थे। पहले कौसानी और फिर अल्मोड़ा का देवी-भवन। उसमें वे खेले-बड़े हुए थे। 'शापित देवी भवन' में मैंने ज़िक्र किया है कि किस प्रकार गंगादत्त पन्त का वैभवपूर्ण साम्राज्य ताश के पत्ते की तरह धराशायी हो गया। सो, इस हादसे का मनोवैज्ञानिक असर इस दूसरी और तीसरी पीढ़ी पर निश्चित रूप से पड़ा। सहमे और सकुचे हुए से ये लोग अन्दर-बाहर से अजीब ख़ामोशी धारण किये रहते थे। अन्तर्मुखी व्यक्तित्व था कुनबे में अधिकतर वरिष्ठ सदस्यों का।

बाबू जी बेहद शान्त थे। अपने आप में कुछ गुनते-सुनते रहते। मुझे लगता है शायद भीतर से उतने ही बेचैन रहते हों। इलाहाबाद में थे, जब कविताएँ लिखनी शुरू की। सबसे छोटे चाचा सुमित्रानन्दन पन्त के साथ मित्रवत थे लेकिन काव्य-गुरु निराला थे। उनके यहाँ नियमित बैठकों में शामिल रहते। नाम के आगे 'सुमित्रानन्दन पन्त के

भतीजे' का बिल्ला लगा था लेकिन सोलह-सत्रह साल की उम्र में काव्य-यात्रा शुरू हुई निराला जी के चरणों में लेकिन यह भी सच है कि कविता लिखने की प्रेरणा उन्हें अपने छोटे चाचा (नानका) सुमित्रानन्दन पन्त से ही मिली। निराला जी के सान्निध्य में रहने वालों में गिरीश का नाम डॉ. रामविलास शर्मा ने अपनी पुस्तक 'निराला की साहित्य-साधना' में भी लिया है। इसी तरह महादेवी जी ने एक बार किसी लेख में 'पन्त के उदीयमान भतीजे' के रूप में ज़िक्र किया था।

बाबू जी ने एक बार निराला जी के प्रथम दर्शन का क़िस्सा सुनाया। 1927 के क़रीब की बात थी। तब इलाहाबाद के स्टेनली रोड पर पन्त जी अपने बड़े भाई (हमारे दादा जी) और परिवार के साथ ही रहते थे। एक दिन घर पर उन्होंने एक सज्जन को अपने चाचा के साथ देखा। घुटा हुआ सर, एक साधारण-सा खद्दर का कुर्ता-पाजामा, बहुत आत्मविश्वास के साथ वह सज्जन गम्भीर मुद्रा में साहित्यिक चर्चा कर रहे थे। उनके विशाल नेत्र रह-रहकर चमक उठते थे और बातचीत के ढंग में विशिष्ट आकर्षण था। उनके जाने के बाद बाबू जी ने पन्त जी से पूछा कि यह सज्जन कौन हैं...क्या कोई संन्यासी हैं! पन्त जी ने कहा—यही हिन्दी के कवि सूर्यकान्त त्रिपाठी 'निराला' हैं।

उसके बाद बाबू जी निराला जी के पास लगभग नियमित रूप से ही जाने लगे। 1928-29 से लेकर 1944-45 तक उन्होंने ख़ूब लिखा और छपे। अपने समय की सभी प्रमुख पत्र-पत्रिकाओं 'चाँद', 'सुधा', 'माधुरी', 'सरस्वती', 'संगम', 'विशाल भारत' आदि में निरन्तर छपते रहे। एक बार कलकत्ता से निकलने वाली पत्रिका 'विश्वमित्र' के विशेषांक में मुखपृष्ठ पर गिरीशचन्द्र पन्त की कविता थी और भीतर के पृष्ठ पर उनके चाचा पन्त जी की कविता। निराला जी अपने शिष्य की उपलब्धि पर बहुत प्रसन्न थे। हर आने-जाने वाले को पत्रिका दिखाते और कहते—'ई देखो... गिरीश की कविता...मुखपृष्ठ पर... (अब ऐसे प्रसन्न होने वाले गुरु विरले ही हैं।) किशोर वय के गिरीश जब अल्मोड़ा के ध्वस्त ठाठ-बाट को छोड़कर इलाहाबाद आये तब एक हताशा और उखड़ेपन का भाव भीतर समाया होगा, जो उन परिस्थितियों में स्वाभाविक था। पहले तो गिरीश का मन इलाहाबाद में नहीं लगा। फिर काव्यधारा ने सूखे और हताश अन्तस्तल में नमी लाने का प्रयास किया। निराला जैसे कवि का संरक्षण और आशीर्वाद मिला। रामेश्वर शुक्ल 'अंचल' और कुँवर चन्द्रप्रकाश जैसे साहित्यिक कवि-मित्र मिले। अंचल जी के पिता मातादीन शुक्ल जी ने भी सम्पादक के रूप में उन्हें प्रोत्साहित किया और आगे बढ़ाया। वे पूरी तरह साहित्य

की मुख्यधारा से जुड़े रहे। बाद में राष्ट्रीय आन्दोलन में कूद पड़े। पिकेटिंग, धरना, जुलूस...रोज़ के कार्यक्रम हो गये। दो बार जेल भी गये। घर वालों की नाराज़गी झेलनी पड़ी तो घर से भाग गये और बनारस जाकर गंगा किनारे झोंपड़ी डाल ली। वहाँ से पहुँचे बाबा विशुद्धानन्द जी के आश्रम। बाबा ने उन्हें दीक्षित किया, शिष्य बनाया और वापस घर भेजा।

परिवार अब लखनऊ आकर रहने लगा था। दादा जी ने इलाहाबाद में इंडियन प्रेस की नौकरी छोड़ दी थी और लखनऊ में नवल किशोर प्रेस के बुकडिपो के मैनेजर हो गये थे। बाबू जी कभी-कभी मौज में आते तो पुराने क़िस्से सुनाते। हालाँकि ऐसे अवसर कभी-कभार ही हुए। एक बार लेखक भुवनेश्वर पर चर्चा हुई। हुआ यह कि मैंने भुवनेश्वर की कहानी 'भेड़िये' पढ़ी जिसने मुझे बहुत प्रभावित किया। याद रखी जाने वाली कहानी है यह। इस कहानी का और भुवनेश्वर का मैंने ज़िक्र किया तो बाबूजी ने बताया कि जब हमारे दादा जी नवल किशोर प्रेस में थे तब एक शाम उनके साथ एक बाईस-चौबीस साल का नवयुवक था। दादा जी ने बताया कि वे भुवनेश्वर प्रसाद हैं और लेखक हैं। वे तीन-चार दिन घर पर रहे और फिर चले गये। एक जगह टिक कर रहना उनके स्वभाव में नहीं था। उस ज़माने में निराला जी भी लखनऊ में थे और अमीनाबाद के मैजेस्टिक होटल में रहते थे। शाम को कुंवरचन्द्र प्रकाश, भुवनेश्वर, बाबू जी आदि बड़ी संख्या में लोग भी शाम को वहाँ पहुँच जाते और साथ टहलते। बाबू जी भुवनेश्वर के अंग्रेज़ी साहित्य के विशद ज्ञान से प्रभावित थे। लेकिन भुवनेश्वर की आदत थी कि वे किसी से भी, कुछ भी कह सकते थे।

एक बार उन्होंने निराला जी से पूछ लिया—'क्या आपने ऑस्कर वाइल्ड को पढ़ा है?' उनकी इस धृष्टता पर सबको बुरा लगा। निराला जी का मुख तमतमा गया लेकिन उन्होंने कोई उत्तर नहीं दिया।

बाबू जी ने एक और क़िस्सा सुनाया लेकिन बेहद संकोच के साथ। भुवनेश्वर प्रसाद बनारस भी जाते रहते थे और प्रेमचन्द जी से भी मिलते रहते थे। बकौल उनके, प्रेमचन्द उन्हें बहुत पसन्द करते थे। एक बार जब सभी बैठे थे तब वे बोले— 'प्रेमचन्द जी मुझसे बहुत प्रभावित हैं और शायद अपनी बेटी की शादी मुझसे करना चाहते हैं...' सब लोग इस पर एक दूसरे का मुँह देखने लगे। हास्यास्पद बात थी। भुवनेश्वर ठहरे छोटे क़द के, दुबले पतले। प्रेमचन्द जी की बेटी कमला अच्छी क़द-काठी की थीं।

बाबू जी को अच्छा नहीं लगा कि भुवनेश्वर ने प्रेमचन्द जी और उनकी बेटी के लिए ऐसा कहा। प्रेमचन्द जी भी दो-तीन बार घर पर दादा जी के पास आ चुके थे और बाबू जी उनका बहुत सम्मान करते थे।

बाबू जी की ज़िन्दगी में भी ठहराव आया, जब बैंक में नौकरी शुरू की और गृहस्थ बने। दादा जी का वही हाल था। आज नौकरी कर रहे हैं, कल छोड़ दी। अब संघर्ष दूसरे स्तर पर था। संयुक्त परिवार, माँ-बाप। तीन बहनें और भाई। सब पढ़ने वाले। अपने बच्चे। बहुत बड़ा, तेरह लोगों का परिवार। आर्थिक तंगहाली। फिर अपना स्वास्थ्य।

इन सबके बावजूद ज़िन्दगी ठहरी नहीं। सार्थकता बनी रही। उस ज़माने में सामाजिक जीवन की एक सांस्कृतिक पहचान होती थी। मसलन, हमारे मुहल्ले में आपसी मेल-मिलाप बहुत दिखायी देता था। यहाँ कुमाँऊनी ब्राह्मण बड़ी संख्या में थे और कहीं-न-कहीं से कोई रिश्तेदारी निकल ही आती थी। पूरा मुहल्ला मुख्यतः पहाड़ के लोगों का ही था। सभी एक दूसरे के घर के कोनों तक की जानकारी रखते थे। दूसरे नम्बर पर बंगालियों के परिवार थे। बाद में कई रिफ़्यूजी परिवार आकर बस गये थे। दो सिन्धी थे और तीन-चार पंजाबी। ये सभी किसी-न-किसी तरह का व्यापार कर रहे थे। मुहल्ले की पहचान मुख्यतः पहाड़ी ब्राह्मणों और बंगालियों से थी। एक विशेष बात जो आज समझ में आती है, वह है आपस में मिलने-जुलने की। मुहल्ला क्या था, कुनबा था। यहीं एक घोसी परिवार रहता था। मुहल्ले के एक छोर पर उसका बड़ा दो मंज़िला मकान था और बाहर चौड़ी सड़क पर गाय-भैंसों की दुहाई होती। पूरा मुहल्ला वहाँ रहता दूध लेने के लिए। उससे काफ़ी दूर दूसरे छोर पर बड़ा-सा एक अहाता था जो हमारे घर के सामने पड़ता। यहाँ कई कामगार परिवारों की झोपड़ियाँ थीं। इस अहाते में छप्पर पड़े थे, जहाँ घोसी की गाय-भैसें बाँधी जातीं। घोसी को सभी ख़लीफ़ा कहकर बुलाते थे। उसके तीन बड़े लड़के थे। वे थोड़ा-बहुत शायद पढ़ते थे और दूध के काम में हाथ बँटाते थे। उनका मुहल्ले के पहाड़ी, बंगाली लड़कों से ख़ूब दोस्ताना था। ख़लीफ़ा के पड़ोस में एक बंगाली सज्जन भट्टाचार्य महोदय रहते थे। उनकी बेटी मेरी हमउम्र थी और दोस्त थी। नवरात्रि में उनके घर देवी दुर्गा की प्रतिमा की स्थापना होती। नौ दिन वहाँ पूजा-पाठ, शोर-शराबा...उत्सव का माहौल रहता। पूरा मुहल्ला वहाँ इकट्ठा रहता। कभी किसी तरह का टकराव, साम्प्रदायिक तनाव जैसी बात दूर-दूर तक, सपने में भी नहीं थी। तब आज जैसा माहौल नहीं था। किसी के दिमाग़ में ऐसा विचार नहीं आता कि कौन तो छोटा है—कौन बड़ा। थोड़ी-बहुत दूरी बनाये रखने का भाव अगर था तो वह नये आये पंजाबी परिवारों के साथ था। 'सिन्धी-पंजाबी' मुहावरे के रूप में इस्तेमाल होता जो अविश्वसनीयता का भाव लिए था। उस ज़माने में 'लव जिहाद'

जैसा 'भय' पंजाबियों के प्रति हुआ करता तथा लोग उनके साथ व्यवहार में सावधानी का भाव रखते थे। यह विभाजन के बाद की स्थिति थी, जो स्वाभाविक लगती है। हमारे मुहल्ले के एक वर्मा परिवार की लड़की ने पंजाबी लड़के से शादी कर ली। लगभग बासठ-पैंसठ साल पहले ऐसा कम ही सुनने में आता था। घर वालों के विरोध के बावजूद वे लोग घर के ऊपर के हिस्से में, एक तरह से जोर-ज़बरदस्ती से ही रहने लगे। लोगों की ज़ुबान में यही था—'देखा, पंजाबी है। अब पूरे घर पर क़ब्ज़ा कर लेगा...।' बहरहाल ये सिन्धी-पंजाबी परिवार अपनी ओर से तो सबके साथ मिल-जुल कर रहने की कोशिश करते। समय के साथ-साथ इन 'नये आगन्तुकों' के प्रति उपजे पूर्वाग्रह भी ख़त्म होते गये।

मुहल्ले में वसन्त पंचमी और दुर्गा-पूजा जैसे त्योहारों का विशिष्ट स्थान था। ये सार्वजनिक आयोजन थे। मुहल्ले का मॉडल हाउस पार्क बहुत बड़ा और ख़ूबसूरत था। उसमें नगर पालिका का एक प्राइमरी 'मॉडल मॉन्टेसरी स्कूल' भी चलता था। उसकी प्रिंसिपल एक बुजुर्ग-सी लगने वाली मिसेज नेहरू हुआ करती थीं। लोग कहते थे कि वे पण्डित जवाहरलाल नेहरू की रिश्तेदार हैं। इसलिए खासा श्रद्धाभाव था उनके प्रति लोगों का। स्कूल शुरू में केवल कक्षा दो तक था। बाद में पाँचवीं तक बना। कहने को नगर पालिका का स्कूल था लेकिन पढ़ाई का स्तर पब्लिक स्कूलों जैसा ही था। उस वक़्त गिने-चुने अंग्रेज़ी माध्यम के स्कूल थे, जो आम लोगों के लिए मानो आकाश-कुसुम थे। शुरुआती शिक्षा हम सभी भाई-बहनों की उसी 'मॉडल मॉन्टेसरी स्कूल में हुई।

वहाँ का पार्क सार्वजनिक था। बच्चों के खेल का मैदान। शाम को भीड़ रहती वहाँ बच्चों की। मुहल्ले के सांस्कृतिक आयोजन वहीं होते। वसन्त पंचमी में सरस्वती पूजन के साथ होने वाले खेलकूद और सांस्कृतिक कार्यक्रम में मुहल्ले के बच्चों की अधिकतम भागीदारी होती। दुर्गा-पूजा पर तीन-चार दिन नाटकों के मंचन होते, जिसमें बाबू जी और कभी-कभी मेरे चाचा भी हिस्सा लेते। ये कार्यक्रम पूरे मुहल्ले के आकर्षण थे और लम्बे समय से इनकी तैयारी होती।

उन दिनों एक और आकर्षण का अवसर था। दशहरे के मौक़े पर होने वाली कुमाउँनी रामलीला का। सात-आठ दिन चलने वाली यह रामलीला 'कुमाऊँ परिषद के द्वारा संचालित होती, जो पारसी थियेटर जैसी शैली पर थी। इसमें मुख्यतः संगीत था और परस्पर संवाद भी गीतों के रूप में होते थे। दो महीने पहले से 'तालीम' शुरू हो जाती। हम लोगों के बीच से बहुत लोग इसमें भाग लेते। पूरे मुहल्ले से

झुण्ड-के-झुण्ड रामलीला देखने जाते जिसका स्थल लगभग दो किलोमीटर दूर होता। रात बारह-एक बजे से पहले वापसी न होती। तब माहौल आज की तरह भयानक न था कि रात-बिरात चलने में डर लगे। बाबू जी कुमाऊँ परिषद के सहयोगियों में हुआ करते थे।

बाबू जी का नाटक प्रेम हमेशा बना रहा। नाटकों में भाग लेने के अलावा नाटक तैयार करना और उनका मंचन कराना भी उनके एजेंडे में था। मंचन योग्य कई बांग्ला नाटकों के उन्होंने अनुवाद किये। लखनऊ में हीवेट रोड पर बंगालियों का एक सामुदायिक सांस्कृतिक केन्द्र था—'बंगाली क्लब'। वे बांग्ला अच्छी जानते थे। वहाँ लाइब्रेरी से बांग्ला नाटकों की किताबें लाते और उनका अनुवाद कर उन्हें हिन्दी रंगमंच के अनुरूप बनाते। मैं गणेश की भूमिका में होती। नाटकों की कथा-वस्तु समझने के लिहाज़ से मैं बहुत छोटी थी। राइटिंग मेरी अच्छी थी इसलिए इस काम में मदद ली जाती मेरी। बाबू जी अनुवाद करते समय सोचते हुए बोलते और मैं लिखती। राइटिंग तो मेरी माँ की भी अच्छी थी लेकिन उन्हें घर गृहस्थी से फुर्सत कब थी। हस्तलिखित नाटकों के वे रजिस्टर आज भी मेरे पास सुरक्षित हैं और छपने के इन्तज़ार में हैं। बाबू जी के हाथों में वे पुरानी पीली पड़ी पुस्तकें दिखतीं। पौराणिक प्रसंगों और पात्रों को नये भावबोध के साथ, ईश्वरीय दिव्य भाव से परे उन बांग्ला नाटकों में प्रस्तुत किया गया था।

उनका सबसे प्रिय नाटक 'सीता' था, जो उत्तर रामचरित प्रसंग पर था। सीता-निर्वासन, शम्बूक वध जैसे प्रसंगों में राम का चरित्र मानवीय दुर्बलताओं के साथ एक विजयी और वर्णाश्रम धर्म आधारित राज-पुरुष के रूप में है। लिखते समय मुझे कौतुहल अवश्य होता कि इस नाटक में राम का महान चरित्र क्यों नहीं है। भगवान स्वरूप क्यों नहीं हैं। हालाँकि अपनी आस्था के अनुसार बाबू जी ने उसमें थोड़े फेरबदल भी कर दिये। जैसे, शम्बूक वध प्रसंग में एक तर्क जोड़ा कि अगर सभी शूद्र यज्ञ और तप करने लगे तो खेती का काम कौन करेगा। इस तर्क के विरोध में हम आज लम्बी बहस कर सकते हैं लेकिन उन्नीस सौ पचपन-छप्पन में नहीं। एक और महत्त्वपूर्ण और बेहद संवेदनशील नाटक 'सरमा' राम-रावण के बीच युद्ध के प्रसंग पर आधारित था। मुख्य पात्र उसमें विभीषण की पत्नी सरमा और उसका किशोरवय पुत्र हैं। दोनों विभीषण की राम के साथ होने वाली सन्धि तथा लंका नरेश से शत्रुता की घटना से आहत हैं। विभीषण का पुत्र रावण से युद्ध में भाग लेने के लिए बार-बार आग्रह करता है और रावण उसको कठोरतापूर्वक मना कर देता है।

सरमा और उसके पुत्र को लगता है कि विभीषण के कृत्य के कारण रावण उन पर अविश्वास करता है और उन पर नज़र रखे हुए है। दरअसल, रावण का सरमा के पुत्र से प्रेम तथा उसे युद्ध के संकट से बचाने का भाव इस गलतफ़हमी का कारण होता है। इस नाटक में रावण एक उदात्त चरित्र है और नाटककार राम की अपेक्षा उसे कहीं ऊँचा स्थापित करता है। मुझे आश्चर्य होता कि प्रचलित धारणा से अलग इस नाटक में राम और रावण के चरित्र थे। दो अन्य नाटक कृष्ण चरित्र पर थे। 'कृष्ण-अर्जुन' कुरुक्षेत्र के युद्ध प्रसंग पर आधारित था, जहाँ कृष्ण एक अवतार रूप में नहीं, बल्कि एक चतुर राजनीतिज्ञ के रूप में नज़र आते हैं। एक अन्य नाटक 'चित्रांगदा' में भी कृष्ण की मानवीय और दूरदर्शी राजनीतिज्ञ की छवि है। वे भविष्य में होने वाले कौरव-पाण्डव संघर्ष की सम्भावना को समझते हैं और अर्जुन को राजकन्या चित्रांगदा के अलावा अलोपी से विवाह सम्बन्ध स्थापित कर शक्ति का विस्तार करने के लिए प्रेरित करते हैं।

इन नाटकों के अनुवाद में बाबू जी ने मूल लेखक का नाम नहीं दिया, पता नहीं क्यों! बाद में खोजबीन करने पर पता चला कि 'सीता' नाटक 1905 में बंगाल के लब्ध प्रतिष्ठित लेखक, कवि, नाटककार द्विजेन्द्र लाल राय द्वारा लिखा गया था। सम्भवत: अन्य नाटक भी उनके द्वारा या उनके समकालीन नाटककारों द्वारा लिखे गये हों। यह बांग्ला नवजागरण का प्रभाव था कि पौराणिक आख्यान ज्यों-के-त्यों नहीं ग्रहण किये गये। मानवीय दृष्टि से उन्हें नये दृष्टिकोण से प्रस्तुत किया गया। बहुत बाद में अन्य भाषाओं में भी इन पौराणिक चरित्रों पर आधारित कहानी, उपन्यास, काव्य, नाटक आदि लिखे गये।

'सीता' नाटक कई बार उठाया गया मंचन के लिए। रिहर्सल वग़ैरह शुरू हुई, लेकिन आर्थिक सहयोग न जुटा पाने के कारण वे सफल नहीं हुए। हाँ! दूसरे नाट्य-समूहों ने उसे मंचित कर लिया। बहरहाल, यह शौक उनका बना रहा। फिर वे 'लोकायन' के मंच पर जुट गये।

दरअसल, कुछ-न-कुछ रचनात्मक करते रहना बाबू जी का स्वभाव था। चाहे लेखन हो, नाटकों के अनुवाद हों या इनका मंचन हो। शुरुआत के दिनों में उन्होंने एक संस्था बनायी, 'कला निकेतन'। मुझे याद है कि कला निकेतन का एक छोटा-सा बोर्ड नेम प्लेट की तरह हमारे बैठक के दरवाज़े पर लगा रहता था। वे इसे एक सांस्कृतिक संगठन के रूप में बनाना चाहते थे। अब हमारे बाबू जी हों या छोटे बाबा सुमित्रानन्दन पन्त हों, ऐसे कामों में और संगठनकर्ता के रूप में ये लोग बिल्कुल

व्यावहारिक नहीं थे, इसलिए कभी सफल नहीं हुए। संगठन के लिए सभी तरह के लोगों के पास जाना होता है, चन्दा या अनुदान या अन्य प्रकार की सहायता के लिए कहना होता है, जो ये लोग कभी नहीं कर सकते थे।

बाबू जी ने जो कुछ सांस्कृतिक आयोजन किये वे अपने बलबूते पर, अपने ही सम्पर्कों के ज़रिये किये। बाद में सुमित्रानन्दन पन्त द्वारा बनायी गयी 'लोकायन संस्कृति पीठ' के साथ भी कमोबेश ऐसा ही हुआ।

हर कार्यक्रम के लिए बाबू जी दौड़-भाग करते। रात-दिन एक कर देते। फिर बीमार पड़ जाते। क़र्ज़दार हो जाते। उस ज़माने में प्लूरिसी बीमारी टी.बी. जैसी गम्भीर मानी जाती। उन्हें हर बार प्लूरिसी का अटैक होता। आर्थिक तंगी तो रहती ही थी। इसके बावजूद उन्होंने हमारे शौक पूरे किये। मेरे संगीत और कत्थक नृत्य के उस्ताद घर पर ही आते थे सिखाने के लिए ताकि मेरी पढ़ाई में व्यवधान न हो।

पर्वतीय लोक कलाकार संघ, अल्मोड़ा की एक शाखा जब लखनऊ में शुरू हुई तब उन लोगों का आग्रह था कि मैं लोकनृत्य के लिए महिला कलाकार के रूप में उसमें शामिल होऊँ। उन्होंने बाबूजी से कहा और सहर्ष अनुमति मिल गयी। कई जगह हमने स्टेज कार्यक्रम किये। बाबू जी हमेशा साथ जाते। कत्थक के मंचीय कार्यक्रमों में भी वे उपस्थित रहते। उस ज़माने में 14 नवम्बर को पं. जवाहरलाल नेहरू का जन्मदिन लोक सांस्कृतिक पर्व के रूप में राष्ट्रीय स्तर पर मनाया जाता। दूर-दूर से आकर लोक कलाकार उस उत्सव में भाग लेते थे। लोक कलाकार संघ, अल्मोड़ा से आये सुप्रसिद्ध कलाकार और रंगकर्मी मोहन उप्रेती और उनकी जोड़ीदार नईमा ख़ान को मैंने पहली बार वहीं देखा था। हमारे ग्रुप का नाम भी लखनऊ लोक कलाकार मंच था और हम भी कुमाउँनी लोक नृत्य प्रस्तुत कर रहे थे। मैं उस समय नौवीं कक्षा में थी और अपने जोड़ीदार के साथ नृत्य था मेरा। मोहन उप्रेती और उनके साथी पुराने मंजे हुए कलाकार थे, लेकिन उन्होंने हमें बहुत प्रोत्साहित किया।

कविता के संस्कार बाबू जी ने ही दिये। तुकबन्दी तो बचपन से हो रही थी। थोड़ी बड़ी हुई। कॉलेज में आयी। इस समय मुक्त छन्द ही प्रचलन में था। आसान भी था। धड़ाधड़ कई अतुकांत कविताएँ लिख लीं। बाबू जी को दिखाई। उनकी सीख मिली कि पहले छन्द समझो। पिंगल पढ़ो और समझो। फिर जो लिखोगी उसमें काव्य-तत्त्व होगा और कविता की आत्मा लय में है। बाद में उन्होंने कुछ कविताओं को सुधारा-सँवारा। निराला का काव्य साहित्य लाकर दिया। यूँ पन्त जी की पुस्तकों के अलावा पूरा शरत साहित्य, प्रेमचन्द साहित्य, ढेर सारा रूसी साहित्य...बचपन से ही उपलब्ध था। नाटकों का उन्हें शौक़ था तो ढेर सारे नाटकों की पुस्तकें भी थीं। मैं आज जो थोड़ा-बहुत कर सकी हूँ उसमें बाबू जी और माँ का भी योगदान है।

एक बात और! एक दोहा जैसे उन्होंने दिल-दिमाग़ से रटा हुआ था...'रहिमन वे नर मर चुके, जे कहुँ माँगन जाहिं। उनते पहले वे मुए, जिन मुख निकसत नाहिं' अगर किसी ने उनसे कुछ माँग लिया तो वह खाली हाथ वापस नहीं जा सकता था। ढेरों क़िस्से हैं इस सन्दर्भ में। हमारे एक दूर के रिश्तेदार थे जो दादा जी के भाई लगते थे। ख़ासे पढ़े-लिखे थे। उस ज़माने के ग्रेजुएट। अंग्रेज़ी बहुत अच्छी थी। लिखते-पढ़ते रहते तो कुछ कर गुज़रते। उन्हें सुमित्रानन्दन पन्त से न जाने किस जन्म का बैर था। उनका कहना था कि मैं उससे ज़्यादा पढ़ा-लिखा हूँ...ज़्यादा अच्छी कविता कर सकता हूँ...और इसी कुण्ठा में वे पगला गये। नौकरी छोड़ दी। कभी मौज आयी तो ट्यूशन पढ़ाने लगे। सुना था कि बहुत अच्छा पढ़ाते हैं लेकिन पढ़ाना चालू रखते तो काम चलता। परिवार की हालत खस्ता। दो जून की रोटी के लिए पत्नी घरों में बर्तन माँजती। अब अपनी बिरादरी के लोग तो उनसे काम करा नहीं सकते थे। उस ज़माने में कई पंजाबी परिवार अल्मोड़ा आकर बस गये थे। कुछ व्यापारी थे उनमें। उनके घरों में काम कर पत्नी परिवार पाल रही थी। एक दिन अपनी किशोरवय लड़की को लेकर लखनऊ आ गये हमारे यहाँ। मैं छह-सात साल की रही होऊँगी। हमारे यहाँ भी ख़ासा बड़ा परिवार। सीमित आमदनी। बाबू जी ने शरण दी उन्हें। कई महीने रहे। फिर उनकी नौकरी का जुगाड़ हुआ। दो कमरे के एक मकान में शिफ़्ट कराया गया। कुछ दिनों बाद पता चला कि सब कुछ छोड़-छाड़कर वापस चले गये अल्मोड़ा। व्यर्थ का ईर्ष्या भाव और कुण्ठा अच्छे-भले आदमी को कैसे तबाह करती है, इसका उदाहरण थे वे। आज भी मेरे सामने उनका चेहरा घूमता है। बाबू जी के लोकायन संस्कृति पीठ के कार्यक्रम में पन्त जी के न आने पर बोले कि मुझे उनकी जगह प्रस्तुत कर दो। मैं उन से अच्छा बोलता हूँ...। पन्त जी जैसे लम्बे बाल भी रखे हुए थे उन्होंने।

सन् 1930 से लेकर 47-48 तक बाबू जी ने ख़ूब लिखा। फिर घर-गृहस्थी की झंझट, स्वास्थ्य समस्या। 65-66 के क़रीब उन्होंने फिर लिखना शुरू किया। तब तक कविता का रूप-रंग-गन्ध सब बदल चुके थे। अकविता से होती हुई कविता की धारा अब नये धरातल पर थी। छायावाद से आगे प्रगतिवाद और फिर नयी कविता का दौर। इससे आगे तो कविता जैसे सबके हाथों का खिलौना हो गयी। गद्य और कविता का भेद ही मिट गया। कविता में काव्य-तत्त्व की वापसी के लिए 'सहज कविता' या 'नवगीत' जैसे आन्दोलनों के प्रयास भी हुए। बाद के दौर में काव्यहीन, गति-लय विहीन ठूँठ बनी कविता ने पाठकों को इस महत्त्वपूर्ण साहित्य धारा से बहुत

दूर कर दिया था। बाबू जी ने आधुनिक भावबोध के समकालीन विषयों को लेकर फिर लिखा, लेकिन उनका शिल्प और शब्द-विन्यास छायावादी कविता के ढाँचे का ही रहा। उनकी वे कविताएँ छपी भी लेकिन अधिकांश फ़ाइलों में ही बन्द रहीं। उन सभी को इकट्ठा कर हमने उनके संग्रह के प्रकाशन की व्यवस्था की। मुझे सन्तोष रहा कि जनवरी, 2000 में, जब सदी बदल रही थी और तब उन्होंने आँखें मूँद लीं, तो हम इससे पहले उन्हें उनके कविता संग्रह 'पथ है रेतीला' भेंट कर सके।

बाबू जी से बचपन में हम कभी किसी चीज़ के लिए ज़िद करते, मसलन नयी ड्रेस या नये जूतों के लिए, वे हमें बैठक (ड्राइंग रूम) के कमरे में ले जाते। वहाँ की खिड़की पर खड़ा करते जहाँ सड़क के दूसरी ओर एक बड़ा, खुला अहाता था। वहाँ कई झोंपड़ीनुमा कच्चे-पक्के घर थे। मुहल्ले के घोसी ख़लीफ़ा की गाय-भैंसे भी बँधती थीं। वे दिखाकर कहते—'उन्हें देखो। उन लोगों से तो तुम्हारे पास ज़्यादा है ना, उनसे तो अच्छे हो...' हम भुनभुनाते हुए अन्दर आ जाते। लेकिन दूसरी ओर, अगर किसी ने उनसे कोई याचना कर दी, कुछ माँग लिया तो उसकी माँग को ज़रूर पूरा करते। फिर चाहे उन्हें कुछ भी झेलना पड़े। एक बार जब मैं आठवीं कक्षा में थी, मुझे एक मास्टर जी से ट्यूशन पढ़नी पड़ी। वे कॉलेज में पढ़ने वाला एक विद्यार्थी था। उनके बैंक के चपरासी का भतीजा था वह जो शहर में पढ़ने आया था। उसकी मदद करनी थी। सो यह काम उसे दे दिया। किसी ने अगर हम लोगों का कोई सामान रख लिया, वापस नहीं किया तो हँस देते—'हो सकता है कि उसकी ज़रूरत हमसे ज़्यादा हो...।' हम पैर पटक कर रह जाते।

मैं बाद में अलीगढ़ आ गयी। तब शादी के बाद साल में कम-से-कम दो बार लखनऊ से अलीगढ़ अम्मा और बाबूजी मेरे पास ज़रूर आते। उन्हें हमारे साथ अलीगढ़ में अच्छा लगता। वापसी में ट्रेन में उनकी सीट रिज़र्व होने के बावजूद उनकी सीट पर कोई बैठा मिलता तो वे यह कभी न कहते कि सीट हमारी है। लोग भी ऐसे कि उम्र दराज़ व्यक्ति को देखकर भी सीट न छोड़ते तो अम्मा और बाबू जी कोने में सिमटे सिकुड़े बैठे रहते। बाद में जब कुंवरपाल को पता चला तो फिर वे उन्हें स्टेशन छोड़ने जाते और बाकायदा सीट पर बैठाकर आते।

बाबू जी आध्यात्मिक व्यक्ति थे। अम्मा परम्परागत पूजा-पाठ वाली। वह अलग बात है कि धार्मिक आख्यानों पर प्रश्नचिह्न लगाना और तर्कपूर्ण दृष्टि से देखना अम्मा ने ही सिखाया। अलीगढ़ जब वे लोग आते तब बाबू जी का सवेरे शाम मेडिटेशन, सन्ध्या वन्दन चलता रहता। अम्मा नियमित सवेरे पूजा और शाम आरती करतीं।

कुँवरपाल को उनके लाइफ स्टाइल से कभी कोई परेशानी नहीं हुई। हाँ, जब तक वे लोग रहते हम पूर्ण निरामिष होते। प्याज, लहसुन, अण्डा सब बन्द।

यूँ सोच और रहन-सहन में बाबू जी और कुँवरपाल दो विपरीत ध्रुव लगते थे लेकिन एक अच्छाई जो दोनों को जोड़ती थी, वह थी उदारता और लोगों की मदद करने का जज़्बा। कुँवरपाल का जीवन एक खुली किताब की तरह था। जाति-धर्म आधारित किसी तरह का भेदभाव, न व्यवहार में था और न मन में कोई पाखण्ड था कि घर में कुछ और सार्वजनिक जीवन में कुछ और। शादी से पहले लखनऊ में अपने घर का वातावरण और शादी के बाद अलीगढ़ का माहौल...दो नितान्त भिन्न छोर लग सकते हैं लेकिन मानवतावादी सोच और 'सबका भला हो...' जैसी अवधारणा शायद साम्यवाद जैसी ही थी। मुझे हमेशा ऐसे अवसरों पर बाबू जी की दोहराई जाने वाली सीख याद आती। वही रहीम का दोहा। शायद यही वजह थी कि शादी के बाद अपनी घरेलू कार्यशैली में मुझे ज़्यादा अन्तर नहीं दिखायी दिया। सिवा इसके कि बाबू जी अन्तर्मुखी थे, कम बोलते थे, लोगों से सीमित मेल-जोल था। अलीगढ़ में हर वक़्त लोगों का आना जाना। भाँति-भाँति के लोग। विशाल मित्र मण्डली।

शादी से पहले एक बार कुँवरपाल और मैं मैरिस रोड पर जा रहे थे। बड़ी-बड़ी कोठियों से शोभायमान है यह इलाक़ा। मैंने एक कोठी की ओर इशारा करते हुए कहा, 'आपको नहीं लगता, कि हमारे पास भी ऐसा ही एक बढ़िया मकान हो।' उन्होंने जो जवाब दिया, मैं स्तब्ध रह गयी। बोले—'हाँ! लेकिन तब जब सबके पास ऐसा ही एक मकान हो।' हमारी शादी नहीं हुई थी लेकिन कुँवरपाल ने अपना जीवन दर्शन स्पष्ट कर दिया था। मुझे अपने बाबू जी की याद आयी थी जब वे हमें घर के सामने के अहाते में झोंपड़ियों में रहने वाले लोगों को दिखाते थे और हमसे अपनी ज़रूरतें कम करने को कहते थे।

अब कोई मनोवैज्ञानिक इसका विश्लेषण करे तो कुँवरपाल के प्रति 'फ़ादर फ़िक्सेशन' की बात कह सकता है। लेकिन यह सच है कि शादी के बाद कुँवरपाल के साथ उनकी जीवनशैली और दर्शन के अनुरूप चलने में मुझे कोई परेशानी नहीं हुई। इसका कारण लखनऊ के बाद अलीगढ़ में भी घर का वातावरण जाना-पहचाना-सा ही रहा।

जनाना पार्क

बात सन् 2003 के जाड़ों की है।

कानपुर से फ़ोन आया।

नसीमा फ़ोन कर रही थी। पहले तो नसीमा के नाम पर ही मैं थोड़ा अटकी।

'भूल गयीं। हाज़रा आपा-सुरजीत दीदी को। हम लोग साथ काम करते थे। कैसरबाग़ का ऑफ़िस। दूल्हा भाई...सब भूल गयीं...' उलाहना दे रही थी वह। हाँ! याद आया। लखनऊ क़ैसरबाग़ चौराहे के पास कम्युनिस्ट पार्टी ऑफ़ इंडिया का ऑफ़िस। नसीमा के दूल्हा भाई (जीजा) नईम ख़ाँ साहब वहाँ ऑफ़िस सेक्रेटरी। पास की गली में घर था उनका। नसीमा वहीं रहती थी और यूनिवर्सिटी से एम.ए. कर रही थी। मैं एम.एस-सी कर चुकी थी। वहीं सी.पी.आई. के ऑफ़िस में उससे मुलाक़ात हुई और हम दोस्त बन गये।

'ओ सॉरी! आई एम सॉरी यार! युग बीत गये मैडम! तुम अचानक फ़ोन करोगी, अन्दाज़ा नहीं था। यह बताओ नम्बर कहाँ से मिला?' मैं अचरज़ में थी। कहाँ से टपक गयी यह नसीमा।

'सुनो, ये सब तो बाद में बताऊँगी। पहले एक अफ़सोसनाक ख़बर सुनो। सुरजीत दीदी थीं न, वह नहीं रहीं। उनका मर्डर हो गया।'

'हाय नहीं!' हतप्रभ, मेरे मुँह से बेसाख्ता निकला। उनका कौन मर्डर करेगा? उनके पास था क्या? साधारण-सा रहन-सहन। आडम्बरहीन। हाँ, ज्ञान का भण्डार था उनके पास! समाज की चिन्ताएँ थीं उनके पास! दीन-दुखियों, औरतों का हुजूम हुआ करता था उनके साथ! मनी बैग नहीं, आन्दोलन की मशाल हुआ करती थी उनके हाथों में....

मैं, नसीमा और हम जैसे ढेर सारे लोग उनके ऋणी थे। हमें घर के सुरक्षित खोल से निकाल कर सड़क पर ला खड़ा किया था उन्होंने और ऐसी डगर पर ले आयी थीं हमें जहाँ पूरा आसमान दिखायी देता था। एक नहीं अनगिनत रास्ते

दिखायी देते थे। बाँस-बल्ली और रस्सियों में बँधा बाड़ा नहीं, पूरा मैदान हमारे लिए। उनकी संगत की तीली से सामाजिक सोच की जो चिंगारी प्रस्फुटित हुई थी, वह रोशनी बनकर हमेशा जीवन के साथ रही है। इसी रोशनी ने विचार और बाज़ार के बीच में फ़र्क़ सिखाया है। अपनी ज़मीन तलाशने में मदद की है। इसी रोशनी ने बेचैन भटकते मन के सामने जीने के उद्‌देश्य तय किये और ज़ेहन पर छाये हुए जाले साफ़ किये।

आज से पैंसठ-सत्तर साल पहले! क्या माहौल था! आज़ाद भारत। बीसवीं सदी का पाँचवा-छठा दशक। कुछ अलग और नया करने की बेचैनी शायद हमारी पीढ़ी में ही थी। तब आकाश इस तरह उपभोक्तावाद की नफ़रती राजनीति के बादलों से घिरा नहीं रहता था। मैं कुछ मायनों में सौभाग्यशाली थी कि घर में पढ़ा-लिखा प्रबुद्ध वातावरण था। मंझले दादा देवीदत्त पन्त कुमायूँ क्षेत्र के पहले सांसद थे। एक प्रखर वकील, बेहद लोकप्रिय जननेता के रूप में उनकी ख्याति थी। छोटे दादा सुमित्रानन्दन पन्त साहित्य के क्षेत्र में हमारे सामने प्रसिद्धि के नये मानक तय कर चुके थे। स्वयं मेरे दादा की ख्याति अंग्रेज़ी और संस्कृत के विद्वान के रूप में थी।

मेरे पिता अपने समय के चर्चित नौजवान कवियों में ही नहीं थे, वे निराला जी के प्रिय शागिर्दों में भी रहे। नौजवानी में स्वाधीनता आन्दोलन में कूद पड़े और दो बार जेल भी गये। अपने आस-पड़ोस, परिचित-अपरिचित परिवारों में माहौल को देखते तो लगता कि हमारे घर का माहौल कुछ ख़ास तो है। एक अलग रूप-रंग था। हर कोई जैसे बेचैन था लिखने-पढ़ने की विरासत को ग्रहण करने के लिए, कुछ करने के लिए। पढ़ने का फ़ितूर दादी से लेकर चाचा-बुआ तक और फिर हम तक आना ही था। चाचा अंग्रेज़ी में कविता लिख रहे हैं तो छोटी बुआ हिन्दी में कहानी लिख रही हैं और छप रही हैं। सबसे बड़ी बुआ इसलिए बदनाम थीं कि वह नृत्य सीखती थीं और रेडियो स्टेशन पर अपना संगीत का कार्यक्रम रिकार्ड कराने जाती थीं।

यह सब देखते हुए लगता कि मुझे भी कुछ करना है। चौथी कक्षा से मैं कविताएँ लिखने लगी और स्वतन्त्र भारत पत्र के 'बालसंघ' में छपने लगी। इस अख़बार के बाल-स्तम्भ ने कितने आगे आने वाले लेखक तैयार किये—सोचूँ तो आज एक लम्बी सूची तैयार हो सकती है। गोपीकृष्ण अरोड़ा स्वतन्त्रता सेनानी थे और पत्रकार थे। स्वतन्त्र भारत के सह सम्पादक थे और 'बालसंघ' स्तम्भ के सर्वेसर्वा। वे बच्चों की रचनाएँ छापते। उचित निर्देश देते। कभी कविता-कहानी, कभी लेख प्रतियोगिता कराते और बड़े समारोह में पुरस्कार प्रदान करते। अरोड़ा जी ने 'बालसंघ क्लब' भी शुरू कराया। हर रविवार को क्लब की मीटिंग होती। उनके केबिन पर उस दिन

हम बच्चों का अधिकार रहता। रचनाएँ सुनने और सुनाने का कार्यक्रम होता। क्लब के पदाधिकारियों का हर साल बाकायदा चुनाव भी होता।

अरोड़ा जी के मित्रों में एक गुप्ता जी भी थे। सफ़ेद बाल और सफ़ेद खादी के कुर्ते-पाजामे में रहने वाले गुप्ता जी भी स्वतन्त्रता सेनानी हैं, ऐसा हम सुना करते थे। दस-ग्यारह साल की उम्र इन सबको समझने के लिए शायद नाकाफ़ी थी। गुप्ता जी के साथ नौजवान लड़के-लड़कियों की एक टोली थी। उनमें कुछ कॉलेज और विश्वविद्यालय में पढ़ने वाले लोग थे। उन्होंने कुछ पार्क अधिगृहीत कर रखे थे। हमारे मुहल्ले के पार्क में आने वाली टोली में दो लड़कियाँ और तीन लड़के थे। शाम को हर उम्र के ढेरों बच्चे वहाँ खेलने आते। तब पढ़ाई हम लोगों के सिरों पर ऐसा बोझ नहीं थी कि ज़िन्दगी अजाब हो जाये। ये लोग बच्चों को इकट्ठा कर कहानियाँ, कविताएँ, गीत सुनाते-सुनते। एक साल उन लोगों के साथ गर्मी की छुट्टियों में हमने एक बड़ा कार्यक्रम किया। नृत्य, संगीत, ड्रामा...। उस समय लखनऊ में कथक नृत्य के मशहूर शिक्षक लाहिड़ी मास्साब और एक चर्चित गायक हजारिका साहब कार्यक्रम के लिए नृत्य और संगीत की शिक्षा देने आते। कैसे तो सीखने वाले और कैसे-कैसे सिखाने वाले। इतने ढेर सारे बच्चों के साथ उनके माता-पिता भी किसी-न-किसी रूप में शामिल होते ही थे। पहली बार इप्टा का नाम कानों में पड़ा था। तभी पहली बार जनकवि शील का गीत—देश हमारा धरती अपनी' गाया था। बहुत समय बाद 1978 के लगभग एक साहित्यिक बैठक में जब शील जी से मुलाक़ात हुई तो जाना कि यह उनका लिखा हुआ गीत है। बाद में तो नयी पौध को सँवारने-सँभालने का काम हम लोगों ने पूरी तरह से सरस्वती शिशु मन्दिरों को सौंप दिया। जन आन्दोलनकारी सामाजिक सरोकार बौद्धिक निर्माण तक सिमट कर रह गये। जनता की राजनीति ज़मीनी यथार्थ से दूर होने लगी और हमारे जनसंगठन इतिहास की तारीख़ों में तब्दील होने लगे।

घर का वातावरण। दसवीं कक्षा तक आते-आते प्रेमचन्द और शरतचन्द्र पूरे पढ़े जा चुके थे। मौक़ा मिले तो जासूसी दुनिया से लेकर 'माया', 'मनोहर कहानियाँ' भी नहीं छोड़े जाते थे। मुझे याद है, एक बार दूसरे दिन केमेस्ट्री का टेस्ट था और रांगेय राघव का मोटा उपन्यास 'कब तक पुकारूँ' हाथ लग गया। रात भर उपन्यास का पारायण होता रहा। दो महीने बाद हाई स्कूल की परीक्षाएँ थीं और उस दिन टेस्ट में फेल। डाँट भी पड़ी। धर्मवीर भारती का 'गुनाहों का देवता' छिपकर पढ़ना पड़ा, क्योंकि उसे आँसुओं की धार के साथ रोते-रोते पढ़ा था। कुछ दिनों बाद राजेन्द्र

यादव का उपन्यास 'निन्नी' (अनदेखे अनजान पुल) पढ़ा तो लगा कि यह तो जैसे अपनी ही कहानी है।

अज़ीब हलचल और बेचैनी भरा समय था यह। भविष्य के प्रति ढेरों सवाल। बँधी-बँधाई ज़िन्दगी परेशान करने लगी। नतीजा-ग्रेजुएशन के बाद मैंने ऐलान किया कि आगे नहीं पढ़ना है। साहित्य पढ़ना और साहित्य लिखना है! हाँ! रोज़ी-रोटी...! यह अहम सवाल था।

छोटे दादा सुमित्रानन्दन पन्त उन दिनों ऑल इंडिया रेडियो में सलाहकार थे। मैं इलाहाबाद गयी और उनसे कहा कि आप मुझे रेडियो में नौकरी दिला दीजिए। अनाउंसर या कुछ भी। मुझे लेखक बनना है, लेकिन उससे पहले अपने पैरों पर खड़ा होना है। वे न तो मेरी बात पर हँसे और न मज़ाक बनाया। गम्भीरतापूर्वक बोले कि अब सिर्फ़ लेखन के सहारे ज़िन्दगी जीना आसान नहीं। रेडियो की नौकरी तुम्हारी मदद नहीं करेगी। बेहतर है कि तुम पहले अपनी पढ़ाई पूरी करो...

ऐसे ही हलचल भरे समय में कुछ सामाजिक कार्यकर्ताओं के सम्पर्क में आना हुआ। मेरी एक मौसी की नयी-नयी शादी हुई थी। मौसा जी नैनीताल में वकालत करते थे और जाने-माने सामाजिक कार्यकर्ता थे। मैं एम.एस.सी. कर चुकी थी। घर वालों के कहने पर रिसर्च की तैयारी तो कर रही थी लेकिन अब पढ़ने में मन नहीं था। मौसा जी किसी काम से लखनऊ आये थे, सो घर पर मिलने आये। बातचीत के दौरान बोले—'चलो तुम्हें किसी से मिला लाते हैं। तुम्हें अच्छा लगेगा।'

रिक्शे में बैठकर हम लोग चल दिये। पहुँचे रॉयल होटल के एक फ्लैट में जो विधायकों के लिए हुआ करते थे। वहाँ ख़ासी उम्र की जिस महिला से परिचय हुआ वह हाज़रा आपा थीं, डॉ. ज़ेड.ए. अहमद की पत्नी। डॉ. साहब किसान नेता थे और उस समय राज्यसभा सदस्य भी थे। हाज़रा आपा बेहद ख़ुशमिजाज़ और आत्मीय। क्षणभर को भी नहीं लगा कि किसी से पहली बार मुलाक़ात हो रही है। वे जन-आन्दोलन की तपी-तपायी नेता। मैं अभी-अभी यूनिवर्सिटी से पढ़ाई ख़त्म कर निकली एक मध्यवर्गीय, सहमी, झेंपू-सी लड़की। एक ही मुलाक़ात में मेरी झिझक दूर कर अपना बना लिया उन्होंने।

उनके कहने पर एक हफ़्ते बाद मैं फिर उनके पास गयी। वहाँ नेशनल फ़ेडरेशन ऑफ़ इंडियन वीमेन की ओर से महिलाओं की एक मीटिंग थी। उस दिन पहली बार वहाँ देखा सुरजीत दीदी को। डॉ. सुरजीत कौर! आकर्षक व्यक्तित्व! गोरा रंग। गठा हुआ शरीर, दरम्याना क़द! हर वक़्त हँसता हुआ चेहरा। तीखे नाक-नक़्शा, किंचित

शरारत भरी हँसती आँखें। तीखी-स्पष्ट आवाज़। मीटिंग वही चला रही थीं। मैं वहाँ एक नये सदस्य के रूप में थी।

मीटिंग ख़त्म होने के बाद मैं रुक गयी। सुरजीत दीदी बात करती रहीं। ढेर सारी बातें पूछती रहीं। वे लखनऊ विश्वविद्यालय के अर्थशास्त्र विभाग में लेक्चरर थीं और महिला फ़ेडरेशन की कर्मठ कार्यकर्ता। मुझ अदना-सी नयी लड़की का उन्होंने ऐसा स्वागत किया जैसे मैं कोई ख़ास हूँ। उनके पति कालीशंकर शुक्ल उ. प्र. कम्युनिस्ट पार्टी के महासचिव थे और बड़े नेताओं में उनकी गिनती होती थी। एक जुझारू नेता के रूप में वे जाने जाते थे। उन्हीं दिनों प्रसिद्ध क्रान्तिकारी और भगतसिंह के साथी शिव वर्मा को पहली बार देखा। उन दिनों वे जेल से छूटकर आये थे। आज़ादी से पहले वे अंग्रेज़ों के जेल में रहे, काला पानी की सज़ा भुगती और फिर आज़ाद भारत में कांग्रेस सरकार की जेल में भी बन्द हुए। नसीमा ने मुझे निमन्त्रित किया था और बताया कि शाम को कामरेड शिव वर्मा घर आयेंगे।

लोगों के बीच जाना, घुलना-मिलना। मेरे सामने तो जैसे नयी दुनिया खुल रही थी। औरतें घर से बाहर निकलकर इतना काम करती हैं—देखकर अच्छा लगता था। उन्हीं दिनों महँगाई और बेरोज़गारी के ख़िलाफ़ एक बड़ा आन्दोलन एजेंडा में था। लखनऊ में भी कार्यक्रम चल रहे थे। अमीनाबाद के पास गूँगे नवाब का पार्क हुआ करता था। उसी के निकट एक जनाना पार्क भी था। जनाना पार्क बड़े-बड़े दरख़्तों और घनी झाड़ियों से आच्छादित बाउंड्री वाला हरा-भरा ख़ूबसूरत पार्क, जो पुराने समय में पर्दानशीं जनानियों के लिए हुआ करता था। जनाना पार्क में मीटिंग करने से पहले हम कहाँ-कहाँ गये...। लड़कियों के कॉलेजों में, स्कूलों में, सभी संस्थाओं में गये। राह चलते लोगों और महिलाओं के बीच हज़ारों पर्चे बाँटे। नुक्कड़ सभाएँ कीं। मेरी भूमिका पर्चे बाँटने और साथ चलने भर की थी लेकिन लोगों से संवाद...उनकी प्रतिक्रियाएँ जैसे एक पाठ की तरह थे। जनाना पार्क की उस जनसभा में हज़ारों की संख्या में औरतें मौजूद थीं। अमीर-ग़रीब, हिन्दू-मुस्लिम, बुर्केवाली-ग़ैर-बुर्केवाली, पढ़ी लिखी-अनपढ़...मैं अभिभूत थी। भीड़ के साथ यह मेरा पहला साक्षात्कार था। हम नौसिखियों के साथ सुरजीत कौर और हाज़रा आपा जैसे लोग कितनी मेहनत करते थे।

कुछ महीने बाद दिल्ली में नेशनल फ़ेडरेशन ऑफ़ इंडियन वीमेन की दस दिवसीय कार्यशाला का आयोजन हुआ। पहली बार एक बड़ी बैठक में भाग लिया, जिसमें देश के जन-आन्दोलनों के कई शीर्ष नेता उपस्थित थे। वाराणसी से मनोरमा सैटिन भी उसमें शामिल थीं। उनके पति रुस्तम सैटिन उत्तर प्रदेश में पहली संविद

सरकार में गृह राज्य मन्त्री थे। पहली बार वामदल के सदस्य सरकार में शामिल हुए थे। मुझ नयी-नवेली कार्यकर्ता को मनोरमा सैटिन बहस के लिए बिन्दु लिखकर दे रही थीं कि मैं वक्ता के रूप में स्टेज पर प्रतिभागिता करूँ। इन्हीं मनोरमा दीदी को लखनऊ में उनकी बहन के घर एक बार मैंने ऊँचे पटरे पर बैठकर पूरियाँ तलते देखा और लगा कि अरे, ये तो हम जैसी ही हैं...

सुरजीत दीदी ने एक बार अपने घर वीमेन फ़ेडरेशन के पदाधिकारियों और कार्यकर्ताओं की बैठक बुलाई। वह मीटिंग टी-पार्टी के साथ थी। मुझसे बोलीं—'अपनी माँ को भी साथ लेकर आना। हम भी तो देखें कि तुम्हारी माँ कैसी हैं जो अपनी बेटी को मनचाहा करने की छूट देती हैं।'

यह सच भी था। बाहर जाने का दरवाज़ा तो अम्मा ने ही खोला था। कुछ नया करने की चाहत-आँखों में सपने तो उन्होंने ही दिये थे। अक्सर वे लम्बी साँस भर कर कहा करतीं—'हमारी ज़िन्दगी तो चूल्हे-चौके में ही कट गयी। सवेरे पकाया-खाया, शाम पकाया-खाया, बस! तुम तो पढ़लिख कर बाहर निकलो।' इसलिए दरवाज़े की साँकल अम्मा ने ही उतारी थी। रास्ता दिखाया सुरजीत कौर, हाज़रा आपा, मनोरमा सैटिन और विमला फ़ारुक़ी जैसी हस्तियों ने।

मैंने एक बार कहा था कि मैं एक होलटाइमर के रूप में वामपन्थी आन्दोलन में काम करना चाहती हूँ। मुझे नहीं करनी नौकरी-वौकरी। मेरे सामने जो रास्ता बन रहा था, वह एक हरे-भरे मैदान की ओर ले जाता था, जहाँ से अनन्त विस्तार पाती दुनिया थी। अनगिनत धड़कनों से घिरी दुनिया थी। हर रोज़ कुछ नया करने को था। बन्द कमरों के भीतर, बँधी-बँधाई, घड़ी देखकर चलने वाली ज़िन्दगी की एकरसता की ऊब, यहाँ कभी नहीं फटक सकती थी।

इसी ऊहापोह के बीच शोध छात्रा के रूप में लखनऊ विश्वविद्यालय के केमेस्ट्री विभाग में मेरा रजिस्ट्रेशन हो गया। क्या कर सकती थी। स्कॉलरशिप मिल चुकी थी। सो यह स्वाभाविक परिणति थी। लेकिन मन नहीं लगा। सवेरे से शाम तक लैब में या लाइब्रेरी में बिताना बहुत बोझिल था। फिर मन पक्का किया कि बहुत हो गया, अब और नहीं। तभी अलीगढ़ के कॉलेज से ऑफ़र आया और एक दिन अचानक उठकर अलीगढ़ के इस डिग्री कॉलेज में आ गयी।

इस बीच लखनऊ में नेशनल फ़ेडरेशन ऑफ़ इंडियन वीमेन का राष्ट्रीय सम्मेलन होना था। दशहरे की छुट्टियाँ थीं। मैं फिर लखनऊ में हाज़िर। हम सब उसकी तैयारी में जुट गये। सम्मेलन बहुत सफल रहा। प्रखर वक्ता, सांसद और सक्रिय कार्यकर्ता के

रूप में विख्यात गीता मुखर्जी, रेणु चक्रवर्ती, विमला फ़ारुकी जैसी नेत्रियों को देखा। शीर्ष नेतृत्व में थीं वे सब। आज ऐसे व्यक्तित्व सचमुच दुर्लभ हैं। अपने कार्यकर्ताओं के साथ इनके निकट के, परिवार जैसे सम्बन्ध हुआ करते थे। ऊँची कुर्सी और नीचे दरी जैसी स्थिति नहीं थी। सब एक मंच पर होते थे। इसी सम्मेलन के दौरान मुझे उ. प्र. इकाई का ऑरगनाइजिंग सेक्रेटरी बनाकर संगठन की ज़िम्मेदारी सौंप दी गयी। मेरा इरादा अब नौकरी छोड़कर पूर्णतया राजनीतिक कार्यों में संलग्न होने का बनने लगा। घर में माँ-बाबू जी की ओर से पूरी छूट थी कि सोच-समझ कर, जो ठीक लगे वह करो। उस समय उ.प्र. फ़ेडरेशन की अध्यक्ष हमीदा हबीबुल्ला थीं और हम लोग कार्यक्रमों की रूपरेखा बनाने लगे। दिलचस्प है कि हमीदा हबीबुल्ला कांग्रेसी थीं और नेशनल फ़ेडरेशन ऑफ़ इंडियन वीमेन कम्युनिस्ट पार्टी ऑफ़ इंडिया का महिला संगठन था।

उधर, कॉलेज में मेरी लम्बी छुट्टी दर्ज हो रही थी। मैं बिना किसी पूर्व सूचना के लखनऊ चली आयी थी। फिर एक दिन कॉलेज से मेरे पास नोटिस आया और अपनी स्थिति स्पष्ट करने के लिए कहा गया। एक बार फिर दुविधा की स्थिति। सोचा, चलो। चल कर देखें तो!

बहुत सोच-विचार कर फिर अलीगढ़ आ गयी और नौकरी में लग गयी। कुछ महीने बाद महिला फ़ेडरेशन की राष्ट्रीय अध्यक्ष विमला फ़ारुक़ी दीदी मेरे पास अलीगढ़ आयीं। वे चाहती थीं कि मैं चाहे दिल्ली रहूँ या लखनऊ, पूर्णकालिक सदस्य के रूप में पार्टी में काम करूँ। छह महीने से मैं उन्हें भी झांसा दे रही थी कि अब आयी...अब आयी...और तय नहीं कर पा रही थी। विमला दीदी के पति एम. फ़ारुक़ी साहब कम्युनिस्ट पार्टी ऑफ़ इंडिया के राष्ट्रीय महासचिव थे।

लम्बे समय तक फिर दुविधा की स्थिति! मैंने गम्भीरतापूर्वक सोचा! बहुत सोचा और फिर, अपना इरादा बदल दिया। तत्कालीन परिस्थितियाँ, राजनीति की दिशा, भविष्य में बनने वाला परिदृश्य और अपना स्वभाव...इन सबके बीच, मैं कहाँ! इन सवालों से जूझते, लम्बे आत्ममन्थन से गुज़रते हुए मुझे लगा कि आर्थिक स्वावलम्बन जीवन के किसी भी एजेंडे की पहली शर्त है। इसके अलावा जीवन में दो-तीन कार्यक्रम एक साथ भी चल सकते हैं। हम एक सपना लेकर आन्दोलन का हिस्सा बने हैं। अगर क्रान्ति न हुई, अपने जीवन काल में सामाजिक बदलाव का ख्वाब पूरा न हुआ तो कैसा मानसिक विक्षोभ होगा? फ्रस्ट्रेशन कहाँ ले जाकर पटकेगा? अपनी कल्पना में अवसाद से घिरी हुई मैं। जीते जी मरण! मैंने फ़ैसला किया-नौकरी तो नहीं छोड़नी है। इसके साथ-साथ काम करना है तथा लोगों के बीच जाना है।

साहित्य और लेखन! शुरू से ही जीवन के एजेंडे में रहे। समाज से रू-ब-रू होने पर सामाजिक बदलाव का सपना इसमें ऐसा जुड़ा कि साहित्य के उद्‌देश्य तय हो गये और निश्चित ही उसके संस्कार सुरजीत कौर, हाज़रा आपा और विमला फ़ारुक़ी जैसे लोगों की संगत से मिले। साहित्य के क्षेत्र में व्याप्त आपा-धापी से, इसको उछाल—उसे गिरा वाले परिदृश्य से और सम्मान-पुरस्कार के लिए लगने वाली लाइन और गुटबन्दी की राजनीति से जब मन खिन्न होने लगता है तब सुरजीत दीदी की खनखनाती हँसी याद आती है। हाज़रा आपा का स्नेह भरा हाथ पीठ पर रखा महसूस होता है।

सुरजीत दीदी के निधन—नहीं, जघन्य हत्या की ख़बर जब नसीमा ने दी तब विश्वास ही नहीं हुआ। लगभग छिहत्तर वर्ष की आयु, जुझारू व्यक्तित्व। पूरा जीवन हाशिये के समाज को समर्पित। उनकी कौन हत्या कर सकता था। यूँ आज के बन रहे सामाजिक परिदृश्य में सब सम्भव है। अकेली महिला चाहे कितनी सशक्त हो, जुझारू हो, समाज के लिए काम करती हो, लेकिन सुरक्षित नहीं...जैसे सवाल उठते हैं। मूल्य और आदर्श की हत्याओं के इस दौर में सब-कुछ सम्भव है।

एक बार उन्होंने कहा था—अच्छा, लिखने का शौक़ है तुम्हें! क्या लिखती हो। कहानियाँ! कविताएँ! देखो! इस भीड़ को। इन औरतों को...इनके लिए कुछ लिखो ना...

यह गुरु मन्त्र जैसा ही था।

मिशन स्कूल : अल्मोड़ा से लखनऊ तक

आज के तेज़ी से बदलते सामाजिक-सांस्कृतिक वातावरण के बीच मुझे अपने स्कूल के दिन, लखनऊ के दिन बहुत याद आते हैं। यूँ भी ज्यों-ज्यों जीवन आगे बढ़ता है, बढ़ते-बढ़ते ठहरने लगता है, पीछे चलने वाली स्मृति रेखाएँ गहरी होने लगती हैं। एक उम्र के बाद पीछे मुड़कर देखने की ज़रूरत होती है। बीते समय का लेखा-जोखा। क्या खोया, क्या पाया। कभी समय हमें तो कभी हम समय को जीभ निकालकर मुँह चिढ़ाने लगते हैं। हमारे पास कुछ बेशक़ीमती पल जो हैं, जो समय की धरोहर हैं।

हमारे शहर अलीगढ़ में कुछ समय पहले एक क़िस्सा हुआ। 2019 के चुनाव से पहले कुछ लोगों ने क्रिसमस पर स्कूलों के लिए चेतावनी समेत कुछेक दिशा-निर्देश जारी किये थे। हमारे यहाँ अब तो छोटे-बड़े सभी स्कूल अंग्रेज़ी मीडियम के हैं। कुछ बेसिक शिक्षा विभाग के स्कूल ही हिन्दी मीडियम के बचे होंगे। गली-कूचों में, दो-तीन कमरों-बरामदों में चलने वाले स्कूलों ने भी 'इंग्लिश मीडियम' का बोर्ड लगा रखा है। यहाँ सबसे पुराना और प्रमुख एक कॉनवेन्ट स्कूल है जिसमें बच्चों के दाख़िले के लिए मारा-मारी रहती है। अलीगढ़ से लेकर लखनऊ-दिल्ली तक से सिफ़ारिशें लगवायी जाती हैं और जब अन्ततः सफलता नहीं मिलती, तब दूसरे स्कूलों की ओर रुख किया जाता है। ज़्यादातर अफ़सरों, नेताओं के बच्चे तो दाख़िला पाने में सफल हो ही जाते हैं।

हुआ यह कि शहर के एक अनाम से नेता ने इस कॉनवेंट स्कूल पर आरोप लगाया कि क्रिसमस के कार्यक्रमों के दौरान वहाँ पढ़ने वाली उनकी पोती को ज़बरदस्ती सान्ताक्लॉज वाली लाल टोपी पहना दी गयी...और कि यह हमारी संस्कृति के विरुद्ध है...वग़ैरह-वग़ैरह। फिर क्या था। माहौल गरमाने में देर नहीं लगी। किसी ने इसे चुनावी स्टंट कहा तो किसी ने नीति कहा।

इतनी सी बात और इतना बवाल। क्रिसमस और नया साल तो अब जैसे एक हो गये हैं। ग्लोबल-कल्चर। होटल-रेस्त्राँ सजने लगते हैं। हर बेकरी की दुकान पर

क्रिसमस केक! जश्न की तैयारियाँ। सड़कें तक सजती हैं। अंग्रेज़ों की धरोहर अब व्यापक हो चली है। समाज का रूपरंग एक जैसा हो गया है।

इन सबके बीच मुझे अपने स्कूल के दिन बेतरह याद आने लगे। मन भटकने लगा। पैंसठ-अड़सठ साल पीछे लखनऊ के गली-कूचों की, घर और स्कूल के बीच रास्तों की ख़ाक छानने लगा। अपने नयागाँव वाले घर से निकल कर मॉडल हाउस मुहल्ला, वहाँ से कन्धारी लेन, फिर पुलिस चौकी पार कर या तो सीधा या फिर पीछे नज़रबाग़ होते हुए ओडियन सिनेमा का चौराहा, जहाँ से लालबाग़ का एरिया शुरू होता। हम सभी बहनें प्राइमरी से लेकर हाईस्कूल तक यहाँ लालबाग़ हायर सेकेंडरी स्कूल में पढ़ीं। लालबाग़ स्कूल और आई.टी. कॉलेज (इज़ाबेला थॉबर्न कॉलेज) लखनऊ के प्रतिष्ठित शिक्षा संस्थान हैं और छोटी बहन-बड़ी बहन के रूप में जाने जाते रहे हैं। उस वक़्त तक लालबाग़ सिर्फ़ हाईस्कूल था और आई.टी. कॉलेज उसकी विस्तारित आगे की संस्था थी।

लालबाग़ में प्राइमरी तक लड़के-लड़कियाँ दोनों पढ़ते थे। आगे छठी से दसवीं तक गर्ल्स कॉलेज था। विद्यार्थी समाज के हर वर्ग से आते थे। प्रतिष्ठित सम्भ्रान्त परिवारों से लेकर निम्नवर्ग तक। यह मिलाजुलापन आज के स्कूली वातावरण में नहीं के बराबर है। ऊँची आय वाले, सम्भ्रान्त परिवारों के बच्चे मेहनतकश, निम्न आयवर्ग के बच्चों के साथ अब नहीं पढ़ते। राजनीतिक शब्दावली में समानता तो मिली है लेकिन व्यवहार में, मानसिकता के स्तर पर अलगाव चरम पर है आज।

अपने साथ पढ़ने वाले ढेर सारे लड़के-लड़कियों के नाम आज भी मुझे याद हैं। सुप्रसिद्ध लेखक यशपाल जी के दोनों बच्चे वहीं थे। आनन्द तो मेरे सहपाठी थे और किरन तीन क्लास आगे थीं। कई लड़कियाँ व्यापारी घराने से थीं। एक थी कुमारी। उसका नाम सिर्फ़ कुमारी था और आगे उसका गुरनानी सरनेम था। बाद में जब हम लोग हाईस्कूल का परीक्षा फार्म भर रहे थे तो टीचर ने उसे अपना नाम पूरा लिखने के लिए कहा। तब उसका नया नामकरण राजकुमारी हुआ यानी स्कूल को इतना हक़ था कि वह नामकरण कर सके। राजकुमारी नाम हमारी क्लास टीचर ने ही सुझाया था। घर वालों ने नया नाम सहर्ष स्वीकार किया। प्राइमरी में ही एक लड़का था शामलाल जो धोती-कुर्ता पहनता था। उसके पिता माली का काम करते थे। एक और लड़की थी जिसकी माँ फल-सब्ज़ी बेचती थीं। हम लोगों के बीच कभी ऊँच-नीच का भाव नहीं आया। यह स्कूल द्वारा निर्मित वातावरण था शायद।

हमारा स्कूल मिशनरी संस्था द्वारा संचालित होता था जैसे उस समय के अन्य अंग्रेज़ी मीडियम स्कूल भी चलाये जाते थे। मैं जहाँ तक याद कर सकती हूँ, सबसे

बड़ी तादाद हिन्दू लड़के-लड़कियों की थी। मुस्लिम बच्चों की तादाद भी अच्छी थी। संख्यावार ईसाई बच्चे सबसे कम थे। ज़ाहिर है देश की जनसंख्या के मुताबिक ही अनुपात था। सबसे उल्लेखनीय बात, जो आज समझ में आती है वह यह कि वे बच्चे भी हमारे साथ कक्षाओं में थे जिनका शुमार दलितों में भी दलित वर्ग में होता है। उस ज़माने में ज़्यादातर बच्चे पैदल स्कूल आया-जाया करते थे। हमारी एक टीचर जो हमारे घर से थोड़ा आगे रहती थीं, अक्सर वे भी हमारे साथ हो लेतीं। कुछ बहुत दूर के बच्चे ही साइकिल या रिक्शे से आते थे। मेरे घर से स्कूल का रास्ता तीस-पैंतीस मिनट का होता था, लेकिन छेड़खानी या अपहरण जैसी घटनाएँ सुनने में नहीं आती थीं। हम भी पैदल ही आते-जाते थे।

स्कूल पहुँचने का एक शार्टकट रास्ता एक बार किसी ने हमें बताया। कन्धारी बाज़ार की पुलिस चौकी के आगे बायीं ओर से एक गली अन्दर को जाती थी जिसे मेहतरों वाली गली कहते थे। वह ठीक स्कूल के सामने वाली सड़क पर खुलती थी। गली यूँ साफ़-सुथरी खड़ंजों वाली थीं लेकिन थी सँकरी और सीलन भरी। गली में एक ओर पक्के-छोटे मकान और दूसरी ओर ऊँची दीवार। उससे लगी नाली में पानी भरा रहता, इसलिए बदबू भी आती थी। कभी-कभी देर हो जाने पर हम शार्टकट पकड़ते हुए नाक-भौं सिकोड़ कर जल्दी-जल्दी रास्ता पार करते।

एक दिन मैंने देखा कि हमारी क्लास में पढ़ने वाला एक लड़का, जिसका नाम मिल्टन था, उसी गली में रहता है। एक और लड़की, जिसकी मुझे याद है उसी गली की थी। मार्जरी नाम था उसका। लम्बा फ्रॉक, दो चोटियों में रिबन बाँधे, ऊँची एड़ी की सैंडिल पहने मार्जरी हमारे साथ चलने वाली एक और लड़की के साथ नौवीं कक्षा में थी। कभी जब हमारा झुण्ड वहाँ से निकलता, वह भी हमारे साथ हो लेती।

आज लगभग अस्सी साल की उम्र है मेरी और स्कूल के उस माहौल को याद करने पर समझ में आता है कि जीवन की कैसी सौगात मिली हमें जहाँ जाति-भेद और धर्म-भेद से परे एक ऐसा वातावरण था जिसने हमें मनुष्य होना सिखाया। और...मेहतर वाली गली के बाशिन्दे! उनकी तो ज़िन्दगी बदल गयी होगी। और अब! एक क़िस्सा आज के समय का, जिसके बिना बदल रहे समाज की बात पूरी नहीं हो सकती। मैं अलीगढ़ में एक स्वयंसेवी संस्था में काम करती हूँ। आजादी से पहले की यह संस्था, जो महिलाओं-बच्चों के कल्याण के कामों के लिए समर्पित रही है, इसका उद्घाटन अलीगढ़ में 1954 में उ.प्र. के तत्कालीन गवर्नर की पत्नी श्रीमती लीलावती मुंशी द्वारा किया गया था। अन्य अनेक कार्यक्रमों के अलावा पिछले लगभग चालीस सालों से ग़रीब बच्चों के लिए इसमें एक प्राइमरी स्कूल भी

चलता है। इस संस्था की बिल्डिंग जिस इलाक़े में है वह घोर मलिन बस्ती है जिसमें दलितों में भी दलित माने जाने वाले परिवार रहते हैं। इस मुहल्ले में उनके नेता भी हैं, सफ़ाईकर्मी भी हैं और थोड़ा पढ़े-लिखे अन्य नौकरियाँ करने वाले लोग भी हैं। कुछ लोग पुश्तैनी सफ़ाई का काम करते हैं। इस स्वयंसेवी संस्था से कॉलेज और यूनिवर्सिटी की अनेक पढ़ी-लिखी अध्यापिकाएँ और समाजसेवी महिलाएँ जुड़ी रही हैं। इस स्कूल में न्यूनतम फ़ीस के साथ अच्छी शिक्षा देना हम लोगों का उद्देश्य रहा है। बच्चों की पढ़ाई-लिखाई हम लोगों की देखरेख में ही होती है। शुरुआत में यहाँ सभी वर्गों के बच्चे आये। यह स्कूल जिस क्षेत्र में है, यह स्वाभाविक है कि वहाँ के ही बच्चे सबसे ज़्यादा थे। कुछेक सालों के बाद धीरे-धीरे पिछड़ी जाति कहलाने वाले तथा सवर्ण जाति के बच्चों ने स्कूल छोड़ना शुरू कर दिया। पूछने पर स्कूल छोड़ने वाले बच्चों के माता-पिता ने कहा कि वे अनुसूचित जाति के बच्चों के साथ अपने बच्चे नहीं बिठायेंगे। हालाँकि यह सब भी ग़रीब परिवारों के ही बच्चे थे। स्थिति गम्भीर थी। हम लोगों ने सोचा, अन्त में तय किया कि जिसे छोड़कर जाना है जाये। जिसे पढ़ना है वह आयेगा और पढ़ेगा। आज की स्थितियों में भी अधिकांश वही बच्चे हैं। कुछेक पिछड़ी जाति के हैं, लेकिन इक्का-दुक्का सो यह आज की तस्वीर है।

स्कूली दिनों में पढ़ाई के अलावा मैं दूसरी गतिविधियों में कुछ ज़्यादा ही हिस्सा लेती थी। वार्षिकोत्सव हो, स्पोर्ट्स डे के खेलकूद, डिबेट या अन्य कार्यक्रम, मेरी कोशिश होती कि मैं हर एक में शामिल रहूँ। यह मेरा शौक था। क्रिसमस पर भी कार्यक्रम होते। शायद ही कोई साल रहा हो जब मैंने हिस्सा न लिया हो। ड्रामे होते। क्रिसमस कैरॉल भी हम गाते। गर्मी की छुट्टियाँ होतीं तो अपने भाई-बहनों के साथ मुहल्ले के बच्चों को इकट्ठा कर हम लोग सांस्कृतिक कार्यक्रम करते। छोटे ड्रामे, गीत, भजन, नृत्य सब होते उसमें। कई दिनों की रिहर्सल के बाद आयोजन होता जिसमें मुहल्ले के लोग आमन्त्रित होते। आयोजन हमारे घर की छत पर ही होता। रस्सी से चादरों को बाँधकर पर्दा बनता। छत पर बनी बरसाती ग्रीन रूम होती। हमारी बुआ मेकअप आर्टिस्ट के रूप में होती। सभी लोग हिस्सा लेते और अपने बच्चों के कारनामे देखकर ख़ुश होते। कभी किसी ने यह सवाल नहीं किया कि फलाँ गाना क्यों गाया, फलाँ क्यों नहीं गाया या फलाँ ड्रामा क्यों किया, फलाँ क्यों नहीं किया। बच्चों की माँ-दादियाँ ज़्यादा पढ़ी-लिखी नहीं होती थीं लेकिन सब ख़ुश रहते थे। हमारी माँ मुहल्ले की उन महिलाओं में शायद सबसे ज़्यादा पढ़ी-लिखी थीं। अल्मोड़ा के एडम्स स्कूल में पढ़ी थीं वह। कभी घर में हम क्रिसमस कैरॉल गाते तो वह भी हमारे

साथ गाने लगतीं। बहुत शौक़ था उन्हें गाने का। वो भजन भी बहुत गाती थीं। हम अपने स्कूल में संडे को भी जाया करते थे। इतवार के दिन वहाँ आसपास के ग़रीब बच्चे इकट्ठा होते और उन्हें पढ़ाने का कार्यक्रम होता। लेकिन ईसाई स्कूल में पढ़ने वाली मेरी माँ और न ही मैं और मेरी बहनों का धर्मभ्रष्ट हुआ और न धर्मान्तरण हुआ।

बचपन में अपनी दादी से मेरी बहुत निकटता थी। मैं कहानियों की शौक़ीन और वह ठहरी क़िस्सागो। वे घर-ख़ानदान के निरे क़िस्से सुनातीं। एक बार उन्होंने अपनी ही बिरादरी के एक रिश्तेदार का क़िस्सा सुनाया। बात यूँ थी कि वे किसी बात पर घर वालों से नाराज़ हो गये और घर से भागकर फ़ौज में भर्ती हो गये। लड़ाई का ज़माना था। उनका अता-पता भी नहीं मिला। फिर कुछ सालों बाद लौटे। घर पहुँचे। लेकिन अब! उन्हें घर में घुसने नहीं दिया गया। उन्हें बहिष्कृत कर दिया कि न जाने कहाँ-कहाँ घूम कर आया है...किस-किस के साथ बैठकर खाया है। अब उनकी पत्नी घर में और वे घर के बाहर। वह कई बार आये। पत्नी उनकी रोती रहती। दूर-दूर से ही बात हो पाती। अन्त में आजिज़ आकर एक दिन पत्नी को लेकर चले गये और मिशन में जाकर ईसाई हो गये। सो, छुआछूत का यह आलम था। इसके दूसरे छोर पर मेरी माँ बताती थीं कि अल्मोड़ा के मिशन वालों को निरे अनाथ बच्चे मिलते। पहाड़ों में यूँ भी बहुत ग़रीबी थी। छुआछूत भी ख़ूब था। ग़रीब औरतें, घसियारिने, बच्चा पैदा होता, उठाकर मिशन में दे आतीं कि बच्चा पल जायेगा। सोच वही कि ख़ुद के खाने का ठिकाना नहीं, एक और मुँह-कहाँ से खिलायेंगे। वहाँ पढ़-लिखकर बच्चे किस ऊँचाई तक पहुँचते, इसकी कल्पना भी उनके माँ-बाप नहीं कर सकते थे। मैं जब लालबाग़ में पढ़ती थी, तब एक बार वहाँ तीन नयी टीचरों ने जॉइन किया। तीनों स्मार्ट थीं, युवा थीं। सुना था कि वे मिशन से आयी हैं।

मिशन के और वहाँ के बच्चों के सन्दर्भ में मुझे अक्सर कुमायूँ के लोकप्रिय जन-कवि 'गिर्दा' (गिरीश तिवारी) की पंक्तियाँ याद आती हैं। उन्होंने व्यंग में लिखा था–

हरिया हेनरी, जसुआ जैका; क्वे नी जाणन तौ नान्तीन कैका!

यानी हरिया हेनरी हो गये और जसुआ हो गये जैक—ये किसी को पता नहीं कि वे सन्तानें किसकी हैं। बहरहाल, हेनरी और जैक भी सम्मान की ज़िन्दगी तो बिताने ही लगे होंगे, लेकिन उस ज़माने में विरोध भी कितना शालीन हुआ करता था। अच्छा हुआ उस ज़माने में मोबाइल नहीं था...सोशल मीडिया जैसी चीज़ दूर-दूर तक नहीं थी।

एक तहज़ीब का नाम है अलीगढ़

जब मैं लखनऊ से अलीगढ़ पहली बार आ रही थी तब लोगों को आश्चर्य हुआ। कहा भी कि लखनऊ से बाहर निकलना था तो दिल्ली जातीं, इलाहाबाद-बनारस... यह अलीगढ़? लोगों ने डराया भी।

मुझे भी शुरुआत में कुछ ऐसा ही लगा। कहाँ लखनऊ...एक अलग तहज़ीब वाला शहर! साहित्य, संस्कृति, कला का केन्द्र, ऐतिहासिक शहर, राज्य की राजधानी—राजनीतिक गतिविधियों का केन्द्र। देश की सत्ता-शासन की धड़कन।

अलीगढ़ इसके मुकाबले में महज़ एक क़स्बा लगता। भीड़ भरी सँकरी सड़कें। धूल-धक्कड़। थोड़ी-सी बरसात में ही शहर में पानी भर जाता। लोग कहते कि कटोरी के आकार का है शहर। सभी मुहल्लों में पानी की पाइप लाइन तक नहीं। अनेक सम्भ्रान्त मुहल्लों में भी हत्थे वाले नल। मैरिस रोड पर कुँवरपाल जिस मकान में रहते वहाँ ऐसा ही नल था। शादी के बाद हम लोग जिस मकान में गये वहाँ भी ऐसा ही नल। पानी खींचने में ख़ूब अनचाही वर्जिश होती।

मेरे कॉलेज से थोड़ा दूर, मुख्य सड़क पर शहर के बीचो-बीच एक बड़ी ऑयल मिल जो एक मशहूर ब्रांड का तेल बनाती थी। इससे निकलने वाले तेल की तीखी गन्ध और धुआँ दूर-दूर तक फैला रहता। मात्र चार सिनेमा हॉल। यूनिवर्सिटी के पास सबसे मशहूर सिनेमा हॉल तस्वीर महल में ऊपर बालकनी के दोनों ओर (पुराने ऑपेरा हॉल की तरह) गैलरी हुआ करती जिसमें लाइन से सोफ़े पड़े रहते। लोग कहते कि यहाँ सीटों में खटमल होते हैं।

तस्वीर महल का जलवा नुमाइश के दिनों में कई गुना बढ़ जाता। यहाँ की नुमाइश अलीगढ़ शहर जितनी ही ऐतिहासिक है। इसकी शुरुआत 1880 में अलीगढ़ डिस्ट्रिक्ट फेयर के नाम से अश्व प्रदर्शनी से शुरू हुई थी। इसमें स्थानीय दुकानदार भी अपनी दुकानें लगा लेते थे। बाद में इसे जनमेला का रूप दिया गया और इसका नाम राजकीय कृषि और औद्योगिक प्रदर्शनी कर दिया गया। आज यह प्रदर्शनी हिन्दुस्तान

की संस्कृति की विविधता का संगम बन गयी हैं। एक ओर हिंडोला, झूले, बाईस्कोप, जादूगर, नौटंकी तो दूसरी ओर राष्ट्रीय स्तर के मुशायरे, कवि सम्मेलन तथा अन्य सांस्कृतिक कार्यक्रम इसकी शोभा हैं। आज भी पुराने अलीगेरियंस (अलीगढ़ के बाशिन्दे) देश, विदेश से नुमाइश के ज़माने में छुट्टी लेकर आते हैं और नुमाइश में घूमते हुए पुरानी यादें ताज़ा करते हैं। यूनिवर्सिटी गर्ल्स कॉलेज के हॉस्टल की लड़कियों के झुण्ड और पीछे चलते यूनिवर्सिटी के लड़कों के झुण्ड...कितने अफ़सानों ने यहाँ जन्म लिया—कितनी मुहब्बतें परवान चढ़ीं...कुछेक ही शायद अंजाम तक पहुँची और कितनी ही दफ़न हो गयीं। दूर-दराज़ में रहने वाले यहाँ के बाशिन्दों के लिए अलीगढ़ नुमाइश एक नॉस्टेलजिया है। जिसने अलीगढ़ नुमाइश का हलवा-पराठा न खाया हो...कबाब रोटी न खायी वह तो मानो 'जन्मया ही नई! अच्छे भले घर के सम्भ्रान्त लड़के भी रात में नुमाइश में नौटंकी देखने जाते और कम्बल लपेटे रहते ताकि पहचान में न आयें। दूर-दूर से आने वाले पुराने अलीगेरियंस पूरा दिन नुमाइश में बिताते, रात 12 बजे से तस्वीर महल में स्पेशल शो (जो सिर्फ़ नुमाइश के दिनों में ही चलता) और फिर 'सवेरे वाली गाड़ी' से प्रस्थान।

धीरे-धीरे अलीगढ़ से मुहब्बत होने लगी तो इसका इतिहास खोजने बैठे। पता चला कि सोलहवीं शताब्दी से तो दर्ज इतिहास मिलता है लेकिन लोक में प्रचलित कथाओं में पाँच हजार साल पुराना इतिहास भी जनमानस में मौजूद हैं। कहा जाता है कि शुरुआत में कोल जनजाति के राजाओं का यहाँ आधिपत्य था। इसलिए इसका प्राचीन नाम कोल (कोइल) भी है। (आज भी अलीगढ़ का एक हिस्सा कोल कहलाता है। यहाँ से दो विधानसभा सीटें हैं, कोल और सिविल-लाइंस!) लम्बे समय के आधिपत्य के बाद कहा जाता है कि कृष्ण के भाई बलराम ने कोल राजा का वध कर राज्य पाण्डवों को सौंप दिया और एक समय पाण्डवों ने इसे अपनी राजधानी भी बनायी। यूँ यहाँ समय-समय पर आक्रमणकारी शक, कुषाणों के अलावा कहा जाता है कि नन्द, मौर्य वंश तथा गुप्त, राजपूत और वर्धन राजाओं का भी आधिपत्य रहा। 1581 में इब्नबतूता ने यहाँ के हरे-भरे क्षेत्र को देखकर इसे सब्ज़ाबाग़ कहा। अलीगढ़ के आसपास खुदाई में मिले सिक्के जो मथुरा संग्रहालय में रखे हैं, ईसा पूर्व दो सौ वर्ष पुराने बताये जाते हैं। यूँ यहाँ खुदाई में बौद्ध और जैन मन्दिरों के अवशेष भी मिले हैं। सल्तनत काल में निर्मित यहाँ का किला लम्बे समय तक मुग़लों के अधिकार में रहा। बाद में कुछ समय के लिए जाट राजा सूरजमल के अधिकार में रहे इस किले पर उत्तर मुग़लकाल में सिन्धिया शासकों का क़ब्ज़ा

हो गया। सिन्धिया शासकों का कई वर्षों तक इस क्षेत्र में प्रभाव रहा। उसके बाद अंग्रेज़ों ने इस पर क़ब्ज़ा कर लिया।

देश की आज़ादी के लिए लड़ने वालों की ही बात करें तो इगलास (तहसील) के राजा अमानी सिंह को कौन भूल सकता है जिन्होंने अंग्रेज़ों के ख़िलाफ़ विद्रोह कर दिया और लगान देने से मना कर दिया था। कहा जाता है कि अंग्रेज़ों ने उन पर पहले चरित्रहीनता के आरोप लगाये और फिर फ़ौज भेज कर उन्हें सरेआम फाँसी पर लटका दिया। क्रान्तिकारी आन्दोलन को याद करते हुए अलीगढ़ जिले में पिसावा (जो जाट लोगों की छोटी सी रियासत थी) के जाट बहुल गाँव शादीपुर की याद भी आती हैं। कुछेक समय क्रान्तिकारी भगत सिंह ने यहाँ भूमिगत अवस्था में बिताया था और बलवंत सिंह के नाम से यहाँ एक स्कूल में पढ़ाया था। यहाँ ठाकुर टोडर सिंह के घर में वे रहे थे।

आज का अलीगढ़। जैसा विविध रंगों का इतिहास रहा है, आज भी वैसा ही है। मिनी हिन्दुस्तान। लोक-चेतना में ब्रज संस्कृति। अलीगढ़ का बड़ा क्षेत्र ग्रामीण है। छोटी-छोटी अनेक रियासतें यहाँ रहीं। उनके राजे, नवाब, ज़मींदार, ताल्लुकदार... सामन्ती समाज की सभ्यता और रखरखाव के चिह्न अभी भी प्रत्यक्ष और जनमानस में मौज़ूद हैं। इसलिए शहर और गाँव के रिश्ते भी बरकरार हैं। औद्योगिक विकास और शैक्षिक वातावरण के बावजूद सामन्ती संस्कृति की गन्ध वायुमण्डल में बरकरार है। दूसरी ओर गली-कूचों से लेकर बड़े भूखण्डों में फैला उद्योग संसार। दुनिया में आज भी अपने तालों के लिए मशहूर अलीगढ़ को अगर तालानगरी का नाम दिया गया तो ग़लत नहीं। लेकिन आज ताला और पीतल के अलावा अनगिनत विविध क्षेत्रों में उद्योग जगत का विस्तार हुआ है और छोटे-बड़े, नामीगिरामी निर्यातक आज यहाँ हैं। लगातार खुलने वाले मॉल्स और मल्टीप्लेक्स इसे आधुनिक शहर का रूप दे रहे हैं।

दूसरे छोर पर दुनिया के अकादमिक नक़्शे पर अपनी जगह बनाने वाली अलीगढ़ यूनिवर्सिटी एक अन्य धरातल पर सांस्कृतिक चेतना का केन्द्र बिन्दु है। इसलिए इसे ताला-तालीम-तहज़ीब का शहर भी कहा जाता रहा है। यह तालीमी इदारा शहर के उद्योग और व्यापार की दुनिया से भी एक मज़बूत रिश्ता कायम करने में सफल है। वर्ना ये दो छोर अलग रूप रंग के हैं और अलग तरह की राजनीति का प्रतिनिधित्व भी करते हैं। यह निर्विवाद है कि अलीगढ़ यूनिवर्सिटी ने इस क्षेत्र की राजनीति और सामाजिकता को विशिष्ट बनाने में महत्त्वपूर्ण भूमिका निभायी है। यहाँ के शैक्षिक वातावरण से देश-दुनिया के श्रेष्ठ विद्वानों का सम्बन्ध रहा है।

1920 में यूनिवर्सिटी बन जाने के बाद इसके कर्णधारों ने दूर-दूर से शिक्षकों के रूप में अनमोल रतन आमन्त्रित किये जिसमें बड़ी संख्या ग़ैर-मुस्लिमों की थी। गणितज्ञ जे.सी. चक्रवर्ती (चक्रवर्ती ब्याज वाले) प्रारम्भिक अध्यापकों में थे। सुप्रसिद्ध इतिहासविद् डी.डी. कौसाम्बी और शिवशंकर त्रिपाठी ने भी यहाँ अध्यापन किया। इतिहासज्ञ ईश्वरी प्रसाद यहाँ के छात्र थे और पहले स्नातक थे। सर सैयद अहमद खाँ इसे विज्ञान केन्द्रित आधुनिक शिक्षा का केन्द्र बनाना चाहते थे और अभियान की शुरुआत उन्होंने साइंटिफिक सोसाइटी की स्थापना से की। बाद में 1875 में मोहमडन एंग्लो ओरियंटल कॉलेज से शुरू हुई संस्था 1920 में यूनिवर्सिटी के रूप में आयी। उसके तत्कालीन कुलपति और सर सैयद के पोते रॉस मसूद ने वैज्ञानिक आइंस्टीन को पत्र लिखकर उनसे विज्ञान के क्षेत्र में उच्च कोटि के विद्वानों के नाम की सिफ़ारिश करने के लिए कहा, ताकि उन्हें पढ़ाने के लिए आमन्त्रित किया जा सके। आइंस्टीन की सिफ़ारिश पर डॉ. रुडोल्फ़ सैमुअल भौतिकी और डॉ. आर.एफ़. हंटर रसायन विज्ञान में प्रोफेसर नियुक्त हुए। समाज विज्ञान और अंग्रेज़ी विभागों में भी इसी प्रकार नियुक्तियाँ की गयीं। पिछली सदी के सातवें दशक में जब यहाँ जवाहरलाल नेहरू मेडिकल कॉलेज शुरू हुआ तो पूरे देश से नामी-गिरामी हस्तियों, विषय-विशेषज्ञों को बुलाकर नियुक्त किया गया। सर सैयद हार्वर्ड और ऑक्सफोर्ड जैसा एक आधुनिक शिक्षा संस्थान बनाना चाहते थे। विज्ञान और आधुनिक शिक्षा को कौम के लिए ज़रूरी समझते हुए जब उन्होंने प्रयास शुरू किये तब अपने समाज में उनका बहुत विरोध हुआ। उनके ख़िलाफ़ उलेमाओं ने फतवे भी जारी किये। लेकिन उनके अनेक सहयोगियों और मित्रों ने मदद भी की जिनमें बनारस के राजा शम्भुनारायण, राजा जयकिशन दास जैसे हिन्दू मित्र भी थे। राजा शिवप्रसाद सितारे हिन्द और भारतेन्दु जैसे मित्र साइंटिफिक सोसाइटी के सदस्य थे। राजा महेन्द्र प्रताप ने ज़मीन दान में दी थी।

यहाँ छात्र और शिक्षक समुदाय में आरम्भ से ही अनेक विचारधाराएँ विद्यमान रही हैं। आज़ादी से पहले अगर एक वर्ग में मुस्लिम लीग की साम्प्रदायिक राजनीति की धारा दिखायी दी तो दूसरी ओर कांग्रेस समर्थक बहुत बड़ा वर्ग था। सर सैयद के अंग्रेज़ी शासन के प्रति झुकाव के विरोध में और गांधी जी के आह्वान पर कांग्रेस के बड़े समूह ने जामिया मिलिया इस्लामिया (राष्ट्रीय मुस्लिम शिक्षा संस्थान) की स्थापना की जो बाद में दिल्ली स्थानान्तरित हो गयी। इनके अलावा यहाँ प्रगतिशील अन्तर्धारा सदैव विद्यमान रही। पिछली सदी के तीसरे-चौथे, पाँचवें दशक में अब्दुल्लाह

गर्ल्स कॉलेज के संस्थापक शेख़ अब्दुल्लाह की बड़ी बेटी डॉ. रशीद जहाँ, अख़्तर हुसैन रायपुरी, हमीदा अख्तर रायपुरी, कुँवर मुहम्मद अशरफ़, मशहूर शायर मजाज़ लखनवी, प्रसिद्ध लेखक सआदत हसन मंटो, इस्मत चुगताई जैसे लोगों की उपस्थिति उल्लेखनीय है, जो लगातार संकीर्णतावादी लोगों से मुकाबला करते रहे। बाद में तो प्रगतिशील लोगों की महत्त्वपूर्ण उपस्थिति हर जगह दिखायी देने लगी जो संकीर्णतावादी लोगों से मुठभेड़ करते रहे जिनकी अगुवाई प्रो. नुरुल हसन, प्रो. इरफ़ान हबीब और प्रो. कुँवरपाल सिंह जैसे अनेक लोग करते थे।

दंगों के अलावा अलीगढ़ देश-विदेश में अपने तालों के लिए भी प्रसिद्ध रहा है। अलीगढ़ में तालों का इतिहास शताब्दियों पुराना रहा है। मेरे अति प्रिय, छोटे भाई समान विमलकान्त यहाँ के तालों का दिलचस्प इतिहास बताते हैं। उनके अनुसार शताब्दियों पहले एक पण्डित लालाराम और एक लोहार तातार खाँ के संयुक्त प्रयास से आज के समय जैसा एक ताला तैयार किया गया जिसमें दिमाग़ पण्डित लालाराम का और कौशल तातार खाँ का था। जो सुरक्षा यन्त्र बना उसका नामकरण तातार खाँ के 'ता' और लालाराम के 'ला' को मिलाकर हुआ। हालाँकि आधुनिक ताले से मेल खाता यन्त्र सहस्त्राब्दियों पहले रोमन साम्राज्य के ज़माने में भी था। हो सकता है यह बात कपोल कल्पित है या दो समुदायों के बीच कार्य सहयोग के साथ-साथ आपसी सद्भाव को लेकर गढ़ी गयी हो। संस्कृत में भी 'तालयन्त्रम' और 'कुंचिका' मिलता है। विमलकान्त अलीगढ़ के सम्भ्रान्त और बेहद पढ़े-लिखे परिवार से हैं। छोटी उम्र से ही आत्मनिर्भरता का पाठ पढ़े विमल और उनके बड़े भाई का शुरुआती जीवन भी तालों के व्यापार से ही जुड़ा। बाद में वे रियल स्टेट से जुड़ गये। मुझे ताज्जुब होता है उन जैसा साहित्यिक अभिरुचि का व्यक्ति, जिसने शायद हम सब से ज़्यादा साहित्य पढ़ा है, जिसका एकमात्र शौक़ लेखक, साहित्यकारों, संस्कृतिकर्मियों से मिलना, उनकी संगत में रहना है और जो बेहद संवेदनशील है, उसने इस व्यापार-धन्धे को कैसे निभाया। इसका जवाब है कि जीवन में रोज़ी-रोटी भी तो ज़रूरी है और जब बचपन से ही पारिवारिक ज़िम्मेदारियाँ सर पर आ जाती हैं तो पुश्तैनी काम से ही शुरुआत करनी पड़ती है। आज विमल दादा बन गये हैं, व्यावसायिक धन्धा भी नाममात्र को रह गया है लेकिन साहित्यिक संवेदना बरकरार है।

मैं एक ज़माने में अलीगढ़ के गली-कूचों में, छोटे-छोटे घरों के कच्चे आंगन में चल रहे कुटीर ताला उद्योग की छानबीन कर रही थी। इन घरों में पूरा परिवार काम में लगा रहता। हज़ारों परिवारों को रोज़ी-रोटी इसी से मिलती। कहीं ढलाई, कहीं

पॉलिश तो कहीं पैकेजिंग का काम। इन गलियों में घूमते हुए, लोगों से लम्बी बातचीत मैंने विमलकान्त के साथ रहते हुए की। विमल के यहाँ लोगों से मात्र सम्पर्क नहीं बल्कि सौहार्दपूर्ण रिश्ते रहे हैं। ये जानकारियाँ 'कर्फ़्यू' के अलावा मेरी कुछ अन्य कहानियों का भी आधार बनीं। यहाँ बन्द संकरी गलियों में ढलाई के लिए दहकती भट्टियाँ थीं। छोटे अन्धेरे कमरे में बारह-चौदह साल के लड़के तेज़ाब के बर्तनों में डुबाकर तालों की सफ़ाई करते दिखे। मद्धिम बल्ब की रोशनी में क्रोम-प्लेटिंग का काम करते किशोर दिखे। बाल श्रम क़ानून और बाल स्वास्थ्य के मुद्दे सब धरे रह जाते हैं जब पेट का सवाल बड़ा हो जाता है और बचपन यूँ ही खो जाता है।

अलीगढ़ के ताला उद्योग की पहचान राष्ट्रीय और अन्तर्राष्ट्रीय स्तर पर है। बड़े ताला उद्योगपतियों के बीच व्यावसायिक प्रतिद्वन्द्विता भी रही है और साम्प्रदायिक दंगों के दौरान फलती-फूलती भी रही है। मालिक हिन्दू हो या मुसलमान, उसके कारीगर और मज़दूर हिन्दू-मुसलमान दोनों रहे हैं। मालिकों द्वारा आड़े समय में उनकी हिफ़ाज़त और मदद भी भरपूर की जाती रही है। 'लिंक' जैसा मशहूर ताला अलीगढ़ की धरती पर ही बनता है। सत्तर-अस्सी के दशक में 'टाइगर लॉक्स' की दुनिया में धूम थी। लेकिन ग़ैर-ज़िम्मेदाराना प्रबन्धन तथा वित्तीय अनियमितताओं के कारण जब कई महीनों तक मज़दूरों को वेतन नहीं मिला तो उग्र मज़दूर आन्दोलन के दृश्य पहली बार अलीगढ़ ने देखे। कई महीनों तक हड़ताल चली। अन्त में न मज़दूर वेतन ले पाये, न फैक्ट्री चली। अस्सी के दशक के अन्त में फैक्ट्री में हमेशा के लिए ताले पड़ गये।

आज अलीगढ़ की गलियों, घरों में कुटीर ताला उद्योग बहुत कम रह गया है। हाथ के बने ताले मशीनों द्वारा शीट से बने तालों का मुकाबला नहीं कर पाते। तालों के साथ अब पीतल का व्यवसाय बहुत बढ़ा है। पिछले पच्चीस-तीस सालों से ढेरों नामी-गिरामी एक्सपोर्टर मैदान में हैं, जिनका प्रभाव राजनीति और समाज दोनों में है। कुछेक को छोड़कर ताला और पीतल के व्यवसायी और एक्सपोर्टर हमेशा सत्ता दल के साथ रहे हैं। सत्ता बदलती है तो व्यवसाय जगत की निष्ठा भी उसी के अनुरूप बदल जाती है। व्यवसायी से ज़्यादा राजनीति का मौसम और कौन समझ सकता है।

सांस्कृतिक रंगरूप और राजनीति के आधार पर अलीगढ़ स्पष्ट दो हिस्सों में बँटा नज़र आता है। शहर कहा जाने वाला भीतरी इलाक़ा वणिक व्यापारिक संस्कृति का रहा है। यहाँ अग्रवाल और वार्ष्णेय दो वणिक समुदाय प्रमुख हैं। एक ज़माने में अग्रवाल शैक्षिक और सांस्कृतिक रूप से स्वयं को वार्ष्णेयों से उन्नत और सुसंस्कृत

समझते थे। तब इनमें आपस में शादियाँ भी नहीं होती थीं। पिछले पचास-साठ सालों में बहुत अन्तर आया है और दूरियाँ भी सिमटी हैं। हालाँकि गाहे-बगाहे टकराव दिख ही जाता है, जब वर्चस्व का मामला हो। शहर में लड़कों के दो बड़े कॉलेजों में एक धर्मसमाज कॉलेज की प्रबन्ध समिति तथा शिक्षक वर्ग में अग्रवाल-बनियों का बोलबाला रहा। दूसरी ओर बारहसैनी (श्री वार्ष्णेय) डिग्री कॉलेज में बारहसैनी (वार्ष्णेय) बनियों का वर्चस्व रहा है। शिक्षक वर्ग में यह स्थिति बाद में बदल गयी क्योंकि अब प्राचार्य और शिक्षकों की नियुक्ति उच्च शिक्षा आयोग (उ.प्र.) द्वारा होने लगी।

इससे अलग शहर का दूसरा छोर सिविल लाइंस अलग रंगरूप का रहा है। इन दोनों छोरों को जोड़ने वाली सड़क जो रेलवे लाइन पर बना हुआ पुल है, कठपुला कहलाता है। सिविल लाइंस के विश्वविद्यालय क्षेत्र से आगे, घण्टाघर होते हुए स्टेशन से आने वाली सड़क, कठपुला पार कर फिर बरछी बहादुर की दरगाह पर लगी भीड़ को ठेलते हुए शहर के इलाक़े में आ गये। यह कठपुला पहले लकड़ी का बना पुल था। नीचे मोटे-मोटे स्लीपर लगे थे जिस पर होकर लोग दूसरी ओर निकलते। एक ज़माना हो गया कि अब पुल का फर्श मज़बूत कंक्रीट का बन गया है। यह पैदल चलने वालों के लिए है। अलीगढ़ के लोग कुँवरपाल को 'कठपुला' की संज्ञा देते थे कि वे यहाँ की दो अलग संस्कृतियों को जोड़ने वाले पुल की तरह हैं। कुँवरपाल राजनीतिक-सामाजिक रूप से शिक्षण और प्रशासनिक स्तर पर यूनिवर्सिटी बिरादरी का हिस्सा थे और शहर की राजनीतिक, सामाजिक, सांस्कृतिक गतिविधियों में भी उतने ही संलग्न रहते थे।

सिविल लाइंस इलाक़े की पहचान ब्रिटिश ज़माने के नवाबों, राजाओं और रईसों की बड़ी-बड़ी कोठियों से रही है जहाँ अंग्रेज़ों ने इस क्षेत्र को आबाद करने के लिए उन्हें बसाया था। 1966 में जब मैं अलीगढ़ आयी तो उस समय सिविल लाइंस का मैरिस रोड इलाका आभिजात्य संस्कृति का नमूना था। नवाब धर्मपुर, हबीबुर्रहमान शेरवानी, हफ़ीज़ुर्रहमान, पापा मियाँ (शेख अब्दुल्लाह) के अलावा अन्य अनेक लोगों की विशाल कोठियाँ। दूर-दूर तक सन्नाटा। लोग इधर आवाजाही कम करते मानो अनकहा निषेध हो। पापा मियाँ की कोठी (अब अब्दुल्लाह नर्सरी स्कूल) से लगा यूनिवर्सिटी गर्ल्स कॉलेज (जो अब्दुल्लाह गर्ल्स कॉलेज भी कहलाता)। शाम का झुटपुटा होते-होते सड़क सुनसान। आज ये कोठियाँ गेस्ट हाउस, मैरिज हॉल,

कॉन्फ्रेंस हॉल के रूप में हैं। पूरा इलाक़ा फैशनेबल व्यापारिक केन्द्र बन चुका है। कोठियों के विशालकाय लॉन बारातघर बन चुके हैं।

मैरिस रोड, आगे गर्ल्स कॉलेज, यूनिवर्सिटी रोड, यूनिवर्सिटी के पीछे का बड़ा इलाक़ा शमशाद मार्केट सिविल लाइंस की पहचान हैं। अलीगढ़ की अनेक पुरानी कोठियों के नाम पर पूरे मुहल्ले बसे हुए हैं। यूनिवर्सिटी की ओर जाते हुए कोठी ज़ोहराबाग़ के आसपास का क्षेत्र ज़ोहराबाग़ कहलाता है। अन्तर्राष्ट्रीय ख्याति के इतिहासकार प्रो. इरफ़ान हबीब की कोठी बदरबाग़ के नाम पर पूरा इलाक़ा है, जो शमशाद मार्केट का एक हिस्सा है। उनके पिता ख्यात इतिहासकार मुहम्मद हबीब साहब का विवाह प्रख्यात हस्ती बदरुद्दीन तैयब जी की बेटी से हुआ था। उनके नाम पर ही यह बदरबाग़ कोठी है।

ऐसा ही इतिहास अमीर निशा का है। अलीगढ़ के इतिहास और संस्कृति के बारे में इनसाइक्लोपीडिया जैसी जानकारी रखने वाले लेखक डॉ. राहत अबरार, जो पूर्व में यूनिवर्सिटी के जनसम्पर्क अधिकारी थे और बाद में सर सैयद अकादमी के डायरेक्टर हो गये, वे अमीर निशा का दिलचस्प इतिहास बताते हैं। कहते हैं, सुल्ताना डाकू ने अलीगढ़ में अपनी प्रेमिका अमीर निशा के लिए एक भव्य कोठी अमीर मंज़िल बनवायी। वह यहाँ आता-जाता रहता था। बाद में वह मारा गया। फिर उसकी प्रेमिका ने एक दारोग़ा से शादी कर ली। उसके नाम पर ही यह पूरा इलाक़ा आबाद हो गया। आज यह इलाका अमीर निशा मार्केट के नाम से जाना जाता है। यह मार्केट भी दिलचस्प है। यूनिवर्सिटी गर्ल्स कॉलेज के पीछे वाले गेट के सामने से एक गली अन्दर जाती है। लगभग डेढ़ किलोमीटर लम्बी यह गलीनुमा सड़क दूसरे छोर पर खुलती है, जहाँ से मेडिकल कॉलेज के लिए रास्ता जाता है। इस सड़क के दोनों ओर दुकानें हैं। मुख्यत: यह महिलाओं का मार्केट है। ज्यादातर कपड़े, पोशाक ही यहाँ की विशेषता है। इसके अलावा घर-गृहस्थी का सामान भी होता है। यहाँ ख़रीदार भी महिलाएँ ही दिखायी देती हैं। मैं इसे अलीगढ़ का मीना बाज़ार कहती हूँ।

1962 के दंगे के बाद विभिन्न अन्तरालों में कभी छोटे तो कभी बड़े दंगे होते रहे। इस दौरान शहर के भीतरी इलाक़ों में कर्फ़्यू लग जाता था लेकिन सिविल लाइंस मुक्त रहता था। गली-दर-गली शहर के मुहल्ले और मिश्रित आबादी के बीच हिंसा और उपद्रव की वारदातें आम रहतीं। थोड़ी-सी आशंका के चलते ही भीतरी शहर की दुकानें बन्द हो जाया करती थीं। यह स्थिति आज भी है। सन् 80-82 के बाद सिविल लाइंस में भी व्यापारिक केन्द्र तेज़ी से विकसित होने लगे। बड़े मार्केट कांप्लेक्स

बनने लगे ताकि दंगों के कारण व्यापार ठप न हो और कठपुला पार सिविल लाइंस के लोगों को ख़रीदारी के लिए शहर जाना न पड़े। अब तो बरसों बीत जाते हैं शहर गये हुए और वहाँ के मुख्य बाज़ारों को देखे हुए। इसी दौरान अमीर निशा, जहाँ पहले कुछेक दुकानें थीं, एक बड़े और घने मार्केट के रूप में बदल गया है। इसका भरपूर लाभ गर्ल्स कॉलेज, सिविल लाइंस के अलावा शहर की महिलाएँ भी उठाती हैं। गर्ल्स कॉलेज हॉस्टल की लड़कियों के लिए यह अमीर निशा मार्केट दो क़दम की दूरी पर है।

शमशाद मार्केट यूनिवर्सिटी के पिछवाड़े लगा बहुत बड़ा इलाक़ा है। सत्तर-अस्सी के दशक तक यहाँ भी नामी-गिरामी लोगों की बड़ी-बड़ी कोठियाँ हुआ करती थीं। इतिहासकार प्रो. नुरुल हसन (जो बाद में भारत के शिक्षा मन्त्री भी रहे) की बेग़म, जो नवाब रामपुर की बेटी थीं और जिन्होंने कुछ दिन शहर के श्री वार्ष्णेय कॉलेज में इतिहास पढ़ाया था, उनकी विशाल कोठी थी। एक और ऐसी ही विस्तृत क्षेत्र में फैली सर आफ़ताब अहमद खाँ (जो बीसवीं सदी के पूर्वार्द्ध में यूनिवर्सिटी के वाइस चांसलर भी रहे) की कोठी आफ़ताब मंज़िल भी रही है। आज इस कोठी में चार-पांच परिवार रहते हैं। इसी आफ़ताब मंज़िल के एक हिस्से में सुप्रसिद्ध कथाकार राही मासूम रज़ा की पत्नी अपने पहले पति कर्नल यूनुस ख़ान और परिवार के साथ रहती थीं। यह परिवार भी नवाब रामपुर के खानदान से जुड़ा है। आफ़ताब मंज़िल से थोड़ी दूर पर एक और कोठी वली मंज़िल थी, जहाँ राही अपने बड़े भाई प्रोफ़ेसर मूनिस रज़ा और उनके परिवार के साथ रहते थे। ऐसी कई और नामी-गिरामी कोठियाँ थीं जो यहाँ के इतिहास, अलीगढ़ के सामन्ती वातावरण और संस्कृति की पहचान रही है। नये ज़माने में अब ऐसी चन्द कोठियाँ ही बची हैं। धीरे-धीरे सब वीरान हो गयीं, बिक गयीं, ज़मींदोज़ हो गयीं। उनकी जगह पर बहुमंज़िला फ्लैटों को समेटे आधुनिक सोसाइटियाँ निर्मित हो गयी हैं।

हाँ! अब बात वली मंज़िल की, जहाँ कुँवरपाल और राही साहब लगभग चार साल एक साथ रहे। इसी दौरान राही का बेहद चर्चित और प्रसिद्ध उपन्यास 'आधा गाँव' लिखा गया। क़िस्सा कोताह यह कि 1962 में (सम्भवत: पहली बार) अलीगढ़ में दंगा भड़का था। कुँवरपाल उस समय रिसर्च स्कॉलर थे और स्टूडेंट फ़ेडरेशन ऑफ़ इंडिया के सचिव थे। उन्होंने धुर कर्फ़्यू के बीच सद्भावना-शान्ति के पर्चे छपवाये, सैकड़ों हस्ताक्षर हिन्दू-मुस्लिम छात्रों से कराये और उन्हें प्रधानमन्त्री नेहरू जी को भेजे। यूनिवर्सिटी स्टूडेंट के चुनाव के दौरान, जो मारपीट हुई उसी से दंगा

शुरू हुआ था। नेहरू जी ने छात्रों के इस काम की बहुत प्रशंसा की तथा अख़बारों ने भी सराहना की।

कुँवरपाल उस समय अमीर निशा में किसी कोठी के एक हिस्से में रहते थे। यह मुस्लिम बहुल इलाक़ा, जहाँ मात्र कुछेक ही हिन्दू व्यवसायी तब रहते थे। कुँवरपाल के प्रयासों को सराहना मिली, तो कुछ लोग नाराज़ भी थे। तभी एक दिन शाम को राही साहब कुँवरपाल के कमरे में पहुंचे और लगभग आदेश दिया कि अपना सामान समेटो और चलो मेरे साथ। राही साहब उस समय तक उर्दू विभाग में अस्थायी प्रवक्ता नियुक्त हो चुके थे। अब राही भाई का आदेश! इनकार की गुंजाइश ही नहीं थी। सामान भी क्या! कुछेक जोड़ी कपड़े-लत्ते, किताबें, लिखने-पढ़ने का सामान। वे राही के साथ वली मंज़िल चले आये। वहाँ एक बड़ा ड्राइंग रूम हुआ करता था। उसके दोनों ओर एक-एक कमरा। एक राही के पास और अब एक कुँवरपाल के पास। भीतर के कमरे, आँगन वग़ैरह में मूनिस साहब का परिवार। बाद में मूनिस साहब अलीगढ़ यूनिवर्सिटी का भूगोल विभाग छोड़कर दिल्ली यूनिवर्सिटी चले गये तो शहला भाभी और बच्चों के लिए राही और कुँवरपाल ज़रूरी हो गये।

इसी वली मंज़िल में उनके उपन्यास 'आधा गाँव' की भूमिका बनी। उस समय तक उन्होंने उर्दू में गम्भीर गद्य नहीं लिखा था। इलाहाबाद के निकहत प्रकाशन से निकलने वाली 'रूमानी दुनिया' के लिए वे छद्म नामों से लिखा करते थे। वे कहते थे कि अपना खर्च चलाने के लिए मैं एक रात में उनके लिए एक उपन्यास घसीट देता हूँ। 1965 की जंग के बाद वीर अब्दुल हमीद की जीवनी भी राही लिख चुके थे, जो 'छोटे आदमी की बड़ी कहानी' के नाम से छपी। इसका लिप्यंतरण भी कुँवरपाल ने उर्दू से देवनागरी लिपि में किया।

अब देश-समाज और गाँव के ऊपर गम्भीर चर्चा हुई तो 'आधा गाँव' का विचार बना। विषय-वस्तु के लिहाज़ से यह एक नया विषय था। कुँवरपाल ने सही समझा कि उपन्यास उर्दू में तो कहीं खो जायेगा। राही उर्दू में लिख रहे थे और कुँवरपाल हिन्दी में लिप्यंतरण करते जाते थे। बीच-बीच में बहस-मुबाहिसा भी होता। उसके कुछ हिस्से कुँवरपाल ने 'कल्पना' पत्रिका को भेजे तो बड़ा स्वागत हुआ। कुछ हिस्से कमलेश्वर को भी भेजे गये। वे सीधे अलीगढ़ चले आये, पाण्डुलिपि लेने। उस समय कमलेश्वर भी राजेन्द्र यादव के साथ 'अक्षर प्रकाशन' से जुड़े हुए थे, जो उन्हीं दिनों शुरू किया गया था। 'आधा गाँव' पहली बार अक्षर प्रकाशन से ही छपा।

वली मंज़िल में ही राही और श्रीमती नय्यर जहाँ के बीच मित्रता के सम्बन्ध गहरे हुए। नय्यर भाभी ख़ूबसूरत, आकर्षक और आधुनिक चाल-चलन की महिला थीं। बातें अच्छी करती थीं। राही की शायरी की प्रशंसक थीं। बाद में जब राही और नय्यर भाभी ने शादी करने का फ़ैसला किया तब ज़ाहिर है तूफ़ान तो उठना ही था। डॉ. नुरुल हसन की यूनिवर्सिटी में बड़ी हैसियत थी। उनकी पत्नी और नय्यर भाभी दोनों ही नवाब रामपुर के खानदान से जुड़ी थीं। कुँवरपाल से कहा गया कि वे समझायें राही को...कि यह शादी नहीं हो सकती। कुँवरपाल ने स्पष्ट कहा कि ये उनके नितान्त व्यक्तिगत फैसले हैं और वे बोलने की स्थिति में नहीं हैं। मैंने इस प्रकरण को आधार बना कर बाद में एक कहानी 'नालेपार का आदमी' लिखी।

इस घटनाक्रम की परिणति सब जानते हैं। उर्दू विभाग में स्थायी नियुक्ति हेतु साक्षात्कार हुए तो राही उपस्थित हुए। राही उर्दू साहित्य के गम्भीर अध्येता थे। उस समय उर्दू शायरी के शिखर पर थे। लेकिन जिस बात की आशंका थी, वही हुआ। उन्हें अयोग्य ठहराते हुए उर्दू विभाग से अलग कर दिया गया। अपने प्रेम-सम्बन्ध की क़ीमत उन्हें चुकानी पड़ी। इसका दुख उन्हें ज़िन्दगी भर सालता रहा। अलीगढ़ यूनिवर्सिटी को भी वे अपनी माँ का दर्जा देते थे।

रोज़ी-रोटी के लिए उन्होंने बम्बई प्रस्थान किया फ़िल्मी दुनिया में किस्मत आजमाने के लिए। यूँ 'आधा गाँव' की ख्याति से वे अब हिन्दी जगत में भी चर्चित थे।

खाल तुम्हारी हाड़ हमारा

कुँवरपाल का जीवन इतना उतार-चढ़ाव भरा रहा कि अगर उस पर कभी फ़िल्म बनती तो बेहद दिलचस्प होती। लगभग आधी ज़िन्दगी तो पथरीले, ऊँचे-नीचे रास्तों पर चलते बीती। लेकिन इन्हीं के बीच उन्होंने तनकर, पैर जमाकर चलना सीखा। झाड़-झंखाड़ हटाते हुए अपना रास्ता बनाया और अदम्य आत्म-विश्वास अर्जित किया। विपरीत परिस्थितियों में उनकी हिम्मत कम नहीं हुई। कहीं-न-कहीं से रास्ता निकाल ही लेते थे वह।

धुर गाँव में बीता बचपन। बाप मामूली किसान। गाँव के ही स्कूल में पढ़े। आज़ादी से पहले के गाँव जैसे हुआ करते थे, गाँव के स्कूल भी वैसे ही थे। उससे अलग नहीं था कुछ भी। माँ-बाप अनपढ़। हाँ, पश्चिमी उत्तर प्रदेश के उस इलाक़े में आर्य समाज का अच्छा प्रभाव था। इसलिए लड़कों के साथ-साथ लड़कियों को भी स्कूल भेजने पर ज़ोर दिया जा रहा था। कुँवरपाल का मन पढ़ने में लगता था। बड़े भाई के विपरीत वह तेज़ विद्यार्थियों में माने जाते। बाक़ी तो 'सबै भूमि गोपाल की...,एक जैसा ही वातावरण था। वहाँ माँ-बाप बच्चे को अध्यापक के हवाले कर देते कि '...मास्साब पढ़ाओ जे बालकन कूँ...खाल तुम्हारी हाड़ हमारो...' यानी मार-मारकर खाल उधेड़ने तक की पूरी आज़ादी दे दी जाती मास्टर जी को। पुरानी सोच यही थी कि बिना मारे पढ़ाई नहीं हो सकती। बच्चे भी इस दर्शन को बखूबी समझते थे। डोरी से बँधी तख़्ती लटकाये कन्धे पर थैला डाले सवेरे स्कूल को चल देते। तख्ती भी ऐसी-वैसी! होड़ लगती कि किसकी तख्ती कितनी चिकनी। काँच के घोटे से तख्ती घोटकर चिकनी की जाती। लाल गेरु डालकर, जितनी घुटेगी उतना कलर पक्का। फिर काली स्याही घोलकर डोरे से लाइन डाली जाती। स्याही नहीं? टार्च का पुराना सेल तोड़ा, अन्दर का काला मसाला घोलकर काला रंग तैयार। कलम! बनरख का पौधा ज़िन्दाबाद। उसकी खोखली मज़बूत डण्डी से मेजे की कलम तैयार। गेरुई या कभी कालिख पुती-घुटी तख्ती के लिए स्याही थी सफेद

खड़िया का घोल। गोल बुद्धिका में भरी, जो गुटके जैसी होती, नीचे से चौड़ी मुँह थोड़ा पतला। आठवें दशक तक जिन दिनों इंक-पेन का चलन था, पेन की स्याही कुछ-कुछ इसी शक्ल की दवातों में आया करती थी। कुछ अति उत्साही बच्चे अम्मा के कंघे से निकले बालों का गुच्छा उसमें डालना न भूलते। ना! यह कोई टोटका या माँ का आशीर्वाद न था। यह था उनका स्पंज जो, अगर बुद्धिका कभी टेढ़ी हो जाय, उलट जाये तो खड़िया न फैले। सारा शैक्षणिक सामान शुद्ध देसी, गृह उद्योग का। आज पहली-दूसरी स्टैंडर्ड में पढ़ने वाले बच्चे के माता-पिता को नयी क्लास शुरू होने पर हज़ारों रुपये स्टेशनरी आदि में खर्च करने पड़ते हैं। गली-कूचों में, दो-दो कमरों में चलने वाले स्कूलों में भी यह खर्चा डेढ़-दो हज़ार से कम नहीं होता। तब कैसे थे गाँव... कैसा था जीवन...कैसे थे सरोकार। आसपास के बिखरे जीवन से ही काम चलता था। गाँव-देहात से निकले, अभावों में पले कितने ही लोग आज देश-दुनिया को बदलने वालों की पंक्ति में विराजे हैं। जितना महत्त्व जीवन में माँ-बाप का रहा, उससे कहीं ज़्यादा गाँव के मास्टर जी का रहा है। अक्सर तो मास्टर जी ही बालक या बालिका की उम्र और जन्मतिथि तय कर दिया करते थे। कुँवरपाल बताते कि जब पहली बार वे स्कूल में नाम लिखाने गये तब साथ में घर का अपना कोई नहीं था। किसी पड़ोसी या रिश्तेदार को यह काम सौंप दिया होगा। उन्होंने अन्दाज़े से साल तय किया। जन्मतिथि? कुँवरपाल अपनी वास्तविक जन्मतिथि दो अक्टूबर बताते थे, लेकिन मास्टर जी ने शायद वही तारीख़ लिख दी जिस दिन उनसे दाख़िले के लिए कहा गया था, यानि छह जून। हो सकता है मास्टर जी को दो अक्टूबर लिखना महात्मा गांधी के प्रति असम्मानजनक लगा हो कि यह गाँव का मामूली लड़का, दो अक्टूबर वाला कैसे हो सकता है।

गाँव में जैसा चलन था, पढ़ाई के साथ-साथ स्कूल की सेवा और मास्टर जी की सेवा भी पाठ्यक्रम में शामिल रहती। मास्टर जी के प्रिय भी थे, क्योंकि पढ़ने में अच्छे थे। लेकिन इसकी क़ीमत भी चुकानी पड़ती। सबक याद न करके आने वाले विद्यार्थी की पिटाई मास्टर जी कभी न करते। ऐसे विद्यार्थियों में उनके बड़े भाई भी हुआ करते। यह काम उनके प्रिय छात्रों को करना पड़ता। अगर मास्टर जी के स्टैंडर्ड से आपने अपराधी छात्र के गाल पर चाँटा न मारा तो ख़ुद मास्टर जी अपने प्रिय छात्र के गाल पर चाँटा मारने का प्रैक्टिकल करके बताते। अब प्रिय विद्यार्थी पहले मास्टर जी के 'डेमो' से पिटा फिर उस दबंग सहपाठी से या बड़े भाई से पिटा जिसने धमकी दी थी कि घर चलना, तब बताऊँगा। सो पढ़ाई में अच्छा होना, मास्टर जी का प्रिय होना भी ख़तरे से खाली नहीं था।

यूँ सीधे-सरल कुँवरपाल भी नहीं थे। दिमाग़ में कुछ-न-कुछ फितूर रहता। एक बार एक कुत्ते ने किसी बच्चे को काट लिया तो गाँव के सारे कुत्ते हाँककर सीमा से बाहर कर दिये गये। कभी बन्दरों को दौड़ा-दौड़ा कर गाँव के बाहर खदेड़ आये। इस चक्कर में एक बन्दर ने इतने ज़ोर से पैर में काटा कि एक गहरा घाव हमेशा के लिए हो गया। लेकिन एक बात ज़रूर थी। कभी अकेले नहीं रहते। हमेशा एक झुण्ड साथ रहता। सामूहिक शक्ति का एहसास बचपन से ही था। यह गुण इनके व्यक्तित्व का हिस्सा बन गया था। बाद में विश्वविद्यालयी जीवन में भी ये एक बेहतरीन संगठनकर्ता के रूप में जाने जाते थे। बाद में चाहे कॉलेज में रहे हों या अलीगढ़ मुस्लिम यूनीवर्सिटी में, छात्रों के बीच रहे या टीचरों में, संगठनकर्ता के रूप में सभी इनका लोहा मानते थे। कहीं आते-जाते ये अकेले नहीं दिखायी देते। दो-चार लोग तो साथ होते ही थे।

संगठन की शक्ति पहली बार व्यावहारिक रूप में सामने आयी, जब ये अलीगढ़ के पास के ज़िला हाथरस में (तब जिला नहीं तहसील थी हाथरस) के बागला कॉलेज में पढ़ रहे थे। यू.पी. बोर्ड के हाईस्कूल, इंटरमीडिएट के इम्तिहानों की तैयारी चल रही थी। बागला कॉलेज के सामने अक्रूर इंटर कॉलेज (उस समय बारहसैनी कॉलेज नाम था) हुआ करता था। कॉलेज के पास एक ताड़ीखाना था। उसके ऊपर की मंज़िल पर तीन-चार कमरे थे जिन में दस-बारह विद्यार्थी साथ रहते थे। कुँवरपाल उन्हीं में एक थे और इंटरमीडिएट का इम्तिहान दे रहे थे। नीचे ताड़ीखाना होने के कारण ऊपर के कमरों को किराये पर लेने में लोगों की दिलचस्पी नहीं थी। इसलिए सस्ते में वे कमरे उन लोगों को मिल गये थे। सबेरे का समय था। एकाएक नीचे हल्ला-गुल्ला सुनायी दिया तो वे सभी लड़के भाग कर नीचे आये। देखा, नीचे सड़क पर बारहसैनी कॉलेज के प्रिंसिपल को चार लड़के लात-घूसों से पीट रहे हैं। खैर, संख्या बल में कुँवरपाल और उनके साथी अधिक थे, सो बीच बचाव कर प्रिंसिपल साहब को छुड़ाया। उन लड़कों का नेता एक नामी गुंडा था, जो बारहसैनी कॉलेज में हाईस्कूल में पढ़ता था। हाथरस एक व्यापारिक स्थल रहा है। आसपास के क्षेत्र में यह एक बड़ी अनाज मण्डी के रूप में प्रसिद्ध है। पचास-साठ के दशक में गेहूँ, दालें, मोटा अनाज, कपास, तिलहन आदि की यह अकेली मण्डी हुआ करती थी। बिजली कॉटन मिल और रामचन्द्र कॉटन मिल नाम से दो कपड़ा मिलें भी थीं जो आठवें दशक की शुरुआत में बन्द हो गयीं। दो बड़ी ऑयल मिलों के अलावा छोटी-छोटी अनेक तेल पेरने वाली मिलें और तीन बड़ी दाल मिलें भी थीं। सेठों, व्यापारी और मज़दूरों की कार्यस्थली के रूप में इस क़स्बे की पहचान थी। इन सेठों ने यहाँ व्यापार के साथ-साथ धर्मार्थ चिकित्सालय बनवाये और अनेक धर्मशालाओं का निर्माण भी कराया।

राजनीति के गलियारों में भी हाथरस किसी-न-किसी रूप में चर्चा में रहा है। आज़ादी से पहले हाथरस और पूरा अलीगढ़ क्षेत्र किसान आन्दोलन का गढ़ माना जाता था। नौवें दशक में मायावती उत्तर प्रदेश की मुख्यमन्त्री बनीं तो तहसील से बढ़ाकर इसको जिले का दर्जा दे दिया गया। नाम से पहचान की राजनीति शुरू हुई तो हाथरस भी लपेटे में आया और बहन मायावती द्वारा इसका नाम महामायानगर कर दिया गया। बड़ा हो-हल्ला हुआ। कहा गया कि हाथरस की ऐतिहासिक पहचान मिटाई जा रही है। इसके बाद जब भाजपा के कल्याण सिंह मुख्यमन्त्री बने तो फिर इसका नाम हाथरस हो गया। आज तो देश की पूरी राजनीति ही नाम बदलने तक सीमित रह गयी है। सरकार रोज़ी-रोटी न दे सके, कोई बात नहीं। जनता नये नामकरणों से ही ख़ुश हो जाती है। इससे सरल राजनीति और क्या होगी। यूँ 2020 में हाथरस एक बार फिर राष्ट्रीय और अन्तर्राष्ट्रीय स्तर पर चर्चा में आया। एक सोलह वर्षीय दलित कन्या का दबंग सवर्ण परिवारों के लड़कों द्वारा गैंग रेप और हत्या की घटना हाथरस के पास के ही गाँव की है। पहचान की राजनीति...चाहे नाम से हो या जाति से या धर्म से हो, नतीजा एक ही है। सामाजिक असमानता और हिंसक होता समाज। यही आज के समाज का चेहरा बन रहा है।

हाँ! तो क़िस्सा प्रिंसिपल के साथ मारपीट का था। वह गुंडा हाथरस के सबसे बड़े आढ़ती का बेटा था। भर-भरकर अनाज, घी, गुड़ के तोहफे अफ़सरों, पुलिस वालों के घर पहुँचाया करता था, सो ख़ासा रोबदाब था उसका। जाहिर है वह रोबदाब बेटे ने भी पाया। फिर कैसे प्रिंसिपल ने उसकी हाज़िरी पूरी न होने पर उसे इम्तिहान में बैठने से रोक दिया, यह बेटे को नागवार गुज़रना ही था। अब प्रिंसिपल की छवि ईमानदार और सख़्त मिजाज़ होने की थी, तो लड़के की छवि भी नामी-गिरामी दबंग की थी। सब डरते थे उससे, हालाँकि उस ज़माने में ऐसी दादागीरी कम ही होती थी। कुँवरपाल और उसके साथियों ने प्रिंसिपल को तो बचा लिया लेकिन अब कुँवरपाल और वह गुंडा आमने-सामने थे। वह गालियाँ दे रहा था और धमका रहा था। लड़का अच्छा खाया पिया तन्दुरुस्त था और कुँवरपाल ठहरे लम्बे पतले लेकिन...अचानक एक झन्नाटेदार झापड़ जब उस लड़के को पड़ा तो वह भौंचक्का रह गया। कैसे कोई उस पर हाथ उठाने की हिम्मत कर सकता था। उसकी सरेआम बेइज़्ज़ती हुई थी। उसका आतंक बिखर गया था। संख्या बल में कम होने के कारण वह देख लेने की धमकी देकर चला गया। बहरहाल, प्रिंसिपल को लेकर पूरी भीड़ थाने गयी। लड़के के ख़िलाफ़ रिपोर्ट लिखायी गयी। अब क्योंकि मामला दर्ज हो चुका था, सो पुलिस वाले चाहते हुए भी उस लड़के की मदद न कर सके।

कहीं कुछ ग़लत हो रहा हो, उसके ख़िलाफ़ खड़े होना कुँवरपाल के स्वभाव में था। सार्वजनिक मुद्दों के लिए वह लोगों को इकट्ठा करना जानते थे और आगे बढ़कर नेतृत्व करना और ख़तरे उठाने की हिम्मत भी रखते थे।

यूनिवर्सिटी में आने से पहले अपने स्कूली दिनों में ही कुँवरपाल किसान आन्दोलन से जुड़ गये थे। उत्तर प्रदेश में ही नहीं, राजनीति के राष्ट्रीय पटल पर भी अलीगढ़ एक महत्त्वपूर्ण क्षेत्र रहा है। पश्चिमी उत्तर प्रदेश के इस इलाक़े में किसान आन्दोलन भी सक्रिय रहा। मुंशी गजाधर सिंह इस इलाक़े के बड़े किसान नेता हुआ करते थे। आज़ादी से पहले किसानों को लामबन्द करने में उनकी बड़ी भूमिका थी। बड़ी संख्या में किसान आज़ादी के आन्दोलन के साथ जुड़े थे। मुंशी गजाधर सिंह के अलावा छेदालाल 'मूढ़', खेमसिंह नागर, हरपाल सिंह, किशन सिंह, छत्रपाल सिंह, मन्त्री जी के नाम से पहचाने जाने वाले हुकुम सिंह, सूबेदार सिंह, छेदालाल उपाध्याय आदि ढेर सारे नाम हैं, जो घर-घर में जाने जाते थे। अंग्रेज़ों के शोषण और अत्याचारों से त्रस्त किसान गांधी बाबा के वालंटियर्स थे तथा कांग्रेस के कार्यक्रमों में उत्साहपूर्वक हिस्सा लेते थे। आर्य समाज का अच्छा प्रभाव था यहाँ। शिक्षा प्रसार के साथ ही जात-पाँत तोड़क आन्दोलन भी यहाँ सक्रिय था। बीसवीं सदी के तीसरे चौथे-दशक में भारतीय राजनीति के पटल पर भीमराव अम्बेडकर की उपस्थिति और दलितों की सामाजिक उत्थान की राजनीति ने भी कांग्रेस को छुआछूत विरोधी अभियानों में व्यावहारिक और प्रभावी क़दम उठाने के लिए मजबूर किया था। इसी के अन्तर्गत एक अभियान चलाया गया जिसमें कांग्रेस के ज़िला संगठनों के शीर्ष पदाधिकारियों के लिए दलितों के साथ सामाजिक स्तर पर मेल-जोल बढ़ाने, उनके घरों में ठहरने तथा भोजन ग्रहण करने को अनिवार्य किया गया था। किसान सभा के साथ जुड़े ढेर सारे कार्यकर्ता अपने नेतृत्वकारी साथियों के साथ धीरे-धीरे वामपन्थी विचारधारा के प्रभाव में आ रहे थे। कांग्रेस की किसान-मज़दूरों की समस्याओं के प्रति उदासीनता से असन्तुष्ट किसान वामपन्थी संगठनों से भी जुड़ने लगे थे। उसी समय दलित समुदाय से निकटता बढ़ाने के लिए जब कांग्रेस का उक्त आदेश निर्गत हुआ तो लगभग सभी कमेटियों में वामपन्थी क़ाबिज हो गये। हाँ, उस समय दलित परिवार के सम्पर्क में आना, वहाँ ठहरना, भोजनादि करना आज के राज-नेताओं की तरह पंचसितारा संस्कृति जैसा और मीडिया प्रचार का विषय नहीं था। इसका मक़सद जन्मजात जाति-श्रेष्ठता की भावना को समाप्त करना तथा किसान-मज़दूरों का व्यापक जन संगठन बनाना था।

तो, इस अभियान के साथ सभी प्रगतिशील, जात-पाँत तोड़क अभियान के लोग ज़िला कमेटियों में पदाधिकारी बन गये। मुंशी गजाधर सिंह बाद में कम्युनिस्ट पार्टी के बड़े नेता भी बने। छेदालाल 'मूढ़', खेमसिंह नागर की जोड़ी मानो किसान आन्दोलनों की आवाज़ थी। अक्सर पं. भीमसेन शर्मा भी इनके जोड़ीदार बन जाते। इन लोगों ने किसानों के दु:ख-दर्द, समस्याओं को लेकर सैकड़ों गीत, भजन, बारहमासा आदि की रचना की। लगान, बेदखली जैसी समस्याओं की तथा अंग्रेज़ों की दमनकारी नीतियों और ज़मींदारों के जुल्मों की बातें इन गीतों में होती। नागर जी की उँगलियाँ हरमुनिया (हारमोनियम) पर दौड़ती तो पण्डित भीमसेन शर्मा के हाथों में खड़ताल होती। मूढ़ जी ढोलक और खड़ताल दोनों ही साध लेते और ब्रज के ललकार भरे गीत गाते। नागर जी और मूढ़ जी की जोड़ी मशहूर थी। गाँव-गाँव घूमकर अपने गीतों के जरिये ये लोग अलख जगाते। रात होने पर चौपालों में महफिल लगती। यह कम्युनिस्ट पार्टी का असर था कि कारिन्दों से त्रस्त किसान ज़मींदारी ख़त्म करने को भी अपना एजेण्डा बनाये हुए थे जो बाद में देशव्यापी स्वाधीनता आन्दोलन के रूप में मुखर होने लगा था।

सन् 1936 में हाथरस को निकट के क़स्बे सिकन्दराराऊ में अखिल भारतीय किसान सम्मेलन आयोजित करने का भी गौरव हासिल है। हज़ारों की संख्या में दूर-दूर से किसानों के जत्थे आये और अलीगढ़ तथा आसपास के गाँव वालों ने उनकी मेज़बानी में कोई कसर न उठा रखी। हाथरस की भागीदारी बढ़-चढ़कर थी। कांग्रेस पार्टी ने इस सम्मेलन को अपना समर्थन दिया। स्वाधीनता आन्दोलन का जनव्यापी स्वरूप धीरे-धीरे विस्तारित हो रहा था और शिक्षित-कुलीन नेतृत्व से निकलकर आज़ादी की लहर गाँव-देहातों तक, देश के कोने-कोने में उमड़ रही थी। किसानों-मज़दूरों के मुद्दे अब कांग्रेस के एजेण्डे में जगह पाने लगे थे। इस ऑल इंडिया किसान कान्फ्रेंस को पं. जवाहरलाल नेहरू सम्बोधित करने वाले थे और इस समाचार ने किसानों का जोश कई गुना बढ़ा दिया।

पण्डित जी इस सम्मेलन में पधारे और हज़ारों की संख्या में किसानों की भीड़ देखकर अभिभूत हो गये। उनके साथ डॉ. जेड.ए. अहमद भी थे। वे कम्युनिस्ट विचारधारा के थे और बाद में कम्युनिस्ट पार्टी ऑफ़ इंडिया के बड़े नेताओं में गिने गये। पण्डित जी बोलने के लिए खड़े हुए। दूसरे प्रान्तों से आये किसान नेता भी सामने थे। बड़ी संख्या में स्थानीय किसान जनता थी। ज्यों ही पण्डित जी बोलने के लिए खड़े हुए, जनता की ओर से शोर उठा। उन्हें शान्त कराया गया। दुबारा मुखातिब हुए। फिर वही शोर। पण्डित जी असमंजस में थे। कुछ नाराज़ भी। मूढ़ जी खड़े हुए। ललकारते हुए बोले..."अरे करम कूटाओ... पण्डित जी की बात

सुनो...शान्त बैठो...।" जनता का आग्रह था कि पहले मूढ़ जी और नागर जी का भजन होगा-किसान भजन...फिर भाषण। हारमोनियम और खड़ताल बजने लगे... भजन हुए...और फिर पण्डित जी का भाषण। सम्मेलन की शानदार सफलता से वे बहुत ख़ुश थे।

पश्चिमी उत्तर प्रदेश में अलीगढ़ और आसपास के क्षेत्र में कम्युनिस्ट पार्टी का असर शुरू से रहा है। 1945 में अलीगढ़ की तहसील अतरौली के पास के गाँव गाज़ीपुर में ज़िला अलीगढ़ का पहला सम्मेलन हुआ। का. हरपाल सिंह और आर. डी. भारद्वाज शुरुआती दौर के किसान नेता थे, जिन्होंने कम्युनिस्ट पार्टी के निर्माण में योगदान दिया। इसके अलावा अलीगढ़ मुस्लिम यूनिवर्सिटी के तुलबा की भी इसमें बड़ी भूमिका रही है। यूनिवर्सिटी में अध्यापन करते हुए अलीगढ़ और आसपास के ग्रामीण क्षेत्रों में ज़मीनी स्तर पर काम करने वालों में टौंकी साहब और सिद्दीक साहब (जो लाल सिद्दीक के नाम से मशहूर थे) प्रमुख हैं। टौंकी साहब यूनिवर्सिटी के एस.टी.हाई स्कूल (मिंटो सर्किल) के प्रिंसिपल हुआ करते थे। लाल सिद्दीक पूर्णकालिक कार्यकर्ता थे। अच्छी-ख़ासी तादाद में शिक्षक और छात्र प्रगतिशील विचारधारा के थे जिसके कारण मुस्लिम लीग की विचारधारा का असर बहुत कम हुआ। बाद की पीढ़ी में इतिहासविद् प्रो. नुरुल हसन, प्रो. इरफान हबीब, अरबी के विद्वान और प्रगतिशील लेखक संघ का मसौदा तैयार करने वालों एक प्रो. अब्दुल अलीम, भूगोल विभाग के प्रो. मूनिस रजा, डॉ. माबूद हसन, रज़ा इमाम आदि के अलावा भी ढेर सारे अन्य लोग थे, जो हमेशा इन लोगों के साथ खड़े रहते थे। इन लोगों के प्रभाव से छात्रों का एक बहुत बड़ा वर्ग ऑल इंडिया स्टूडेंट फ़ेडरेशन तथा स्टूडेंट फ़ेडरेशन ऑफ़ इंडिया से जुड़ा। इन सभी ने यूनिवर्सिटी के कट्टरपन्थी समुदाय को न केवल सीमित किया बल्कि प्रभावहीन भी बनाया। तीसरे, चौथे दशक में सआदत हसन मंटो, शायर मजाज़ लखनवी, अख़्तर हुसैन रायपुरी जैसी अनेक हस्तियाँ यहाँ विद्यार्थी के रूप में अध्ययनरत थीं।

बागला कॉलेज से इंटरमीडिएट करने के बाद कुँवरपाल बी.ए. में दाख़िला लेने अलीगढ़ यूनिवर्सिटी आये। उस समय वे बाकायदा कम्युनिस्ट पार्टी के कार्ड होल्डर पार्टी सदस्य थे। अपने लाल सदस्यता कार्ड को बेहद सम्मान के साथ उन्होंने हमेशा अपने पास रखा। अब यह अलग बात है कि उनके जीते जी तो नहीं, लेकिन उनके जाने के बाद कुछ बड़ी हस्तियाँ दावा करने लगीं कि यूनिवर्सिटी में उनके सम्पर्क में आने पर वह वामपन्थी आन्दोलन से जुड़े और अपना मुकाम हासिल किया। बहरहाल जुलाई 1955 का कोई एक दिन था जब वो हाथरस से अलीगढ़ आये।

मुंशी गजाधर सिंह का पत्र मूनिस रज़ा के नाम था। वे शमशाद मार्केट में वली मंज़िल नाम की कोठी में रहते थे। उनके छोटे भाई मासूम रज़ा, जो बाद में राही मासूम रज़ा के नाम से ख्याति प्राप्त उपन्यासकार, शायर और फ़िल्मी लेखक हुए, वे भी वहीं मूनिस रज़ा के साथ रहते थे। दरवाज़ा राही ने खोला। पत्र लिया और पढ़ा और कहा- "भाई साहब तो डिपार्टमेंट गये हैं..।" राही स्वयं भी उस समय एम.ए. कर रहे थे उर्दू में। शायर के रूप में चर्चित थे। पत्र मुंशी जी का था। राही और मूनिस रज़ा भी कम्युनिस्ट पार्टी के सदस्य थे। कुछ बरस पहले अपने होम टाउन गाज़ीपुर में अपने कांग्रेसी वकील पिता के ख़िलाफ़ कम्युनिस्ट पार्टी के उम्मीदवार पब्बन राम को नगरपालिका सभापति का चुनाव लड़वा कर उन्हें जिता चुके थे। उनके लिए मुंशी जी का पत्र महत्त्व रखता था। यह काम राही के स्तर पर ही हो गया और उनकी मदद से कुँवरपाल का दाख़िला बी.ए. में हो गया।

यूनिवर्सिटी में कुँवरपाल के शुरुआती दिन नये अनुभवों से भरे हुए थे- जैसा किसी भी गँवई आदमी के शहर में आने पर सोचा जा सकता है। बोली-बानी, उच्चारण सभी का इम्तिहान था। उनके यूनिवर्सिटी में आने के विभिन्न प्रसंगों में नये अनुभवों के कई क़िस्से थे, जो वे हँस-हँस कर सुनाया करते थे। अपना मज़ाक उड़ाकर अपने ऊपर हँसने की कला भी वे बख़ूबी जानते थे। कुँवरपाल सिर्फ़ किसी एक शहर में ही नहीं, बल्कि बेहद सम्भ्रान्त और कुलीन संस्कृति वाली यूनिवर्सिटी में पढ़ने आये थे जिसकी अपनी ही नफ़ासत थी, शालीन बोली-बानी थी। उठने-बैठने, मिलने-जुलने की विशिष्ट तहज़ीब थी। कुँवरपाल इस इलीट वातावरण में ताउम्र रहे लेकिन अपना खाँटी देसीपन कभी नहीं भूले। कभी किसी प्रकार की ग्रन्थियों का शिकार नहीं हुए। उनका आत्म विश्वास और स्वयं की क्षमता पर भरोसा ही उनकी ताक़त थी। इसलिए अकादमिक स्तर पर किसी अध्यापक को यहाँ जो सर्वोच्च प्राप्त हो सकता है, उन्होंने पाया। वे यूनिवर्सिटी बिरादरी का हमेशा एक अहम् हिस्सा रहे। तीन बार एकेडमिक काउंसिल में सदस्य के तौर पर चुनाव जीते। दो बार वहाँ की सर्वोच्च गवर्निंग बॉडी एक्ज़ीक्यूटिव काउंसिल का चुनाव लड़े और सर्वाधिक वोटों से जीते। जब अस्थायी लेक्चरर थे, तब अध्यापक संघ की कार्यकारिणी का चुनाव जीते। यूनिवर्सिटी के जन-सम्पर्क विभाग के लम्बे समय तक इंचार्ज रहे। नेशनल सर्विस सेन्टर के इंचार्ज बने तो उस सोते हुए संगठन को राष्ट्रीय स्तर पर ले आये।

यूनिवर्सिटी में छात्रों के आन्दोलन होते रहे हैं। कभी राजनीतिक मसले, तो कभी छात्रों के विभिन्न गुटों के बीच झड़पें और प्रशासनिक कारण। सबसे अधिक अशान्त महमूदउर्रहमान साहब के ज़माने में छात्र और शिक्षक बिरादरी रही। वे कश्मीर के

पुलिस प्रशासन में रहे थे और डण्डे के ज़ोर पर शासन करने के आदी थे। उनके ज़माने में दो बार अनिश्चितकाल के लिए यूनिवर्सिटी बन्द हुई और हॉस्टल ख़ाली कराये गये। ऐसे में कुँवरपाल को एडीशनल प्रो. वाइस चांसलर की भूमिका में आकर हॉस्टल ख़ाली कराने, उन्हें शहर प्रशासन के सहयोग से बसों, ट्रेनों से सुरक्षित घर भिजवाने की ज़िम्मेदारी दे दी जाती। छात्रों की सुरक्षा और कल्याण के लिए वे हमेशा संवेदनशील रहे, इसलिए ग़ैर आवासीय छात्रों को सम्भालने के साथ-साथ वे इस ज़िम्मेदारी का निर्वहन भी सफलता से करते। छात्रों के बीच हमेशा वे बहुत लोकप्रिय रहे। 1995 में छात्र आन्दोलन जब थमा, यूनिवर्सिटी खुली तो वाइस चांसलर साहब घर आये आग्रह करने। तब उन्होंने ग़ैर आवासीय छात्र केन्द्र के प्रोवोस्ट का पद भी संभाला। यूनिवर्सिटी इन्तज़ामिया को इतना भरोसा था उन पर कि वे विषम परिस्थितियों में छात्रों को सम्भाल लेंगे। अपने शिक्षक कैरियर की शुरुआत में जिस एन.आर.एस.सी. के वे वार्डन थे, रिटायरमेंट के समय वे उसके प्रोवोस्ट थे।

उनकी वार्डनशिप के ज़माने में यहाँ एक परम्परा थी कि हर वार्डन एक चपरासी को अपने काम में मदद के लिए घर बुला सकता था यानी हर वार्डन के नाम एक और प्रोवोस्ट के नाम दो चपरासी हुआ करते थे। कुँवरपाल ने इस व्यवस्था पर असन्तोष जताया। लेकिन उस वक़्त वे उन सबमें सबसे जूनियर थे। फिर उन्होंने कह दिया कि वे कोई चपरासी नहीं लेंगे। बाकी वार्डन और प्रोवोस्ट असमंजस में हो गये। कुँवरपाल ने कहा कि आप लोग जैसा ठीक समझें करें, मैं इस व्यवस्था के ख़िलाफ़ हूँ। उन्होंने कहा कि घर का काम मैं और मेरी बीवी मिलकर कर लेते हैं। बहरहाल, कभी किसी पद पर काम करते हुए उन्होंने विभागीय चपरासी को बुलाकर घर का काम नहीं कराया। बाद में यूनिवर्सिटी के चतुर्थ श्रेणी कर्मचारी यूनियन के पदाधिकारी होने पर उन्होंने विभागाध्यक्षों द्वारा चपरासियों को घरेलू काम में लगाने के ख़िलाफ़ मुहिम भी चलायी। एन.आर.एस.सी. में यह व्यवस्था बाद में बन्द हो गयी। कुँवरपाल को हमेशा यूनिवर्सिटी के तीसरी और चतुर्थ श्रेणी कर्मचारियों का सम्मान और प्रेम मिला। उनके अधिकारों की लड़ाई में वे हमेशा आगे रहे।

इसी सन्दर्भ में एक दिलचस्प वाकया है। नौंवें दशक में वाइस चांसलर सैयद हामिद साहब का ज़माना था। वे प्रशासनिक अधिकारी रहे थे। उनका काम करने का तरीक़ा अलग था। अनुशासनहीनता उनके लिए बड़ा मुद्दा था। उन्होंने हॉस्टल के कमरों से बाहरी, अवांछित तत्त्वों को निकालने का अभियान चलाया, सो कुछ छात्र नेताओं की नेतागीरी ख़तरे में पड़ गयी। लड़कों ने उपद्रव किया तो पुलिस को भी हस्तक्षेप करना पड़ा। गेट के बाहर गोली चलने से एक छात्र की मौत भी हो

गयी, तो लड़के और बेकाबू हो गये। यूनिवर्सिटी लम्बे समय तक बन्द रही। उस दिन कुलपति निवास में ही अपने ऑफ़िस में एक्ज़ीक्यूटिव काउंसिल की मीटिंग बुलायी गयी थी। हालात की समीक्षा के लिए दोपहर से मीटिंग चल रही थी। छात्रों को पता चला तो नेता अपने समर्थकों के साथ आ गये और कुलपति आवास घेर लिया। किसी के न अन्दर जाने और न बाहर आने की स्थिति थी। थोड़ी दूर पर गेट के बाहर बड़ी संख्या में पुलिस कर्मी तैनात थे। रजिस्ट्रार ऑफिस के अन्दर शहर के प्रशासनिक अधिकारी बैठे थे और स्थिति पर नज़र रखे हुए थे। धुर सर्दियों के दिन। घर पर कुँवरपाल के दो-तीन शागिर्द बैठे थे। रात के बारह बज चुके थे। कुँवरपाल डायबिटीज़ के मरीज़। खाने-पीने में नियमितता ज़रूरी थी। वे मीटिंग हॉल से बाहर आये। इधर-उधर देख रहे थे। वाइस चांसलर साहब का रसोइया था वहाँ। वह स्थिति समझ रहा था। कुँवरपाल ठहरे उनकी यूनियन के सरपरस्त। आग्रहपूर्वक वो उन्हें किचेन में ले गया और खाना खिलाया। बाद में फिर सभी के लिए इन्तज़ाम कराया गया। यूँ स्थिति गम्भीर थी। हम लोग भी डी.एम. वग़ैरह के सम्पर्क में थे। ढाई बजे रात घण्टी बजी। देखा, कुँवरपाल अपनी साइकिल लिए बाहर खड़े हैं।

'कैसे? कैसे आ गये तुम?' मैंने पूछा। थोड़ी देर पहले ही फ़ोन करने पर मालूम हुआ था कि घेराबन्दी जारी है। कुँवरपाल सहज थे। बोले—'कुछ नहीं, मैं बाहर आया। गेट पर पहुँचा तो लड़के बैठे थे। उनके नेता ने (नाम मुझे याद नहीं) देखा कि लड़के मुझे घेर रहे हैं तो दौड़कर आया...लड़कों को अलग किया...' जाने दो-डॉक्टर साहब हैं, इन्हें जाने दो...'और मुझे गेट के बाहर तक छोड़ गया...' कुँवरपाल हँस-हँसकर बता रहे थे। दरअसल लड़के समझदार थे। राजनीति की समझ थी उन्हें। यूनियन के चुनाव की माँग के लिए भी वह लड़ रहे थे। एक दिन पहले फेकल्टी में कुछ टीचरों ने उनका विरोध किया था, तो उनके साथ धक्का-मुक्की भी हो चुकी थी। लेकिन उन लड़कों को मालूम था कि अगर के.पी. सिंह को कुछ हुआ तो शहर में दंगा हो जायेगा। ऐसा वे नहीं चाहते थे।

गुरुकुल

लखनऊ से अलीगढ़। यहाँ था असली गुरुकुल और इस गुरुकुल के संचालक थे कुँवरपाल। लखनऊ से नेशनल फ़ेडरेशन ऑफ़ इंडियन वीमेन में काम करने से मेरी शुरुआत हुई थी लेकिन स्वतन्त्र रूप से फ़ील्ड वर्क तो इस गुरुकुल में आकर ही शुरू किया। पिछली सदी का सातवां दशक था, जब अलीगढ़ की ओर रुख किया था।

अलीगढ़ में ठहरने की स्थिति जाने-अनजाने बन रही थी। कभी-कभी न चाहते हुए, न मानते हुए भी 'डेस्टनी' या नियति जैसे शब्द पर विश्वास करना पड़ता है। टीकाराम कॉलेज में बीच सत्र में आयी थी। पाँच महीने बाद सत्र समाप्त। सारा सामान समेट कर लखनऊ वापस। वहाँ नवयुग महाविद्यालय से बुलावा था। केमिस्ट्री की एक जगह ख़ाली थी। मिलने गयी। नियुक्ति पत्र मिल गया। इससे पहले कि अगस्त में यहाँ जॉइन करती कि अलीगढ़ से पत्र आया प्रिंसिपल टीकाराम कॉलेज का कि एक हफ़्ता हो गया, मैं पहली जुलाई को वहाँ क्यों नहीं थी कि मेरा इरादा क्या है। उन दिनों नौकरी और नियुक्ति जैसे मसले इतनी आसानी से, घरेलू स्तर पर ही तय हो जाते थे। मैं आज तक नहीं समझ पायी कि यह पत्र आने के बाद क्या सोच कर फिर से बोरिया-बिस्तर बाँधा, लखनऊ में घर के पास कॉलेज की नौकरी छोड़ क्यों फिर से अलीगढ़ आ गयी। मज़े की बात यह कि घर वालों ने भी एक बार नहीं कहा कि घर के घर में हो, अच्छा कॉलेज है, क्यों जा रही हो।

उस समय टीकाराम गर्ल्स डिग्री कॉलेज में प्रिंसिपल श्रीमती शान्ति शर्मा थीं, बेहद शिष्ट और शालीन। लड़कियों की संख्या बमुश्किल डेढ़ हज़ार होगी। गर्ल्स हॉस्टल नया बना था। पुराने स्टाफ क्वार्टर संख्या में चार थे और प्रिंसिपल के अलावा तीन अन्य टीचर परिवार के साथ रहती थीं। नये बने स्टाफ क्वार्टरों में मुझ सहित छह-सात टीचर थीं। सभी बाहर की थीं। कुछ यूनिवर्सिटी की छात्राएँ थीं। कुछ सर्विस करने वाली कामकाजी महिलाएँ भी थीं। यही हाल लड़कियों के हॉस्टल का था जिसमें सिर्फ़ ग्राउंड फ्लोर बना था और तीस-बत्तीस लड़कियाँ थीं। वैसे यह कॉलेज

पश्चिमी उत्तर प्रदेश का एक प्रमुख कॉलेज माना जाता है, जहाँ आवासीय सुविधा भी है। तीन मंजिला हॉस्टल में आज दो सौ से अधिक लड़कियाँ हैं। आज यहाँ लगभग सभी विषयों में स्नातकोत्तर कक्षाएँ भी हैं। महाविद्यालय में साठ-बासठ शिक्षक हैं।

आज से पैंसठ-अड़सठ साल पहले पूरा कॉलेज एक छोटी बिरादरी जैसा था। कुल तीस के क़रीब शिक्षिकाएँ, ज़्यादातर स्थानीय थीं। चयन समिति में प्रिंसिपल तथा मैनेजिंग कमेटी के कुछ सदस्य होते। यह कॉलेज अग्रवाल बनियों का है, लेकिन माहौल जातिवादी कभी नहीं रहा और अपेक्षाकृत उदार था। उस समय शहर भी छोटा, सिमटा हुआ था। सब एक-दूसरे को जानते थे। शहर के कॉलेज और यूनिवर्सिटी के बीच रिश्ते भी आपसदारी वाले हुआ करते थे। बेवजह की औपचारिकताएँ नहीं थीं और वातावरण सहज था। मुझे लगता है कि सहजता और अपनापन लिए इस माहौल के कारण ही जब मुझे किंचित धमकी भरा प्रिंसिपल का (हाथ का लिखा) पत्र मिला तो मैं एक आज्ञाकारी बच्चे की तरह फ़ौरन अलीगढ़ वापस आ गयी। ऐसा ही एक वाकया दूसरे साल हुआ। मैं दशहरे की छुट्टियों में लखनऊ गयी और बिना कॉलेज को सूचित किये दीवाली तक रुक गयी। कारण, इस बीच वहाँ नेशनल फ़ेडरेशन ऑफ़ इंडियन वीमेन की ऑल इंडिया कॉन्फ्रेंस होनी थी और मैं इसमें रहना चाहती थी। अगले महीने मेरी पूरी तनख़्वाह कट गयी। मैं फिर प्रिंसिपल के पास गयी। मैंने कहा कि मुझे इस महीने तनख़्वाह नहीं मिली है, मैं वापस लखनऊ जा रही हूँ। उन्होंने मुझे समझाया बिल्कुल अभिभावक की तरह। बोलीं—'नौकरी करने में थोड़ी गम्भीरता रखनी होती है। नियम-कायदों का पालन करना होता है...।' 'फिर उन्होंने ही रास्ता बताया, बोलीं— 'मेडिकल सर्टिफिकेट दे दो। मेडिकल लीव मिल सकती है...।' साथ के लोगों ने ही इसका इन्तज़ाम कराया। आज के ज़माने में कार्यस्थल पर यह अपनापा, यह सौहार्द कम ही देखने को मिलता है। हम भी आगे बचपना छोड़ नौकरी में गम्भीर हो गये।

आज इक्कीसवीं सदी में भी इतनी आज़ादी नहीं दिखती कि एक लड़की द्वारा अपनी मर्ज़ी से जीवन के सभी फ़ैसले लिए जायें। घर वालों के इसी गहन विश्वास ने ज़िम्मेदारी का अहसास दिया, विवेक दिया और ख़ुद पर भरोसा बनाये रखने की ताक़त दी।

लखनऊ की गतिविधियों के छूटे हुए सूत्र तलाशने के क्रम में ही कुँवरपाल से मुलाक़ात हुई। उन्होंने मुझे अलीगढ़ स्टडी सर्किल की मीटिंग में आने का निमन्त्रण दिया। मैं कॉलेज कैंपस में रहती थी। बग़ल के स्टाफ क्वार्टर में तीन लड़कियाँ

अलीगढ़ मुस्लिम यूनिवर्सिटी की थीं। एक ने हिन्दी में एम.ए. किया था। दो उसी विभाग में रिसर्च स्कॉलर थीं। उनके यहाँ कुँवरपाल का आना-जाना था। वे भी सीनियर रिसर्च स्कॉलर थे और कुछ महीने पहले ही लेक्चरर बने थे। मैं हिन्दी साहित्य से जुड़ी थी और लेखन में दिलचस्पी रखती थी। एक फितूर चढ़ा कि क्यों न अलीगढ़ यूनिवर्सिटी से हिन्दी में एम.ए. कर लूँ। हिन्दी विभाग में आना-जाना शुरू किया। फिर जल्दी ही यह फितूर तो निकल गया लेकिन जीवन के दूसरे एजेंडे तय होने लगे। यूनिवर्सिटी के पीछे का बड़ा इलाक़ा जो शमशाद मार्केट कहलाता है, वहाँ अल-हमरा नाम की एक कोठी हुआ करती थी। उसके आगे के हिस्से में एक नौजवान कॉमरेड थानसिंह रहा करते थे और ख़ाली पड़ी कोठी की देखभाल भी करते थे। उस ज़माने में कुँवरपाल यूनिवर्सिटी की स्टूडेंट फ़ेडरेशन ऑफ़ इंडिया के सेक्रेटरी हुआ करते थे। हाल-फिलहाल वो शिक्षक वर्ग में शामिल हो गये थे, तो थानसिंह इस छात्र संगठन में सक्रिय हो गये। अल-हमरा कोठी में एक स्टडी सर्किल चलता था। हर शुक्रवार शाम दो-तीन घण्टे के लिए वहाँ मीटिंग होती। लोग इकट्‌ठा होते। प्रगतिशील विचारधारा के लोगों के अलावा अनेक नौजवान विद्यार्थी, शिक्षक आते। किसी समसामयिक, सामाजिक, राजनीतिक या इतिहास से जुड़े विषय पर आधिकारिक विद्वान का व्याख्यान होता, विचार-विमर्श, बहस-मुबाहिसा होता। सभी लोग ख़ुद ही बातचीत का विषय तय कर लेते। उन दिनों स्टडी-सर्किल के संयोजक कुँवरपाल ही थे। नयी पीढ़ी को समाज-राजनीति और साहित्य के प्रति समझ विकसित करने और इतिहास-सम्मत दृष्टि प्रदान करने के लिए यह एक महत्त्वपूर्ण मंच था। अल-हमरा के उसी कमरे में राष्ट्रीय और अन्तर्राष्ट्रीय ख्याति के इतिहासकारों प्रो. नुरुल हसन, इरफ़ान हबीब, सतीशचन्द्र जैसी हस्तियों को पहली बार देखा जो यूनिवर्सिटी के इतिहास विभाग में थे। इन सभी का इतिहास के अलावा देश के शिक्षा जगत और अकादमिक क्षेत्र में महत्त्वपूर्ण योगदान रहा है। यहीं एक व्याख्यान के दौरान 'द वंडर दैट वॉज इंडिया' जैसी प्रख्यात पुस्तक के लेखक, प्राच्य-इतिहास के विद्वान ए.एल. बाशम पर चर्चा सुनी थी। ऐसी ही एक मीटिंग में प्रो. हॉब्स्वाम जैसी हस्ती को देखने और सुनने का मौक़ा मिला था। अलीगढ़ मुस्लिम यूनिवर्सिटी का इतिहास विभाग एडवांस सेंटर है, तो यहाँ देश और दुनिया के नामी-गिरामी इतिहासकारों का आना-जाना नियमित रूप से होता रहा है। डॉ. नुरुल हसन बाद में देश के शिक्षा मन्त्री रहे। उन्होंने उच्च शिक्षा के साथ-साथ प्राइमरी और माध्यमिक स्तर पर भी महत्त्वपूर्ण

सुधार किये। केन्द्रीय विद्यालय के रूप में प्राइमरी से माध्यमिक स्तर की कक्षाओं तक स्कूल खोले गये जो गुणवत्ता और रखरखाव में बेहद स्तरीय माने जाते हैं। इनका संचालन केन्द्रीय शिक्षा विभाग द्वारा होता है। देश के महाविद्यालयी शिक्षकों को भी इसी समय विश्वविद्यालय के शिक्षकों के समकक्ष स्थान दिया गया और सबके लिए एक समान वेतनमान हुआ। विश्वविद्यालय के शिक्षकों को एतराज़ था कि वे लम्बे समय तक शोधकार्य करते हैं। पी.एच-डी. की डिग्री हासिल करते हैं, तब नियुक्ति के लिए उनकी पात्रता होती है। दूसरी ओर महाविद्यालयों में बिना पी.एच-डी. किये नियुक्तियाँ हो जाती हैं। इस बिन्दु पर योग्यता के मानक नये सिरे से तय किये गये और महाविद्यालयी शिक्षकों के लिए टीचर्स फेलोशिप योजना विश्वविद्यालय अनुदान आयोग ने शुरू की, जिसके अन्तर्गत महाविद्यालय के शिक्षकों को सवेतन तीन वर्ष का अवकाश मिलता था और वे किसी भी विश्वविद्यालय में जाकर शोधकार्य कर अपनी योग्यता बढ़ा सकते थे। जिस जमाने में प्रो. नुरुल हसन शिक्षा मन्त्री थे, उन्ही दिनों प्रो. सतीशचन्द्र विश्वविद्यालय अनुदान आयोग के वाइस चेयरमैन बने। बाद में वे चेयरमैन भी रहे। अकादमिक स्तर पर उन्होंने भी शिक्षा-व्यवस्था के ढाँचे में अनेक महत्त्वपूर्ण सुधार किये। सबसे बड़ा मुद्दा तो विश्वविद्यालय और महाविद्यालय के शिक्षकों के वेतनमान, सेवा शर्तों और अन्य सुविधाओं में अन्तर का था। शिक्षा मन्त्री प्रो. नुरुल हसन के ज़माने में 1970 के बाद ही यह फ़ासला दूर हो सका, जब समान वेतनमान और समान सेवा शर्तें लागू की गयीं।

स्वयं मैंने इसी टीचर्स फ़ेलोशिप स्कीम के अन्तर्गत 1975 में अलीगढ़ मुस्लिम यूनिवर्सिटी में इंजीनियरिंग कॉलेज के अप्लाइड केमेस्ट्री विभाग में रिसर्च के लिए दाख़िला लिया। मैं तो लखनऊ में रिसर्च फ़ेलोशिप छोड़कर अलीगढ़ आ गयी थी कि ज़िन्दगी में सब कुछ करूँगी लेकिन रिसर्च नहीं करूँगी। जब यह योजना आयी तब कुँवरपाल ने मुझसे दोबारा डाक्टरेट के लिए काम करने को कहा। बहुत दबाव था उनका। उस समय विकट परिस्थिति थी। मेरा आवेदन स्वीकृत हो गया था। पहली अगस्त से जॉइन करना था। बेटी तीन महीने की थी। बेटा था साढ़े तीन साल का। मैंने फिर मनाकर दिया। साइंस में रिसर्च सिर्फ़ किताबों के ज़रिये या घर बैठकर नहीं हो सकती। प्रयोगशाला में कम-से-कम आठ-नौ घण्टे तो देने ही होते हैं। घर की उपेक्षा। बच्चों की उपेक्षा। बेटा नर्सरी में पढ़ने भी जाने लगा था। कैसे होगा...

लेकिन जीत कुँवरपाल की हुई। उनका कहना था कि जिस क्षेत्र में काम करो-पूरे तौर पर तैयारी के साथ करना चाहिए। अब अगर जीवन भर अध्यापन करना है, तो पूरे

हथियारों से लैस रहना चाहिए...कोई कमी न रहे...और अभी मौक़ा है..! बहरहाल, अब घर नौकरों के भरोसे। कुँवरपाल ज़्यादा-से-ज़्यादा समय घर पर देते। उनके एक शिष्य गोपाल कृष्ण शर्मा, जो घर पर ही रहते थे, उनसे भी बहुत मदद मिली। तीन साल बाद वापस कॉलेज, लेकिन छुट्टी लेती रही। शोधकार्य ख़त्म करना था। तपस्या भरे दिन थे वे हम दोनों के लिए और बच्चों के लिए भी।

मैंने शादी के बाद अपने घर को गुरुकुल कहा। समाज को, राजनीति को देखने-समझने की दृष्टि यहीं से बनी। अपने घर-खानदान में चली आ रही ऊँच-नीच, छुआछूत और जाति-धर्म विभेद के संस्कार यहीं दफ़न हुए। दरअसल यह एक दिन का मसला नहीं होता। लम्बा आत्म संघर्ष। सचेतन प्रयास। जो उनके सम्पर्क में आया उसने शिष्य भाव से ही जीवन-सूत्र उनसे ग्रहण किये। मैं ही कैसे अछूती रहती। बेहद लम्बा-चौड़ा कुनबा था हमारा। ओमप्रकाश शर्मा अश्वघोष, असग़र वजाहत, सुभाष वशिष्ठ, सूरज पालीवाल, रामवीर सिंह, गोपाल कृष्ण शर्मा, अजय बिसारिया, राजीवलोचन नाथ शुक्ल, आशिक बालौत, देवेन्द्र कुमार गुप्ता, फ़य्याज़ अहमद, भरत सिंह, हरिहर प्रसाद दीक्षित, मुरारीलाल के अलावा अन्य अनेक छात्र-छात्राएँ, जो इनके रिसर्च स्कॉलर थे भी और नहीं भी थे, लेकिन इनकी सरपरस्ती में थे। हमारे यहाँ घर की अवधारणा में एक ऐसी चहार दीवारी थी जिसमें अन्दर आने का रास्ता था लेकिन दरवाज़े के कपाट नहीं थे। घर हरेक के लिए खुला रहता था। शादी से पहले भी मैरिस रोड के मकान में जहाँ ये रहते थे वह एक कोठी का आउट हाउस था। बाहर के कमरे में रेक्सीन मढ़ा एक सोफ़ा था और तीन-चार कुर्सियाँ। दीवार में लगी एक खुली अलमारी जिसमें चाय बनाने का सामान-चीनी, चाय की पत्ती, मिल्क पाउडर वग़ैरह। मित्र-मण्डली आती, ये उपस्थित हों या न हों। कोई चाय बनाकर पी रहा है तो कोई मिल्क पाउडर ही फाँके जा रहा है। भीतर के कमरे में एक चारपाई थी जिस पर बिस्तर लगा रहता। कोई मित्रनुमा आगन्तुक बिस्तर में ही लोट लगा रहा है। मैरिस रोड के चौराहे पर नन्हे मियाँ का बाँस का टट्टर लगा होटल था जहाँ से टिफिन करियर में इनका खाना आता। वही नन्हे मियाँ का होटल था जिसका ज़िक्र मैंने अपनी 'कर्फ़्यू' कहानी में किया है और वो कहानी के एक पात्र भी हैं। होटल का बन्दा कमरे के बाहर बरामदे में टिफिन करियर रख जाता। भाई लोग जो दोस्त कहलाते थे, आते-बैठते। किसी का दिल चाहता, खाना खा लेता। कोई-कोई ये मेहरबानी ज़रूर करता कि पर्ची लिखी छोड़ जाता अपने नाम की। अब दोपहर में साइकिल चलाते हुए ये आये। घर में घुसे। टिफिन करियर खाली। जूठन पड़ी। साथ में लगी पर्ची। अब फिर साइकिल उठायी। ब्रेड लाये, कुछ छोले

नुमा सब्ज़ी साथ में और पेट भरा। स्वयं बताते थे कि एक बार कुछ नहीं मिला तो मूँगफली ले आये, चाय बनायी और काम चलाया। शादी के बाद इनके अराजक मित्रों को भगाने और घर का माहौल सुधारकर उसे घर जैसा बनाने में मुझे ख़ासा समय लगा जिसके लिए मुझे आलोचना भी कम नहीं झेलनी पड़ी। फिर भी घर तो बिना दर-ओ-दीवार के ही रहा।

मेरे संस्कारों से भिड़न्त के लिए एक और सबक था। कभी इनकी यूनियन के पदाधिकारी या कोई सदस्य घर पर भी आ जाते। ये उस ज़माने में अलीगढ़ यूनिवर्सिटी की 'फोर्थ ग्रेड एंप्लाइज यूनियन' के अध्यक्ष हुआ करते थे। इस यूनिवर्सिटी में नॉन टीचिंग स्टाफ की यह एक सबसे बड़ी यूनियन है। ग़ैर-शिक्षक वर्ग में अलग-अलग श्रेणी की कई अन्य यूनियनें भी हैं लेकिन संख्यावार इस विशाल यूनियन में आज भी ढाई हज़ार सदस्य हैं। ज़ाहिर है चतुर्थ श्रेणी में सभी तरह के कर्मचारी होते हैं और सफ़ाईकर्मी भी होते हैं। कुछेक सफ़ाईकर्मी सदस्य शहर के सफ़ाईकर्मी संगठनों से भी जुड़े रहे हैं। स्वाभाविक है कि यूनियन के सदस्य घर पर भी समस्याएँ लेकर आते रहे। उनका भी वैसा ही स्वागत-सत्कार, चाय-पानी होता रहा जैसा अन्य किसी मेहमान या मिलने के लिए आने वाले के साथ होता। असल ट्रेनिंग तो गुरुकुल की यहीं से शुरू हुई। लाख हमारा परिवार लखनऊ में खुले दिमाग़ का था, प्रगतिशील था लेकिन किसी स्तर पर जात-पाँत और धर्म आधारित भेदभाव भी दिखता ही था, जिसे मैंने अब महसूस किया। कार्यक्षेत्र और बाहर की दुनिया हमारे समाज में अलग होती है। घर के भीतर ख़ासतौर पर स्त्री-समाज के बीच रहन-सहन और व्यवहार की दुनिया कितनी अलग हो जाती है, यह शादी के बाद पता चला। हम कुमाउँनी ब्राह्मणों के घरों में कुलीनता के भाव के साथ-साथ छुआछूत का वातावरण भी आज से सत्तर-साठ साल पहले तक बहुत हुआ करता था। तब घरों के भीतर ये सब हमें सामान्य ही लगता। कुँवरपाल के साथ गृहस्थी शुरू हुई तो एकाएक सबकुछ बदल गया। सचमुच, ये गहन आत्म संघर्ष के दिन थे। कुँवरपाल के जीवन में विचार और व्यवहार के स्तर पर कोई द्वैत नहीं था। धर्म, जाति और सामाजिक स्तर जैसे प्रश्न ही नहीं थे। मेरा अन्तर्जातीय विवाह भी मेरे घर वालों की मर्ज़ी और सहयोग से ही हुआ था, हम इसी को बहुत बड़ी क्रान्ति समझते थे। अब जीवन में जो पढ़ाई हुई, वह अद्‌भुत थी, यह बात आज समझ में आती है। चतुर्थ श्रेणी कर्मचारियों के साथ वह सफ़ाईकर्मी भी सोफ़े पर हमारे साथ बैठा है, हम प्रदर्शनों में साथ हैं, जुलूस में जा रहे हैं, साथ-साथ खा रहे हैं, चाय पी रहे हैं...सामाजिक भेदभाव की सारी लकीरें

दिमाग़ से ही ग़ायब हो गयीं। यह व्यवहार के साथ ही मानसिक स्तर पर भी सदियों पुराने पूर्वाग्रहों को छोड़ने और समानता के भाव को रोजमर्रा के जीवन में उतारने का समय था। इसलिए घरेलू कामों के लिए जब सहायिका की ज़रूरत पड़ी तब हमारे यहाँ कभी खाना बनाने वाली की जाति नहीं पूछी गयी। बाद में लम्बे अर्से तक एक मुस्लिम महिला ने ही मेरा घर और रसोई सम्भाली। आज ये बातें हमारे यहाँ किसी के ज़ेहन में भी नहीं आतीं लेकिन उस समय आस-पड़ोस के लोगों के लिए ज़रूर चर्चा का विषय रहती थी। मेरे घर-परिवार के लोगों, माँ-पिताजी ने भी कभी इन्हें चर्चा का विषय नहीं बनाया। अपनी पारिवारिक परम्पराओं से हटकर वे भी नयी संस्कृति को अपना रहे थे। इसे कहते हैं पीढ़ियों के बीच सांस्कृतिक मूल्यों का आदान-प्रदान। कुँवरपाल के गुरुकुल में सभी नयी परम्पराओं में दीक्षित हो रहे थे। अलग बैठाना, अलग बिछौना, अलग बर्तन-भाँडों वाली संस्कृति हमारे दिल और दिमाग़ से समाप्त हो गयी थी।

हम तो उस जाति-धर्म की कन्दरा से बाहर निकल आये लेकिन मैं देखती कि यूनिवर्सिटी में अनेक सम्मानीय शिक्षक इस छुआछूत की बीमारी से ग्रसित थे। कुछ तो विज्ञान जैसे विषयों में थे, कुछ विभागाध्यक्ष जैसे ज़िम्मेदार पद पर भी थे। कुछेक वहीं कैम्पस में सबके बीच रहते लेकिन जात-पाँत के, छुआछूत व्यवहार अपने सहकर्मियों के साथ भी, लेकिन बेहद चतुराई के साथ निभाये जाते। मैं सम्मानपूर्वक याद करती हूँ हिन्दी विभाग के अध्यक्ष प्रोफ़ेसर गोवर्धननाथ शुक्ल जी को जिनसे मेरा परिचय शादी के बाद हुआ था। वे परम्परागत परिवार से, पूजा-पाठ, व्रत-नियम वाले पुष्टिमार्गी ब्राह्मण थे लेकिन बेहद उदात्त। व्यवहार ही नहीं, आचार-विचार में किसी भी प्रकार के भेदभाव की रीति-नीति से दूर। साम्प्रदायिक आधार पर जब कोई विमर्श होता, उनके परिवार के भीतर भी, वे फ़ौरन उसका खण्डन करते और उचित राह दिखाते। सही अर्थों में वे धार्मिक व्यक्ति थे जहाँ धर्म का अर्थ सद्भाव होता है, समभाव होता है और उदारता होती है। अपने पिता की इसी उदारवादी, समतावादी धार्मिकता की परम्परा को आगे बढ़ाया उनके यशस्वी बेटे राजीवलोचननाथ शुक्ल ने जो अपने पिता के रिटायर हो जाने के बाद हिन्दी विभाग में अध्ययन के लिए कुँवरपाल की सलाह पर आये। उससे पहले वे ज़ूलॉजी (प्राणिशास्त्र) में एम.एससी., पी.एच-डी. कर नौकरी कर रहे थे और फिर मन नहीं लगने के कारण छोड़कर चले आये थे। हिन्दी में एम.ए. कर कुँवरपाल के निर्देशन में पी.एच-डी. किया, व्याख्याता बने और फिर प्रोफ़ेसर बनकर हाल-फिलहाल में रिटायर हुए।

कुँवरपाल की शिष्य मण्डली का आकार बहुत विशाल रहा। उनके अधिकतर शिष्य घर पर ही आते रहते और परिवार का अंग होते। विशेष रूप से शोधकार्य के दौरान जब किसी के रहने आदि का समुचित बन्दोबस्त न हो जाता, घर पर ही जमावड़ा रहता। कभी-कभी मुझे लगता यह हमारा घर है या हॉस्टल है। कुँवरपाल के सर्वाधिक निकट के शिष्यों में एक छात्र समाज के उस वर्ग से था जिसे हम हाशिये का समाज कहते हैं। बेहद प्रखर लेकिन उतना ही संकोची। इस शागिर्द के लिए वे उतने ही संवेदनशील रहते। अपने कुछ अन्य शागिर्दों के लिए जो इत्तिफ़ाकन ब्राह्मण वर्ग से थे, कुँवरपाल का सांकेतिक आदेश ही था कि उस शिष्य को अपने साथ रखें ताकि उसे सामान्यत: होने वाले जातिवादी कटाक्षों से और भेदभावपूर्ण व्यवहार से बचाया जा सके। उसके रहने की व्यवस्था भी उन लोगों के साथ की गयी। वो शिष्य भी आज मेरे परिवार का सदस्य है, मेरे बेटे जैसा है। कुँवरपाल के न रहने पर भी ये सभी लोग हमारे वृहद परिवार का हिस्सा हैं जो हर सुख-दुःख में शामिल रहते हैं। पिछले चालीस-पैंतालीस सालों से सूरज पालीवाल, रामवीर सिंह, गोपाल कृष्ण शर्मा, राजीवलोचननाथ शुक्ल, अजय बिसारिया, देवेन्द्र गुप्ता, फ़य्याज़ अहमद, एम.ई. ज़ुबैरी, फ़रहा ज़ुबैरी आदि सभी परिवार का हिस्सा रहे। आज ये सभी प्रोफ़ेसर हैं, प्रतिष्ठित पदों पर हैं और कुछ लोग रिटायर हो चुके हैं लेकिन अपने क्षेत्र में सभी की पहचान है। दिलचस्प ये है कि ढेर सारे लोग जिनके नाम नहीं गिनाये हैं, लेकिन वे स्वयं को परिवार का हिस्सा ही मानते हैं। अजय पटेल उन लोगों में हैं जो कभी यूनिवर्सिटी में नहीं पढ़े, शिष्य नहीं रहे, लेकिन निकटतम लोगों में रहे। आज वे बड़े व्यवसायी हैं।

सबसे दिलचस्प स्थिति उनके प्रारम्भिक शिष्य-मित्र असग़र वजाहत साहब की थी। मैंने शादी से पहले जिस असग़र को देखा था, वे हिन्दी विभाग के छात्र थे और एम.ए. कर रहे थे। इससे पहले वे बी.एससी. कर चुके थे। यह वो समय था जब कुँवरपाल विभाग में अस्थायी लेक्चरर हो चुके थे और वली मंज़िल को छोड़ कर मैरिस रोड के मिस गिल कपाउंड में दो कमरे के मकान में रहने लगे थे।

कुँवरपाल जब रिसर्च स्कॉलर थे तब उन्होंने और राही ने मिलकर 'संगम' नाम से साहित्य प्रेमियों का एक संगठन बनाया था। इसमें हिन्दी और उर्दू के नौजवान छात्र-छात्राएँ, शिक्षक शामिल थे जिन्हें साहित्य पढ़ने-लिखने का शौक़ था। असग़र उन दिनों बी.एससी. कर रहे थे और लिखने-पढ़ने का शौक़ रखते थे। उसी समूह में मुज़फ़्फ़र अली तथा अन्य अनेक थे जो संगम की गोष्ठियों में आया करते थे। मुज़फ़्फ़र अली बाद में फ़िल्म लाइन में चले गये और निर्देशक के रूप में प्रसिद्ध हैं।

बी.एससी. में असग़र की डिवीज़न बहुत साधारण थी और आगे एम.एससी. में दिक्क़त थी। उनके साहित्यिक रुझान को देखते हुए कुँवरपाल ने उन्हें हिन्दी में एम.ए. करने सुझाव दिया। उन्हीं दिनों असग़र की एक कहानी भी 'धर्मयुग' में छपी थी। असग़र ने एम.ए. तो कर लिया लेकिन कुछेक नम्बरों से उनका फ़र्स्ट डिवीज़न रह गया। हिन्दी विभाग उन दिनों ब्राह्मणवादी संस्कृति का नमूना था। सिवाय प्रो. नज़ीर मुहम्मद के कोई अन्य ग़ैर-ब्राह्मण शिक्षक नहीं था। नज़ीर साहब भी ब्राह्मणों से अधिक ब्राह्मण थे अपने रख-रखाव में। भाषाविद प्रो. कैलाशचन्द्र भाटिया जल्दी ही विभाग छोड़कर लालबहादुर शास्त्री प्रशासनिक प्रशिक्षण संस्थान, मसूरी चले गये थे। कुँवरपाल तो विभाग में घुसपैठिये जैसे थे। एक तो ग़ैर-ब्राह्मण, दूसरे साधारण ग्रामीण पृष्ठभूमि के और तीसरे कोढ़ में खाज कम्युनिस्ट का बिल्ला। आलोक धन्वा की कविता की पंक्तियों में कहें तो कुँवरपाल का विभाग में आना जैसे—'कविता के वर्जित प्रदेश में...उन तमाम कवियों को...एक अश्लील उत्पात' की तरह ही लगा। विभाग के लोगों को लगा कि भविष्य में एक दूसरा उत्पात असग़र वजाहत के रूप में न हो जाये। सो एक पेपर में उन्हें बहुत कम नम्बर दिये गये। विश्वविद्यालय के विभागों में ऐसी उखाड़-पछाड़ तो होती रहती है, यह नयी बात नहीं है। असग़र ने उस पेपर के पुनर्मूल्यांकन के लिए आवदेन किया और कुँवरपाल ने परीक्षक अलीगढ़ से बाहर का नियुक्त कराया। कुँवरपाल अपने क़रीबी लोगों के लिए उनके मसले ऐसे ही दिल पर ले लिया करते थे। फिर चाहे उन्हें कितनी ही आलोचनाओं का शिकार क्यों न होना पड़े। बहरहाल, नम्बर बढ़कर आये और असग़र को प्रथम श्रेणी मिली।

असग़र के लिए उनके प्रेम और संरक्षक का भाव को देखकर मैं उन्हें कुँवरपाल का दत्तक पुत्र कहा करती थी। वे बताते थे कि पढ़ाई के दिनों में ही एक ज़माने में असग़र ने अपने घर से विद्रोह कर रखा था और किसी प्रकार की मदद वे घर से नहीं ले रहे थे। उन दिनों वे कुँवरपाल के साथ ही रहा करते थे। असग़र उन्हें गुरुदेव कहते तो कुँवरपाल के लिए वे सिन्दबाद थे। यह नाम उनकी उत्कट यायावरी वृत्ति को देखते हुए दिया गया था। यह यायावरी कभी-कभी परेशानी का सबब भी बनती। मसलन पी.एच-डी. के बाद नौकरी का मसला। जामिया मिल्लिया, दिल्ली में हिन्दी विभाग में एक पद रिक्त था। असग़र ने भी आवेदन किया था। मुजीब रिज़वी विभागाध्यक्ष थे। वे तैयार थे। अब इससे पहले कि असग़र जॉइन करते, उन्हें हिन्दुस्तान घूमने का एक प्रस्ताव मिल गया। यात्रा प्रेमी सिन्दबाद जो ठहरे सो असग़र निकल गये यात्रा पर।

मुजीब साहब बहुत नाराज़। कुँवरपाल क्या कर सकते थे। चार महीने बाद वे फिर अवतरित हुए। सवाल वही नौकरी!!! फिर मुजीब साहब से बात हुई उन्होंने एकदम इनकार कर दिया कि अब कोई गुंजाइश नहीं। फिर कुँवरपाल दिल्ली गये। अपनी ओर से असग़र के लिए आश्वस्त किया। सो दुबारा नियुक्ति पत्र भेजा गया और फिर उन्होंने वहाँ जॉइन किया।

सफलता और दुनियादारी का वातावरण अक्सर आदमी को आमूल-चूल बदल देता है और इसी में रिश्ते कैसे धुँधला जाते हैं, यह शिद्दत से महसूस किया हमने। कुँवरपाल अक्सर कहा करते कि जब आदमी पैसे कमाने की राह पर निकल पड़े तब सामाजिक सरोकारों के साथ-साथ रिश्ते-नाते भी कमज़ोर पड़ जाते हैं। उन्हें गुरुदेव कहने वाले कई लोग राही की ग़ज़ल के 'अजनबी शहर के अजनबी रास्ते' के मुसाफ़िर जैसे न जाने किस आँधी में गुम हो गये। ज़माना अब दौड़ रहा है। कुछ ही बचे हैं जो पीछे मुड़कर भी देखते हैं।

नयी कर्मभूमि

किस्मत में अलीगढ़ का दाना-पानी लिखा था तो फिर यही कर्मभूमि बनी। मुझे याद है, पहली बार जब अलीगढ़ आ रही थी तो मित्र मण्डली ने बहुत डराया। सावधान भी किया। यह भी कहा कि फ़िल्मों का शौक़ है लेकिन कभी फ़र्स्ट शो मत जाना, शाम होते ही घर पहुँचना, कि स्टेशन पर ही तुर्की टोपी वाले मिलेंगे, बचकर रहना... वग़ैरह-वग़ैरह। अजीब-अजीब से पूर्वाग्रह रहे हैं समाज में दूसरे समुदायों के लिए। अलीगढ़ मानो एक अलग मुल्क हो। बहरहाल, अब तो यहीं रहना था। मेरे लिए तो शादी के बाद जैसे काम करने के लिए खुला मैदान था, पूरा विस्तृत आकाश था। इसीलिए लखनऊ के बाद अलीगढ़ में भी सामाजिक कामों में भागीदारी का सिलसिला ज़ारी रहा। यहाँ वातावरण मिला और व्यवस्थित दिशा भी मिली। साम्प्रदायिक तनाव और संघर्ष की स्थितियाँ परेशानी का कारण बनी तो मौक़े पर काम करना सीखा। लम्बे समय तक युवा संगठन डेमोक्रेटिक यूथ फ़ेडरेशन ऑफ़ इंडिया की शहर अध्यक्ष रही तो विभिन्न समूहों के बीच काम करने के मौक़े मिले। सबसे ज़्यादा मेरी पढ़ाई हुई भारत ज्ञान विज्ञान समिति जैसे संगठन में काम करते हुए। गाँव और मलिन बस्तियों में साक्षरता, महिला स्वास्थ, वैज्ञानिक सोच और सामाजिक जागरूकता पर काम करते हुए जो समाज के बारे में सीखा वह अन्य कहीं, किसी कॉलेज, यूनिवर्सिटी में नहीं मिलता।

अलीगढ़ और उसके आसपास का क्षेत्र आज़ादी से पहले ही राजनीतिक रूप से सक्रिय रहा है। आर्य समाज आन्दोलन यहाँ बहुत प्रभावी रहा और ग्रामीण क्षेत्रों में उसका ख़ासा असर था। आज तो (नाममात्र को रह गये) आर्य समाज और मुख्यधारा के वर्णाश्रम धर्म आधारित हिन्दू समाज के स्वरूप और क्रियाकलापों में कोई फ़र्क नहीं है। स्वामी दयानन्द सरस्वती सनातन धर्म की मूर्ति पूजा के कट्टर विरोधी थे। दिलचस्प है कि बीसवीं सदी के उत्तरार्द्ध में जब हिन्दूवादी संगठनों द्वारा राम मन्दिर आन्दोलन तीव्र से तीव्रतर किया जा रहा था, आय समाज के अनेक नेता भी राम

मन्दिर आन्दोलन की अग्रिम पंक्ति में थे। कहना न होगा, आर्य समाज का चिन्तन और दर्शन आज़ादी के बाद पूरी तरह समाप्त होकर हिन्दूवाद की मुख्यधारा में समाहित हो गया। यह आज का सत्य है। लेकिन उन्नीसवीं सदी के उत्तरार्द्ध से लेकर बीसवीं सदी के शुरुआती दशकों में आर्य समाज का उत्तर भारत में गहरा प्रभाव रहा। स्त्री-समाज के सामाजिक उत्थान और जनमानस को धार्मिक रूढ़ियों से मुक्त करने की दिशा में यह सक्रिय था। उत्तर भारत के अनेक समाजवादी और वामपन्थी नेतृत्वकारी लोगों ने अपने प्रारम्भिक जीवन में आर्य समाज के प्रभाव को स्वीकार किया है। धार्मिक कट्टरता की मानसिक परत हटने के बाद समाज को समतावादी, भेदभावरहित स्वरूप में देखने की दृष्टि विकसित हुई तो जातिगत रूढ़ियों की विभेदकारी रेखाएँ तिरोहित होने लगीं। इस मानसिक धरातल पर नये उदय हो रहे वामपन्थी आन्दोलन ने बड़ी संख्या में नौजवानों को प्रभावित किया जो दबे-कुचले, सामाजिक रूढ़ियों और अन्याय से पीड़ित मानव समूह के लिए एक मुक्ति का दर्शन था, स्वतन्त्र चेतना का सन्देश था।

जैसा सब जानते हैं अलीगढ़ ताला उद्योग के लिए प्रसिद्ध रहा है। राष्ट्रीय और अन्तर्राष्ट्रीय स्तर पर पहचान रखने वाले ताला उद्योग की बात छोड़ दी जाये तो भी सैकड़ों की संख्या में छोटे-मोटे ताला कारोबारी अलीगढ़ में रहे हैं। आठवें-नौवें दशक में जहाँ-तहाँ चलने वाली ताला तथा अन्य फैक्टरियों को लगातार नोटिस दिये जा रहे थे और शहर की मुख्य आबादी से बाहर, नये बन रहे औद्योगिक क्षेत्र में उन्हें स्थानान्तरित करने के लिए प्रशासनिक दबाव बढ़ रहा था। इस प्रक्रिया में अनेक कारोबारियों ने बड़ी संख्या में मज़दूरों की छँटनी की। मज़दूरों द्वारा दिन-रात धरना दिये जाने के बावजूद रात-बिरात मालिक लोग पुरानी जगह से मशीनें वग़ैरह निकाल कर लाने में सफल हुए। बेरोज़गार हुए मज़दूरों में अधिकांश 'ताला-चाकू मज़दूर संघ' नामक यूनियन से जुड़े थे। वे लम्बे समय तक निरर्थक प्रयास करते रहे अपने वेतन भुगतान के लिए।

गोकुलदास नाम के हमारे एक साथी भी बेरोज़गार हो गये लेकिन 'ताला-चाकू मज़दूर संघ' के सचिव के रूप में मज़दूरों के बीच हमेशा सक्रिय रहे। बेकार हुए मज़दूरों में अब कोई लकड़ी की टाल चला रहा है, तो कोई खोमचा लगाने लगा। कई अन्य डेली वेजर के रूप में काम करने लगे थे। गोकुलदास बहुत मामूली पढ़े-लिखे थे लेकिन मज़दूर संगठन चलाने के लिए बहुत मेहनत करते थे। दलित परिवार से थे लेकिन वर्गीय राजनीति की समझ रखते थे। संगठन के लिए जाति-धर्म

की दीवारें तोड़ने में मज़दूर वर्ग की क्या भूमिका होनी चाहिए, उन्हें अच्छी समझ थी। उनके साथ दलित समूहों के बीच काम करने का मुझे अवसर मिला और दलित राजनीति ही नहीं बल्कि दलित समुदाय की मानसिकता, उनके सोच और व्यवहार को निकट से जानने का अवसर भी मिला। गोकुलदास का 'ताला-चाकू मज़दूर संघ' का आफ़िस शहर के बीच में रेलवे क्रॉसिंग के पास एक हलवाई की दुकान के ऊपर बने कमरे में स्थित था। जब कभी शहर में गड़बड़ी हुई, दंगे की फ़िज़ा बनी, उस दौरान भी आफ़िस खुला रहता। यूनियन में आने-जाने वाले वहीं बैठते और वहीं ठहरते। हाँ, गोकुलदास के रहने, खाने-पीने की व्यवस्था हम सब लोग मिलकर किया करते।

उनके पुराने मज़दूर संघ के साथियों के अलावा विभिन्न संगठनों के लोग भी वहाँ आते रहते। उन्हीं दिनों, आठवें दशक के लगभग अन्त में 'वामसेफ' नामक नौकरीपेशा दलित लोगों का संगठन उभर कर आया, जो शोषित समाज के सरकारी कर्मचारियों के संगठन का ही विस्तारित रूप था। इसके साथ ही उनके नेता कांशीराम का नाम भी राजनीति के पटल पर आने लगा। 'वामसेफ' विशुद्ध रूप से दलित वर्ग की जातीय चेतना पर आधारित था। 'माइनॉरिटी कम्युनिटीज़' के रूप में विभिन्न अल्पसंख्यक समुदायों को भी इसमें शामिल किया गया था लेकिन अलीगढ़ में उनकी उपस्थिति 'वामसेफ' के कार्यक्रमों में कभी दिखायी नहीं दी। यूँ भी अलीगढ़ में एक आभिजात्य वर्ग के अलावा ख़ासा बड़ा, पढ़ा-लिखा मुस्लिम मध्यवर्ग है। दूसरे छोर पर बड़ी तादाद अशिक्षित कामगारों की है जो आमतौर पर धार्मिक प्रभाव वाले संगठनों में खींच लिए जाते हैं। तीन साल बाद ही 'वामसेफ' की जगह डीएस-4 ने ली जो 'दलित शोषित समाज संघर्ष समिति' के रूप में अधिक व्यापक संगठन था।

वामपन्थी आन्दोलन में वर्गीय चेतना ही मुख्य रूप से संगठन में संघर्षों का आधार मानी जाती है। वर्गीय हितों की रक्षा के लिए किये जाने वाले संघर्षों से ही सामाजिक भेदभाव और अलगाव की रेखाएँ दूर की जा सकती हैं, यह हम लोगों की समझ रही है। लेकिन भारतीय राजनीति के स्वरूप ने हमारे संविधान निर्माता अम्बेडकर की अवधारणा को सही साबित कर दिया कि यहाँ जातिभेद की दीवारें अभेद्य हैं। इसलिए जातीय अस्मिता और जातीय चेतना बनाम वर्गीय चेतना जैसी स्थितियों का बनना स्वभाविक हुआ। सत्ता की राजनीति में इनका भरपूर इस्तेमाल हुआ और अब तो सामाजिक विभाजन की रेखाएँ और गहरी हुई हैं।

इन संगठनों के बनने के बाद पढ़े-लिखे दलित समाज के लोग ट्रेड यूनियन की गतिविधियों से दूर होने लगे। यह अलग बात है कि वे लोग दफ़्तर में अभी भी आते तथा अपनी गतिविधियों के बारे में पुराने साथियों को सूचित करते। ट्रेड यूनियनों का ख़ासा बड़ा हिस्सा इन नये संगठनों की ओर आकर्षित हुआ, विशेष रूप से जब इसका रूपान्तरण बहुजन समाज पार्टी जैसे राजनीतिक दल के रूप में हो गया। साथी गोकुलदास ने एक बार मुझे एक अध्यापक से मिलवाया। वे उस ज़माने में दलित समाज के नौजवानों और स्त्रियों को सामाजिक रूप से जागरूक बनाने और संगठित करने की कोशिश कर रहे थे। आज से चालीस साल पहले उनकी यह कोशिश सराहनीय थी। उन्होंने महिलाओं का एक संगठन बनाया था और वे चाहते थे कि मैं उनकी एक मीटिंग को सम्बोधित करूँ।

शहर के भीतरी इलाक़े में एक सज्जन के घर के ख़ासे बड़े आँगन में मीटिंग थी। मैं इन भीतरी इलाक़ों से अपरिचित थी, रास्ते नहीं पहचानती थी, इसलिए सूरज पालीवाल जी मेरे साथ थे। डॉ. सूरज पालीवाल आज प्रतिष्ठित लेखक और आलोचक हैं। जोधपुर विश्वविद्यालय के बाद अन्तर्राष्ट्रीय हिन्दी विश्वविद्यालय, वर्धा में भी हिन्दी विभागाध्यक्ष और डीन रहे। सेवानिवृत्ति के बाद भी लगातार लेखन में सक्रिय हैं। उस समय अलीगढ़ यूनिवर्सिटी में शोध छात्र थे और कुँवरपाल के शिष्य थे। वे हमेशा से हमारे परिवार के सदस्य ही रहे।

हम दोनों उस मीटिंग में गये। मैंने सावित्री बाई फुले सहित अनेक सन्दर्भों से महिलाओं के साथ शिक्षा पर बातचीत की। उनके आत्म सम्मान और अधिकारों के लिए जागरूक होने की बात की। मुझे लगा कि उन लोगों ने मेरी बात को ख़ूब ध्यान से सुना है। मीटिंग ख़त्म होने के बाद चाय पीते समय वहाँ दो-तीन महिलाएँ रह गयीं। एक ने मेरे पैर छुए। मैं एकदम पीछे खिसकी। वह बोली 'बहन जी, मैं तो जहाँ कहीं भी सत्संग होता है, ज़रूर जाती हूँ। ...।' मैं अचकचा गयी। वह हाथ जोड़कर बैठी थी। मुझे लगा कि मेरी बातें ये लोग समझ नहीं पायी हैं या मैं इन्हें समझा नहीं सकी हूँ। वह महिला अब फलाँ गुरु जी और फलाँ महाराज जी के सत्संगों की बात दूसरी महिलाओं से करने लगी।

सूरज जी घर आकर ख़ूब हँसे, कि अगला सत्संग आपका कब होगा। यह एक धक्का था मेरे लिए। ऐसा ही एक अनुभव इससे पहले हो चुका था। गाँव के कुछ साथी बुलाकर ले गये कि चलिए, महिलाओं की सभा है। चुनाव का ज़माना था। किसान सभा से एक महिला स्वतन्त्र उम्मीदवार के रूप में चुनाव लड़ रही

थी। अलीगढ़ आये दो-तीन साल ही हुए थे। यहाँ के रंग-रूप से ज़्यादा वाक़िफ़ भी नहीं थी। बहरहाल, हम दो-तीन लोग थे जो अलीगढ़ से उस चुनाव क्षेत्र वाले गाँव में गये थे। मीटिंग हुई। तालियाँ भी बजीं लेकिन लगा कि लोगों के चेहरे पर कोई भाव नहीं। ढेर सारी महिलाएँ। कुछ घूँघट खींचे। कुछ ओट में टेढ़ी बैठीं। बच्चे अलबत्ता सामने थे। जाने का वक़्त आया। गाड़ी में बैठे तो बच्चों ने घेर लिया। हँस रहे...चिल्ला रहे...अजब शोर हो रहा था। बहुत कोफ़्त हुई। लगा, सारा किया धरा बेकार हुआ—कि हमसे गाँव में मीटिंग नहीं हो सकती। लेकिन यहीं से सार्वजनिक जीवन में काम करने के सबक भी सीखे कि जिनको सम्बोधित कर रहे हैं, उनके परिवेश को समझना, उनकी चेतना के स्तर तक पहुँचना ज़रूरी है। उनकी मूलभूत समस्याओं को पहचानना ज़रूरी है। बड़ी-बड़ी वैचारिक बातें बहुत दूर की चीज़ हैं।

दलित समुदाय के बीच काम करते हुए उनके बीच भी जातिभेद की गहरी दीवारें दिखायी दीं तो समझ आया क्यों दलित और पिछड़ा समाज सामाजिक अन्याय के ख़िलाफ़ एक बड़ी शक्ति के रूप में नहीं खड़ा हो सका। हमारे एक साथी जो रजक समाज से थे, बहुत पढ़े-लिखे थे... उन्होंने एक विवाह प्रस्ताव को इसलिए ठुकरा दिया कि वे मथुरिया हैं और लड़की वाले कनौजिया हैं। (यद्यपि दोनों एक ही समाज के हैं)।

उन दिनों मैं युवा संगठन में काम कर रही थी और दलितों के बीच भी हम संगठन बना रहे थे। दंगों के दौरान, एक ज़माने में दलित समाज के लोगों ने बीच में आकर अल्पसंख्यक समुदाय के लोगों की जान बचायी थी। उन्होंने दंगाइयों को अपने मुहल्ले से होकर जाने नहीं दिया था, हालाँकि कुछ सालों बाद स्थितियाँ बदल गयीं। हमने पाया कि जाटव समुदाय के लोग वाल्मीकियों के साथ बैठने को भी तैयार नहीं। उन्हीं दिनों एक प्रकरण भी सुनने को मिला। जाटव समुदाय की एक लड़की ने वाल्मीकि समाज के एक लड़के के साथ भागकर शादी कर ली। ऐसे प्रकरण अन्य समाजों में भी रोज़ सुनने को मिलते हैं। यहाँ गनीमत थी कि ऑनर किलिंग नहीं हुई। लेकिन अपने समाज में उसकी भरपूर प्रताड़ना हुई और नतीजा यह कि वह कभी अपने मायके नहीं आ सकी। उसके परिवार के सम्मान का मामला था। ऐसी ढेर सारी घटनाओं से रू-ब-रू होने का मौक़ा मिला। बाद में ये सब प्रकरण मेरी अनेक कहानियों और उपन्यास 'अपनी सलीबें' का हिस्सा बने। आज दलित समुदाय में भी धार्मिकता तथा रीति-रिवाजों का अधिक ज़ोर दिखायी

देता है, रात्रि जागरण हो, काँवर यात्राएँ हों या कथा प्रवचनों में भागीदारी हो। सुप्रसिद्ध समाजशास्त्री एम.एन. श्रीनिवास ने वर्ण विभाजित समाज में संस्कृतीकरण की प्रक्रिया का सटीक विवेचन किया है। वर्ण विभाजित समाज में जहाँ श्रेष्ठता के आधार पर जातियाँ पदानुक्रम में हों, संस्कृतीकरण का प्रभाव इसी तरह ऊपर से नीचे की दिशा में होता है।

वाल्मीकि समाज के कुछ पढ़े-लिखे, अपेक्षाकृत सम्पन्न लोगों ने बताया कि वे मूलतः राजपूत वंश के हैं। यह नया इतिहास उनके कुछ नेताओं ने उन्हें बताया था कि उन्हें सबसे नीचे पायदान पर धकेलने का काम मुग़लों के शासनकाल में हुआ जब पराजित राजपूत सैनिकों को मुग़लों ने अपने महलों के अन्दर मैला उठाने के लिए मजबूर किया। हमने सोचा कि भला हुआ जो बाबा साहेब भीमराव अम्बेडकर को यह 'नया' इतिहास मालूम नहीं हुआ और वे जीवन पर्यन्त भारतीय समाज की वर्णवादी सामाजिक व्यवस्था के ख़िलाफ़ संघर्ष करते रहे और दलित समुदाय को जागरूक करते रहे।

पिछली सदी के अन्तिम दशक में भारत ज्ञान विज्ञान समिति से जुड़ाव हुआ। समिति के गाँवों में होने वाले कार्यक्रमों तथा साक्षरता अभियान ने भी बड़े सामाजिक सबक सिखाये। उस समय सरकारी स्तर पर पूरे भारत में साक्षरता अभियान ज़ोरों पर था कि कोई निरक्षर न रहे, बच्चों का अनिवार्य पंजीकरण हो स्कूलों में। इसी के साथ बाद में 'मिड डे मील' कार्यक्रम जोड़ा गया। इस सरकारी अभियान में भारत ज्ञान विज्ञान समिति जैसी ग़ैर-सरकारी संस्था का महत्त्वपूर्ण योगदान रहा और नयी सदी के आरम्भ में साक्षरता दर में बहुत बढ़ोतरी हुई। भारत के मानव संसाधन मन्त्रालय ने ग़ैर-सरकारी संस्थाओं का सहयोग लेकर इस योजना को कार्यरूप दिया। अर्जुन सिंह उस समय केन्द्र में मानव संसाधन विकास मन्त्री थे। 1991 में 52 प्रतिशत से 2001 में यह आँकड़ा लगभग 65 प्रतिशत पहुँचा।

अलीगढ़ यूनिवर्सिटी इस कार्यक्रम को शुरू करने वालों में अग्रणी थी। यहाँ बाकायदा प्रौढ़ एवं विस्तारित शिक्षा का कार्यक्रम शुरू हुआ जो बाद में एक विभाग बना। सरकारी कार्यक्रमों के साथ भागीदारी से शुरू हुई योजनाएँ बाद में 'प्रौढ़ एवं विस्तारित शिक्षा केन्द्र' द्वारा दूर-दूर तक फैलीं। यूनिवर्सिटी के आसपास का इलाक़ा ग़रीब बस्ती के रूप में हुआ करता था जहाँ की अस्सी फ़ीसदी आबादी निरक्षर थी। यह चिराग तले अन्धेरा जैसी बात थी। शुरुआती कार्यक्रमों में अंग्रेज़ी विभाग के डॉ. रज़ा इमाम इसके समन्वयक थे। बाद में यूनिवर्सिटी ग्रांट कमीशन

से सहायता मिली तो स्वतन्त्र केन्द्र के रूप में मेरी मित्र डॉ. सीमा मसूद इसकी डायरेक्टर बनीं। भारत ज्ञान विज्ञान समिति ने बहुत लंबे समय तक इस केन्द्र के साथ काम किया।

यूनिवर्सिटी के आसपास के स्लम इलाक़ों में साक्षरता की योजना बनी। कई दिन वहाँ गलियों में घूम-घूमकर, लोगों से सम्पर्क किया और मीटिंग की तैयारी की। एक गली में जहाँ चौक जैसा एक मैदान था, वहाँ सफ़ाई कराके, दरी बिछाकर मीटिंग हुई। ऐसे तीन-चार स्थल तलाशे गये। महिलाएँ-लड़कियाँ आयीं। उनमें कुछ घर पर रहकर और कुछ बाहर निकल कर छोटे-मोटे काम करती थीं। मीटिगें सफल रहीं। लोग ख़ासे उत्साहित दिखे। रोज़ दो-तीन घण्टे का साक्षरता कार्यक्रम बना। ज़रूरत के मुताबिक विशेष पुस्तिकाएँ तैयार की गयी थीं जो उस उम्र के लोगों की समझदारी के अनुरूप थीं। पहला पढ़ाई का दिन उत्साहजनक रहा। फिर दूसरे दिन से उपस्थिति नगण्य। घर-घर जाकर उन्हें बुलाना पड़ता। चौथे दिन एक महिला ने जो कहा वह हमें आईना दिखाने जैसा था— 'ऐ बीबी! ये किताबिया पढ़ कर हम का करेंगे। घण्टा-दो घण्टा बैठकर कुछ काम करें तो कमाई होगी। जे अलिफ़ बे पढ़कर का होगा।' बाकी भी उसके समर्थन में खिल्ल-खिल्ल हँसने लगीं।

हमारी समझ में आया। उनके लिए गिनती या अक्षर लिखना-पढ़ना बाद की चीज़ थी। पहला सवाल रोज़ी-रोटी का था। हमने अब कार्यक्रम की रूपरेखा बदली। साक्षरता के साथ-साथ सिलाई-कढ़ाई की ट्रेनिंग का काम शुरू किया गया। अब पहले सिलाई की क्लास होती, फिर पढ़ाई-लिखाई। आगे दोनों कार्यक्रम साथ चले। सिलाई-कढ़ाई के निर्देशों के लिए भी गिनती और अक्षर ज्ञान ज़रूरी था। इसके साथ ही स्वास्थ्य और खान-पान, साफ़-सफ़ाई पर भी बातें शुरू हुईं। बाद में यूनिवर्सिटी के प्रौढ़ शिक्षा केन्द्र में व्यावसायिक शिक्षा की अनेक कक्षाएँ शुरू हुईं। आसपास के इसी स्लम से आने वाली कितनी लड़कियों ने प्रारम्भिक साक्षरता के बाद यहाँ कोचिंग कक्षाओं में आना शुरू किया और प्राइवेट हाईस्कूल तथा आगे की पढ़ाई की। दो-तीन लड़कियों ने तो एम.ए. भी कर लिया।

जिस तरह लखनऊ की चिकनकारी का काम मशहूर है, यहाँ अलीगढ़ में ख़ास तरह का एप्लिक वर्क (पैच वर्क) का काम होता है जिसे पत्ती का काम कहते हैं। यहाँ के पत्ती के काम की पोशाकें दूर-दूर तक जाती हैं और उनकी बहुत माँग है। बड़े-बड़े प्रोफ़ेसरान की बीवियाँ तथा सम्भ्रान्त महिलाएँ इस व्यवसाय में हैं। गली-कूचों में रहने वाली साक्षर या निरक्षर ग़रीब महिलाओं के हुनर की बदौलत ही यह

व्यापार चल रहा है। साक्षरता केन्द्रों में भी पढ़ाई के साथ जरूरतमन्द महिलाओं को इसकी ट्रेनिंग दी गयी।

भारत ज्ञान विज्ञान समिति के माध्यम से हमने गाँव-देहात में सिर्फ़ साक्षरता ही नहीं, कौशल प्रशिक्षण के कार्यक्रम भी चलाये। औरतों के बीच शिक्षा के लिए, सामाजिक सद्भावना और धार्मिक अन्धविश्वासों के ख़िलाफ़ जागरूकता के लिए भी लगातार कार्यक्रम चले। हमारे कुछ साथी वहाँ जादू के कार्यक्रम दिखाते जिसके माध्यम से ढोंगी बाबा लोगों द्वारा दिखाये गये चमत्कारों की पोल खोली जाती, जो जनता को ठगते हैं। शिक्षा प्रसार का मसला हो या औरतों की समस्याएँ हों, हम स्त्रियों के साथ पुरुषों को भी ज़रूर आमन्त्रित करते। हमारा मानना रहा है कि सामाजिक मुद्दे हों या घरेलू समस्याएँ, स्त्री-पुरुष दोनों की भागीदारी ज़रूरी है। परिवार की लड़की को गाँव की पढ़ाई के बाद आगे शिक्षा के लिए आग्रह करना हमारा काम था लेकिन इसके लिए पूरे परिवार को प्रेरित करना ज़रूरी होता।

अक्सर होता कि हम स्वास्थ्य और खान-पान जैसे विषय पर बात कर रहे होते लेकिन औरतों की अपनी ढेरों निजी समस्याएँ होतीं जिस पर वे हमसे चर्चा करना चाहतीं। एक भावनात्मक अन्तरंगता स्थापित करके ही हम उनका भरोसा अर्जित कर पाये थे। एक सामान्य समस्या घर के मर्दों के नशा करने और मारपीट करने की होती। मुझे याद है एक बार एक महिला सकुचाते हुए बोली—'बीबी, हम लोगन को कोई दिन की छुट्टी ना मिल सके?' क्या मतलब? हम समझे नहीं! उसकी व्यथा थी-'रोज़ रात को बदन चीथ देवे...इससे कोउ दिन की छुट्टी नांय!' यह उसके अपने पति के प्रति उद्गार थे। सारा दिन रसोई, बच्चे, भैंस का काम, गोबर उठाना, पानी लाना... फिर रात में शराबी पति द्वारा नोच-खसोट...। उसे चैन की, सुकून की दरकार थी। बरसों बाद निर्भया काण्ड के बाद जस्टिस वर्मा कमेटी ने 'मैरिटल रेप' (वैवाहिक बलात्कार) पर भी टिप्पणी की थी और उसे अपराध माना था। उस समय अनेक 'गणमान्य, विद्वान' लोगों ने भी इसका विरोध किया और इसे बकवास बताया था। संसद में भी ज़ोरदार बहस हुई थी। लेकिन सच यह है कि अन्दर झाँकने पर शायद अनेक घरों में ऐसी कहानियाँ मिलेंगी।

गाँवों की अनपढ़ घरेलू औरतों के बीच बैठने पर, उनके साथ रिश्ता बनाने के साथ ही हमें उनके साथ संवाद स्थापित करने का सलीका आया। हम उनकी बात समझ सकें और उन्हें कुछ समझा सकें। लेकिन उनकी अपनी ढेरों व्यक्तिगत समस्याएँ थीं कि हमारे पास उनके समाधान नहीं थे। एक सामान्य शिकायत जो

हर समूह में रही है वह उनके पति का रोज़ नशा करके आना और घर-बच्चों का जीवन नष्ट करना। नशाखोरी, विशेष रूप से अल्प आय वाले समूहों में जीवन की समस्याओं को कई गुना बढ़ा देती है।

नब्बे के दशक में भारत ज्ञान विज्ञान समिति के कार्यक्रमों में महिला स्वास्थ्य एक बड़ा विषय बना रहा। संयुक्त राष्ट्र की एक रिपोर्ट के अनुसार भी हमारे यहाँ औरतों के स्वास्थ्य और रक्ताल्पता (एनीमिया) पर चिन्ता प्रकट की जाती रही है, विशेषकर ग्रामीण क्षेत्रों में और गर्भवती महिलाओं में। इसी के साथ जुड़ी है नवजात शिशु मृत्युदर और मातृ मृत्युदर। संयुक्त राष्ट्र द्वारा इसे सुधारने के लिए 2015 का लक्ष्य तय किया गया था। सरकार की ओर से जो प्रयास शुरू किये गये उनमें मुख्य था संस्थागत प्रसव योजना और इसके प्रचार के लिए ग़ैर सरकारी संस्थाओं को जोड़ा गया। अलीगढ़ के कुछ प्रखण्डों में हमारी संस्था की ज़िम्मेदारी रही। बड़ी संख्या में हमारे वालंटियर जुड़े। घर-घर जाकर गर्भवती महिलाओं की जाँच-पड़ताल शुरू हुई, उनके नियमित चेकअप के कार्ड बनवाये गये तथा गाँव की 'आशा' कर्मियों के साथ उनका निरन्तर सम्पर्क बनाया गया। अलीगढ़ शहर में हमने 'हेल्प लाइन सेंटर' स्थापित किया जो चौबीसों घण्टे कार्यरत रहता तथा सभी स्वास्थ्य केन्द्रों से उसका सम्पर्क रहता। गर्भवती महिलाओं को प्रसव हेतु अस्पताल पहुँचाने के लिए वाहन की व्यवस्था हो, अन्य समस्या हो, यह सेंटर उचित व्यवस्था करता। महिला को स्वास्थ्य केन्द्र में जाना हो या मौके पर कोई अन्य व्यवस्था करनी हो, हमारे वालंटियर हमेशा तैयार रहते और अलीगढ़ ज़िला केन्द्र को भी सूचित करते। इसी दौरान हमें समझ आया कि गाँव या ब्लॉक के प्राथमिक स्वास्थ्य केन्द्र हों या सामुदायिक स्वास्थ्य केन्द्र, वे किस क़द्र शासन-प्रशासन की उपेक्षा का शिकार हैं वर्ना पुरानी सरकारों द्वारा बनाया गया स्वास्थ्य सेवाओं का ढाँचा तो अपने आपमें पूर्ण है लेकिन पर्याप्त सरकारी फंडिंग न होना तथा कार्यरत लोगों का अपनी ड्यूटी के प्रति मुस्तैद न होना इन्हें निरर्थक बना देता है। इस संस्थागत प्रसव योजना का काफ़ी हद तक क्रियान्वयन हुआ। 2015 में तय किया गया लक्ष्य तो नहीं पूरा हो सका लेकिन नवजात शिशु मृत्युदर के राष्ट्रीय आँकड़ों में खासी कमी दर्ज की गयी।

इस कार्यक्रम के दौरान भी हमें महिलाओं के साथ घुलने-मिलने का, उनकी न सिर्फ़ सन्तान सम्बन्धी बल्कि अन्य समस्याओं को समझने का मौक़ा मिला। परिवार नियोजन के लिए पुरुषों की असहमति बड़ी समस्या रही है। परिवार

में एक या दो से अधिक कन्याओं की उपस्थिति से भी परिवारी जन असहज महसूस करते। सन्तान की संख्या में केवल बालक गिने जाते रहे हैं, बालिकाएँ नदारद।

आज के राजनीतिक माहौल में सन्तति की सामाजिक अवधारणा भी हमारे सामने विचित्र रूप में आयी। यह समझा जाता रहा है कि बावजूद जाति-भेद की प्रबल धारणा के, एक गाँव का सामाजिक जीवन सहयोगपूर्ण और मेल-मिलाप का होता है। लेकिन इसके विपरीत एक बार अजीब स्थिति का सामना हुआ। इस शताब्दी के पहले दशक की बात है। अलीगढ़ के पास एक गाँव में मीटिंग थी। महिला स्वास्थ्य और बच्चों को अनिवार्य रूप से स्कूल भेजने का हमारा आग्रह उस कार्यक्रम का हिस्सा था। इसके अलावा उस गाँव के ग़रीब परिवारों के लिए कौशल प्रशिक्षण योजना के अन्तर्गत एक सिलाई स्कूल खोलने की योजना भी थी।

मीटिंग में बड़ी संख्या में महिलाएँ थीं और पुरुष भी थे। सभा की सदारत के लिए हमने ग्राम प्रधान जी को आमन्त्रित किया। उन्होंने सम्बोधन शुरू किया। बात करते-करते गाँव की समस्याओं पर आ गये। उन्होंने कहा कि 'और तो सब ठीक है। मुसलमानों की वजह से परेशानी है। उनके चार-चार बीबियाँ होती हैं और हर एक से दस-दस बच्चे...।'

हम स्तब्ध थे। क्या बोल रहे हैं वह...। मेरे साथ यूनिवर्सिटी के प्रौढ़ शिक्षा केन्द्र की डायरेक्टर डॉ. सीमा मसूद भी थीं। मैंने उनसे कहा कि आप सबसे बाद में बोलें। अभी तो मुझे बोलने दें। मैंने प्रधान जी का आभार माना, एक बड़ी समस्या से अवगत कराने के लिए। गाँव में बमुश्किल चार-पाँच मुस्लिम परिवार थे और वे एक कोने में रहते थे। मैंने कहा कि प्रधान जी के हिसाब से तो चालीस-बयालीस लोगों का परिवार होना चाहिए हर एक मुस्लिम का। हमें उनके घर चल कर पड़ताल करनी चाहिए और उन परिवारों को समझाना चाहिए। इस काम में प्रधान जी भी साथ चलेंगे। अब प्रधान जी चुप! ज़ाहिर है उन्होंने आज के ज़माने का चलताऊ मुहावरा बोल दिया, जो आज वोट की राजनीति की शब्दावली का एक हिस्सा बन गया है। मैंने एक उदाहरण दिया। सीमा मसूद के पिता जी और माँ दोनों अलीगढ़ यूनिवर्सिटी में पढ़ाते रहे। वे दो भाई-बहन हैं। मेरी माँ और पिता जी उस पिछली पीढ़ी के लोगों में थे, जब छोटे परिवार का विचार ही नहीं होता था। उनके बाद से अब दो पीढ़ियाँ निकल चुकी हैं। हम लोग छह भाई-बहन हैं। इसके अलावा, आज के समाज में तो जहाँ अशिक्षा होगी, ग़रीबी होगी वहाँ बच्चे ज़्यादा होंगे...।

बहरहाल, यह तो क़िस्सा रहा लेकिन बदलती राजनीति के साथ बदलती हवाएँ अब शहर, गाँव... हर समाज में बहने लगी हैं।

यह ज़रूर है कि साक्षरता के साथ महिला स्वास्थ्य, उन्हें आत्मनिर्भर बनाने और पढ़ाई के लिए उन्हें और उनके बच्चों को प्रेरित करने के लिए, साथ उठने-बैठने के जो मौक़े मिले तो अन्तरंग बातचीत के दौरान अपने दिल की बात कहने के लिए उन्होंने हिम्मत की। हमने भी उससे बहुत सीखा। यह अलग बात है, कि उनके बीच की बड़ी उम्र की महिलाएँ हमारा मज़ाक बनातीं। कभी कटाक्ष भी करतीं। लेकिन यह मानो औरतों की महफ़िल में अन्दरखाने की बात थी। शहर के कॉलेजों में उनकी लड़कियों के दाख़िले में हम मदद करते थे तो वे लोग सम्मान भी करते थे।

और अब एक दिलचस्प बातचीत जिसने हमारी जानकारी में बेहद इज़ाफ़ा किया।

अलीगढ़ जनवादी नौजवान सभा की अध्यक्ष के रूप में उन दिनों दलित समुदाय के लोगों के बीच मैं काम कर रही थी। उनके कार्यक्रमों में हम हिस्सेदारी भी करते थे। इसी बीच वाल्मीकि समाज के एक जाने-माने नेता के साथ बातचीत का मौक़ा मिला। मेरे साथ अलीगढ़ यूनिवर्सिटी के इतिहास विभाग के एक नौजवान प्रवक्ता डॉ. भंवर भादानी भी थे। हम दोनों नेता जी के घर पहुँचे जो बाल्मीकि बस्ती समनापाड़ा में रहते थे। नेताजी अलीगढ़ नगरपालिका के सदस्य रह चुके थे। सामाजिक क्षेत्र में सक्रिय वे राजनीतिक रूप से भी जागरूक थे। ख़ासी उम्र थी उनकी। लम्बा क़द, अच्छा स्वास्थ्य, बड़ी मूछें... प्रभावशाली व्यक्तित्व था। ऊँचा बड़ा मकान था उनका। सफ़ेद पत्थर लगे हुए। तीन-चार सीढ़ी चढ़कर मुख्य द्वार था। नीचे बेसमेंट जिसकी खिड़कियाँ सीढ़ियों के पास दिखायी देती थीं। परिवार से शुरू कर देश, समाज... उनसे लम्बी बातचीत हुई। उनकी चिन्ताएँ थीं, समाज के प्रति, अपने लोगों की स्थिति के प्रति। शिक्षा के प्रति वे जागरूक थे। लड़कियाँ तो नहीं पढ़ सकीं लेकिन उनकी पोतियाँ पढ़ रही थीं। बातचीत के दौरान मुझे लगा कहीं से आवाजें आ रही हैं। पता चला कि नीचे बेसमेंट में सूअर रहते हैं और वहीं से गुरुर्र-गुरुर्र की आवाज़ें आ रही हैं। मैंने पूछा 'इतने सारे सूअर... क्या करते हैं इनका?'

उन्होंने सूअर पालन के बारे में बताया, किस तरह यह व्यापारिक दृष्टि से फ़ायदेमन्द है और आर्थिक संबल है वाल्मीकि समाज का। सूअर की चर्बी से घी निकाला जाता है, यह हमें मालूम था लेकिन वह बाज़ार में बिकता है ...

यह सूचना नयी थी।

'कौन खरीदेगा सूअर की चर्बी...?' मैंने अविश्वास से पूछा।

'क्यों? घी-तेल के व्यापारी...और कौन!'

'अरे नहीं! यह तो अशुद्ध माना जाएगा...।'

नेताजी अपनी मूछों में मुस्कराए थे, 'देखिए कभी रात में आकर बहन जी... कनस्तर भर-भर के जाता है...।'

मुझे मुँह बाये ताकते देखकर फिर बोले, 'भरोसा ना हो तो कभी आ जाओ रात को...व्यापार है बहन जी, व्यापार... और हँसने लगे।

मैं सोच रही थी, कहावत है कि युद्ध और प्रेम में सब जायज़ है। ऐसे ही व्यापार में भी सब जायज़ है।

जीवनशाला

जीवन की असली पाठशाला तो अलीगढ़ ही बनी। पहले-पहल लखनऊ से अलीगढ़ आने पर मुझे लगता था कि एक सुसंस्कृत शहर से उठकर मैं किसी असभ्य जगह आ गयी हूँ। टीकाराम कॉलेज, वहाँ का कैंपस...वह सब तो ठीक था लेकिन आगे... शहर की ओर जाने पर वहाँ के बाज़ार, सड़कें। मुख्य मार्ग के बीच रेलवे क्रॉसिंग और वहाँ हर वक़्त की भीड़, ठेलमठेल। इसी मुख्य मार्ग पर ऑयल मिल जिससे निकलता धुआँ और वातावरण में छायी अजीब-सी तीखी गन्ध। यह किसी कस्बे का रंग-रूप हुआ करता था। यूँ ब्रज की बोली की अलग मिठास है, लेकिन लोगों का अन्दाज़ लठमार। मैं सोचती कि कैसे लोग हैं...बोलने की तमीज़ नहीं। तकल्लुफ़ तो कोसों दूर। शुरू-शुरू की बात है। एक बार किसी आयोजन में जाना हुआ। चाय-पार्टी थी। सबके सब मेज़ पर ऐसे टूटे कि हम तो दूर खड़े...गुबार ही देखते रहे...और जब भीड़ हटी तो मेज़ साफ़। अक्सर ऐसे मौक़ों पर चाय तक नसीब न होती। कॉलेज के स्टाफ़ क्वार्टर में साथ की टीचरों ने कहा कि ऐसे लखनउवा तकल्लुफ़ में तो हमेशा भूखी रहोगी। यहाँ चलन नहीं है इसरार करने का...। सो शुरू के दो-तीन साल तो निकल गये अलीगढ़ के रंग-रूप को देखने-समझने में। फिर यूनिवर्सिटी की ओर रुख हुआ। वहाँ के लोगों से मुलाक़ात, आना-जाना हुआ तो अलीगढ़ की दूसरी तस्वीर भी नज़र आयी। लगा अलीगढ़ शहर और अलीगढ़ यूनिवर्सिटी दो अलग चेहरे हैं...मिजाज़ में बिल्कुल अलग लेकिन जुड़वाँ। एक ओर वणिक संस्कृति की प्रधानता है यानी व्यापारियों का शहर है। दूसरी ओर यूनिवर्सिटी जिसकी तहज़ीब, बोलीबानी और रिश्तों का रख-रखाव एकदम अलग है। एक बार आप परिसर में दाख़िल हो गये, वक़्त गुज़ार लिया तो हमेशा के लिए अलीगढ़-बिरादरी का हिस्सा बन गये। दुनिया के किसी हिस्से में हों, अलीगढ़ का बिरादराना भाईचारा हमेशा मिलेगा। जाति, धर्म यहाँ तक कि विचारधारा से भी परे 'अलीगेरियन' का रिश्ता हमेशा कायम रहता है—यह बात अलीगढ़ यूनिवर्सिटी का हिस्सा बने नहीं समझी जा सकती, मैंने

शिद्दत से महसूस किया। ऐसा नहीं कि वहाँ झगड़े न होते हों, भिड़न्त न होती हो। विचारधारा के आधार पर या क्षेत्रीयता के आधार पर राजनीति भी होती। अध्यापक संघ के चुनाव हों या उच्च स्तरीय कमेटियों के या स्टूडेंट यूनियन के चुनाव हों, यह रूप अक्सर दिखाई देता।

कुँवरपाल हिन्दी विभाग में थे। ये यूनिवर्सिटी की राजनीति और गतिविधियों में अग्रिम पंक्ति में रहने वालों में थे। जब वे घर पर होते तो भीड़-सी लगी रहती। बाद में हम लोग सात-आठ साल मेडिकल कॉलेज कैंपस के यूनिवर्सिटी स्टाफ क्वार्टर में रहे। वहाँ अधिकतर मेडिकल कॉलेज के टीचर ही रहते हैं। टेक्नीकल स्टाफ़ क्वार्टर और चतुर्थ श्रेणी के क्वार्टर अलग थे और नर्सेज़ क्वार्टर अलग। यहाँ तो हम लोग यूनिवर्सिटी टीचरों से घिरे हुए थे। सो हर वक़्त घर में जमावड़ा रहता। इस मेडिकल कॉलेज कैंपस में ग़ैर-मुस्लिम टीचर आठ-दस ही थे। होली-दीवाली घर पर इतनी भीड़ रहती कि लगता जैसे शादी-ब्याह का मौक़ा हो। बहुत अच्छा लगता। कैंपस सचमुच मिली-जुली संस्कृति का अद्‌भुत नमूना रहा है। होली के मौक़े पर होलिका-दहन के लिए सभी इकट्ठा होते तो रंग भी खेला जाता। यहीं रहकर दूसरे समुदाय के लोगों के बीच रहना, खाना सीखा। एक दूसरे के सुख-दुःख में शामिल होना सीखा, उनकी संस्कृति-तहज़ीब से रू-ब-रू होकर उनके दिल-दिमाग़ को पहचानना, पढ़ना सीखा। मैं अक्सर कहती हूँ कि हम चीन, जापान, अमेरिका और न जाने कहाँ-कहाँ के लोगों के बारे में, उनका रहन-सहन, रीति-रिवाज़ के बारे में जानते हैं–पहचानते हैं लेकिन अपने पड़ोस के बारे में अनजान रहते हैं। अजीब-अजीब-सी धारणाओं, कल्पनाओं और पूर्वाग्रहों से भरे उनकी जाने कैसी-कैसी पहचान करते हैं।

अलीगढ़ में लोगों के बीच रहने, काम करने के दौरान जो जाना–समझा वह सचमुच ज़िन्दगी की पढ़ाई थी। यह समाज शास्त्रीय ज्ञान किताबों में, लेक्चर रूम में नहीं मिलता। यहाँ दो धाराओं के बीच अलगाव भी दिखाई दिया जिसके दोनों केन्द्र मेरे दायें-बायें थे। शहर में स्थित टीकाराम कॉलेज अगर सोच का एक छोर था तो कुँवरपाल के मार्फत विश्वविद्यालयी सान्निध्य दूसरा था। मैं 1966 में जब कॉलेज आयी तब वहाँ दो मुस्लिम और तीन ईसाई टीचर थीं। यूँ माहौल बहुत अच्छा, मेल-जोल वाला था। बाद में ये संख्या बढ़ी जब नौवें दशक में उच्च-शिक्षा आयोग बना और उसके द्वारा नियुक्तियाँ होने लगीं। हमारा कॉलेज शहर के एक प्रतिष्ठित व्यवसायी परिवार द्वारा स्थापित और संचालित होता रहा है। लम्बे समय तक कॉलेज की प्रबन्ध समिति की सचिव रहीं शहर की प्रतिष्ठित जानी-मानी स्त्री रोग विशेषज्ञ

जो इसी परिवार से थीं। 1974 में एक बार जब हिन्दू-मुस्लिम झगड़ा हुआ तब दंगों की घटनाएँ आम नहीं हुई थीं। हिन्दू मुहल्लों और उससे सटे मुस्लिम मुहल्लों में पीड़ितों की ख़बरें आयी थीं। हमारे कॉलेज की टीचर्स एसोसिएशन ने भी चंदा इकट्ठा कर पीड़ितों तक पहुँचाने का प्रस्ताव किया। तभी कुछेक टीचरों ने चेताया कि राहत सामग्री हिन्दू मुहल्लों में ही बाँटनी चाहिए। सुनकर अजीब-सा लगा। कैसे कोई इस तरह की बात कह सकता है। तब आज जैसा बेधड़क, संवेदनहीनता वाला माहौल आमतौर पर नहीं था। बातचीत में, भाषा में संयम या कहें तकल्लुफ़ तो हुआ ही करता था। यूँ बाद में अलीगढ़ को 'दंगों का शहर' जैसा खिताब भी मिल ही गया।

मेरे लिए यह अनुभव नया था। लखनऊ में सत्तर के दशक के मध्य तक, जब तक मैं रही, ऐसे साम्प्रदायिक दंगे नहीं हुए। राजनीति के स्तर पर दलों में झगड़े देखे थे। कॉलेज के विद्यार्थियों के साथ और दो-तीन बार लखनऊ यूनिवर्सिटी के छात्रों के साथ पुलिस की बड़ी-बड़ी झड़पें देखी थीं जिसके कारण शहर अशान्त हुआ और कुछ इलाकों में कर्फ़्यू भी लगा। हाँ! मुहर्रम के दिनों में जब जुलूस निकलता तब अक्सर शिया-सुन्नी में बवाल हो जाता था। पुराने लखनऊ के चौक क्षेत्र में पाटानाला मुहल्ले में अक्सर शिया हज़रात के जुलूस पर पथराव हो जाता। एक ज़माने में यह लगभग हर साल का कार्यक्रम था। वहाँ हिन्दू-मुस्लिम दंगा तो शायद पहली बार अडवाणी जी की रथयात्रा के बाद ही हुआ। वह भी उसी चौक इलाक़े में जहाँ सघन रिहाइश है और मिश्रित आबादी है। एक ज़माना बीता, ये घटनायें नहीं हुई हैं। हाल-फिलहाल के संघर्ष और घटनाएँ नये राजनीतिक मुहावरे और जनता को ध्रुवीकृत करने के इरादे से हुई हैं जो सामाजिक ताने-बाने को कमज़ोर करने की कोशिश है।

बहरहाल, बात तो अलीगढ़ की हो रही है। सातवें-आठवें दशक तक जब यहाँ हिन्दू-मुस्लिम दंगे जैसी घटनाएँ हुईं उनके पीछे अधिकतर व्यावसायिक कारण हुआ करते थे। परस्पर प्रतिद्वन्द्विता वजह होती थी। दरअसल टकराव की स्थितियाँ तभी पैदा होती हैं जब दोनों पक्ष लगभग बराबरी में हों। अलीगढ़ ज़िले में आबादी के लिहाज़ से लगभग एक तिहाई मुस्लिम आबादी है। अनेक पुराने नवाब और रईस खानदान हैं। अलीगढ़ शहर में निश्चित रूप से यह संख्या एक तिहाई से अधिक है। अलीगढ़ यूनिवर्सिटी के कारण यहाँ एक बड़ा तबका पढ़ा लिखा है, उच्चशिक्षा प्राप्त है। ख़ासा बड़ा मध्य वर्ग है। छोटे, कुशल कारीगरों की बात छोड़ दी जाये तो ढेर सारे लोग ताला, पीतल उद्योग में हैं, व्यापारी भी हैं। अक्सर छोटे-मोटे दंगों के दौरान रेलवे रोड के मुख्य मार्केट में लक्ष्य करके मुसलमानों की दुकानों में आग भी

लगा दी जाती थी और ऐसे ही मुस्लिम बहुल शमशाद मार्केट के पास हिन्दू दुकानों को नुकसान पहुँचाया जाता था। मैं इन घटनाओं से कुछ ज़्यादा ही परेशान हो जाती थी। एक ही समय में दो तरह की विरोधाभासी बयानबाजी भी हुआ करती। कॉलेज में झगड़े-बवाल के बारे में कुछ सुनाई देता। घर आती, कुँवरपाल जो बताते और यूनिवर्सिटी के लोगों के माध्यम से जो पता चलता वह बिल्कुल अलग कहानी होती। पसोपेश की स्थिति होती। सही-ग़लत के बीच डाँवाडोल। एक आदत रही है सत्य जानने की, बात की तह तक पहुँचने की। यूँ, देखा जाये तो मेरा कुछ लेना-देना नहीं था, लेकिन झगड़े की हिंसक वारदातें परेशान तो करती ही थीं। क्यों हुआ... किसने किया...कैसे हुआ...जैसे सवाल रहते ही थे। जवाब जितने लोगों से सुनो तो अलग-अलग तस्वीरें। दिलचस्प यह कि हर किसी का 'आँखों देखा' हाल ही होता। वो समय था और आज का दिन, चार दशक से अधिक हो गया, कभी किसी के कहे पर भरोसा नहीं किया। मैं कहा करती थी कि भगवान भी आकर कुछ बयान करे तो मैं विश्वास नहीं करूँगी जब तक ख़ुद न जाँच लूँ। तय किया कि ऐसे मौक़ों पर वास्तविकता क्या है—खुद पता लगाना है...जिनके मसले हैं उनसे ही मिलना है...जहाँ घटना हुई उसी जगह सच्चाई तलाश करनी है...और इस निश्चय के साथ पत्रकारिता-लेखन भी शुरू हुआ। प्रभावित जगह पर जाकर देखना, लोगों से पहली सूचनाएँ लेना, वहीं बातचीत कर सच्चाई प्रमाणित करने की कोशिश करना और तब रिपोर्ट बनाना...एक आदत में शुमार हो गया। उस वक़्त यह काम न किसी के कहने पर, न किसी को दिखाने के लिए किये गये, हालाँकि सभी रिपोर्ट पत्र-पत्रिकाओं में छपती रहीं। लेकिन मकसद अपने को सन्तुष्ट करना और सच्चाई लोगों तक पहुँचाना था। मुझे लगता कि संघर्ष और हिंसा के माहौल में अगर भ्रम की स्थिति है, लोगों में भय व्याप्त है, अफ़वाहें ज़ोरों पर हैं तो इससे सभी का नुकसान है। पत्रकार के रूप में रिपोर्ट बनाने का काम इसी मकसद से शुरू हुआ। जब ऐसी स्थितियां बनतीं मैं जल्दी-से-जल्दी वहाँ पहुँचने की कोशिश करती। जोखिम भी बहुत उठाये। बाद में ये प्रकरण, ये घटनाएँ मेरी अनेक कहानियों का आधार भी बने। थोड़ा मुझे संकोच भी था। लगता ये बातें तो सब जानते ही होंगे–मैं क्या कुछ नया कह रही हूँ। फिर लोगों से बातचीत करने में लगता कि अधिकतर लोग प्रचलित भ्रान्ति को ही सच मानकर चलते हैं। अफ़वाहें अक्सर राजनीतिक हितपोषण के लिए प्रचारित होती हैं या अपने संस्कारों, पूर्व धारणाओं द्वारा पोषित होती हैं। दरअसल, सत्ता और राजनीति के खेल और दंगे आपस में ऐसे जुड़े होते हैं कि इन्हें अलग करना मुश्किल है। यह अपने

समय का सामाजिक यथार्थ है जिसे साहित्य का विषय बनाना ही होता है। साहित्य सामाजिक ज्ञान का ही एक स्वरूप है। रिपोर्ट और घटना-विवरण सामाजिक होते हैं, तात्कालिकता प्रधान होते हैं। साहित्य समय की धरोहर है जो दस्तावेज़ बन जाता है। यह अलग बात है कि पर्त-दर-पर्त उसे अन्वेषित करना पड़ता है।

इसीलिए जब ऐसी परिस्थितियाँ आयीं, राजनीति और समाज के सन्दर्भ में, मैंने हमेशा कहा कि जो ऊपर से दिखायी देता है वह पूरा सच नहीं होता और जो सच होता है वह अक्सर दिखता नहीं। इन परिस्थितियों से मेरी पहली मुठभेड़ 1978 में हुई। हुआ यह कि एक हिन्दू व्यवसायी ने एक सिनेमा हॉल बनवाया, ख़ासे व्यस्ततम इलाक़े में लेकिन हॉल को चालू करने के लिए अनापत्ति प्रमाणपत्र (नो ऑब्जेक्शन सर्टिफिकेट) नहीं मिला क्योंकि नियमानुसार सिनेमा हॉल के पिछवाड़े की ओर भी बाहर निकलने के लिए एक रास्ता होना चाहिए। अब दायें-बायें तो जगह थी नहीं, पिछवाड़े की ओर एक पतली गली थी। दिक़्क़त गली से नहीं थी लेकिन गली से लगी आबादी थी, एक छोटा मोहल्ला था जिसमें छोटे-छोटे मकान थे। ज़्यादातर रिक्शे वाले या अन्य मज़दूरी करने वाले ग़रीब लोग रहते थे। बाहर, गली में नाले के ऊपर चारपाइयाँ, खटोले डाले लोग सँकरे मकानों की भरपाई गली से ही करते थे। अब गली से सिनेमा हॉल के लिए रास्ता निकालने का मतलब था वहाँ के बाशिन्दों से वह जगह खाली कराना। यूँ वहाँ मिश्रित आबादी थी लेकिन मुसलमानों की तादाद ज़्यादा थी। वह जगह ख़ाली करने के प्रयासों का वहाँ के हिन्दू-मुसलमान दोनों ने मिलकर विरोध किया। आख़िर वे लोग भी कहाँ जाते। वहाँ जो कुछ हो, सर पर छत तो थी।

तभी एक घटना घटी। पास के एक मुहल्ले में रात को भूरा पहलवान नामक एक हलवाई की हत्या हो गयी। दुकान समेटकर वह घर जा रहा था। सम्भवत: लूट या आपसी रंजिश का मामला था। इस घटना को लेकर दो दिन तक बयानबाज़ी होती रही और फिर झगड़े शुरू हो गये। ख़बर आयी कि बन रहे सिनेमा हॉल वाली गली में तीन हत्याएँ हो गयी हैं, दंगाई घर में घुसे, मारकाट हुई और डर के मारे सब इधर-उधर भाग गये। हम वहाँ गये तो देखा कुछेक घरों के दरवाज़े टूटे थे। आग भी लगायी गयी थी। एक मकान में जहाँ ईंट की एक दीवार थी, वहाँ लगता था किसी को खड़े-खड़े जला दिया गया। एक घर की कोठरी में आटा बिखरा था और बर्तन उलटे थे। लगता था कि खाना बन रहा था जब हमला हुआ। यह भी सच था कि तीन लोग जो मरे सभी मुस्लिम थे।

लगभग एक महीने बाद जब शहर सामान्य हुआ तब पता चला कि गली के लोग जगह छोड़कर जा चुके हैं। हाँ, उसी बस्ती के दो लोग गार्ड की नौकरी पा गये,

उसी टॉकीज़ में। कहना न होगा कि दोनों हिन्दू ही थे। यह बड़ा दंगा मेरी जानकारी में व्यावसायिक कारण से ही हुआ था, हालाँकि देखने में यह भूरा पहलवान की हत्या से जुड़ा था। बहुत बाद में इसी घटना को आधार बनाकर 'राजा का चौक' कहानी लिखी गयी।

दरअसल, शहर का भीतरी इलाका मिली-जुली आबादी का तो है, लेकिन मुहल्ले जिनकी बनावट संकेन्द्रित घेरों की है, बँटे हुए हैं। एक पक्ष के लोगों को मुख्य सड़क तक आने के लिए 'दूसरों' के मुहल्ले से होकर जाना ही पड़ता है। एक मुहल्ले के घरों से दूसरे मुहल्ले के घरों की छतें और छज्जे दिखायी पड़ते हैं।

इन अलग-अलग मुहल्लों में रहने वालों के जीवन-स्तर में भी फ़र्क़ साफ़ दिखायी देता है। मुस्लिम आबादी अधिकतर अनपढ़ या मामूली कामगार वर्ग की रही है, वहीं हिन्दू मुहल्लों में भी घर होते तो सँकरी गलियों में हैं लेकिन लोग ख़ासे पढ़े-लिखे, नौकरी पेशा होते या व्यापार में लगे होते हैं। इसलिए सामाजिक स्तर में भी फ़र्क साफ़ दिखायी देता है। इसके अलावा आशंका और सन्देह से उपजे भय का माहौल भी बना रहता है। हिन्दू मानकर चलते हैं कि मुसलमान गोश्तखोर होते हैं—उनमें दया-माया नहीं होती, इनके घरों में बड़े-बड़े छुरे-चाकू होते हैं और ये कभी भी हमलावर हो सकते हैं। इसलिए घरों में बचाव के साधन जैसे पत्थर, ख़ाली बोतलें आदि छतों पर हमेशा रहते। मुसलमान सोचते कि हिन्दू साधन-सम्पन्न हैं, रसूख वाले हैं सो हमेशा सावधान की मुद्रा में रहते। जब कोई झगड़े की सुगबुगाहट हुई, हिन्दू इलाक़ों की छतों से 'अग्निबाण' मुस्लिम घरों पर बरसने लगते। बदले में पलटकर पत्थरबाज़ी के अचूक निशाने लगते। ठेले चलाने वाले गली के मुहाने पर ठेले खड़े कर देते ताकि 'हमलावर' गली के भीतर घुस न सकें।

नब्बे के दशक तक होने वाले दंगों का कारण आर्थिक भी हुआ करता था। परस्पर व्यावसायिक प्रतिद्वन्द्विता होती। सँकरी गली में चल रहे व्यापार को या घर को विस्तारित करने के लिए पड़ोसी को वहाँ से भगा देना इष्ट होता। अब ज़ाहिर है जहाँ बहुसंख्यक आबादी होगी, रसूख वाले लोग होंगे उनका पलड़ा भारी रहेगा। उस ज़माने में एक नेता जी कृष्ण कुमार नवमान की बड़ी धूम थी। मानिक चौक के भीड़ भरे चौराहे के पास सँकरी गली रतनलाल में इनका बड़ा सा मकान था। बारहसैनी वणिक समुदाय के नवमान जी का नाम उस समय हर फ़साद के वक़्त आ जाता। ये काग़ज़ के व्यापारी थे। घर के भीतर ही प्रिंटिंग प्रेस लगा लिया था और प्रकाशन का काम चलता था। एक बार इनके एक मुस्लिम पड़ोसी जिनका पिछवाड़ा इनके घर के पीछे से मिला था, शिकायत कर रहे थे कि ये लोग उन्हें वहाँ

से भगाना चाहते हैं ताकि उनके घर का विस्तार हो सके जो उन्हें उनके व्यापार के लिए ज़रूरी लगता था। बहरहाल, कुछेक साल बाद वे सज्जन स्वयं मकान बेचकर अन्यत्र 'अपने लोगों के बीच' चले गये।

नवमान जी कभी हिन्दूसभा तो कभी पुराने जनसंघ में शामिल हो जाते। वैसे तीन बार वे अलीगढ़ शहर से भाजपा के विधायक रहे। अलीगढ़ में दिसम्बर 1992 में नहीं बल्कि दिसम्बर 1991 में भयानक दंगे हुए। उस समय भी नवमान जी विधायक थे। एक बात और! यह तयशुदा था कि जब कभी दंगे का माहौल बना, मुस्लिम मुहल्लों के आसपास के इलाकों में रात को नारे सुनाई देते– 'कटुओ-पाकिस्तान जाओ...।' वहाँ की दीवारों में भी रातो-रात यही लिखा मिलता। हमने भी कई बार ऐसे नारे लिखे देखे। ये नारे कब लिखे गये- किसने लिखे...वहाँ के लोगों का कहना था कि कर्फ़्यू के दौरान कौन लिख गया, पता नहीं। यह तो हुई शहर के भीतरी इलाक़े की बात जो हर फ़साद के समय हुआ करती थी। 1991 के दंगों के समय जब स्कूल-कॉलेज तो क्या पूरा शहर एक महीने के क़रीब बन्द रहा, ये नारे अपने कॉलेज के भीतरी दीवारों पर भी हमने देखे। अलीगढ़ शहर के सभी डिग्री कॉलेज आगरा विश्वविद्यालय से सम्बद्ध हैं। उस समय प्रोफ़ेसर हबीबुर्रहमान, आगरा यूनिवर्सिटी के वाइस चांसलर थे। उनकी अस्थायी नियुक्ति थी। पढ़े-लिखे, शालीन व्यक्ति थे और पूर्व में अलीगढ़ यूनिवर्सिटी में प्रोफ़ेसर रहे थे। उस दौरान-कटुवा कुलपति वापस जाओ-जैसे नारे कॉलेज कैंपस में रहने वाले लोगों ने ही लिखे होंगे। अब तो ऐसा लगता है कि प्रबुद्ध कहलाए जाने वाले, शिक्षा और शिक्षण से जुड़े लोग भी दिमाग़ी सन्तुलन खोकर सिर्फ़ हिन्दू और मुस्लिम में तब्दील हो रहे हैं।

नवमान जी का व्यक्तित्व दिलचस्प था। उनकी राजनीतिक-सामाजिक गतिविधियों में उनके बड़े बेटे का पूरा सहयोग रहता जो युवा वर्ग का नेता था। अलीगढ़ में दिसम्बर 1991 से कई महीने पहले से माहौल बनाया जा रहा था। हाल-फ़िलहाल की घटना में नेता डॉ. मुरली मनोहर जोशी की यात्रा और मीटिंग रही जिसमें 'चलो अयोध्या' नारे से जोश भरा गया था। उस ज़माने में महिला नेत्री उमा भारती और ऋतम्भरा के उत्तेजक भाषणों के कैसेट्स भी वितरित हो रहे थे। अफ़वाहों से भरे नित नये पर्चे शहर में बँट रहे थे। समाचार पत्रों की भूमिका बिल्कुल आज के गोदी इलेक्ट्रॉनिक मीडिया जैसी हो गयी थी। यह प्रकरण तो विस्तार से अन्यत्र बखान करने वाला है। यहाँ नवमान जी के सन्दर्भ में इतना कहना काफ़ी है कि सिर्फ़ कल्पना के आधार पर...शरारतन उन्होंने मेडिकल कॉलेज के बारे में अख़बारों में ऐसा बयान दे डाला जिसे कहते हैं दूर-दूर तक चिड़िया का पंख भी नहीं था। उन्होंने कहा कि मेडिकल

कॉलेज में सत्तर मरीज़ (हिन्दू) मार डाले गये। यह स्तब्धकारी बयान था। नतीजा, सड़कों पर हथियार लेकर लोग निकल आये। माहौल तो पिछले समय से उबाल में था ही। सरकारी आंकड़ों में एक हज़ार और ग़ैर-सरकारी आँकड़ों में लगभग दो हज़ार लोग दंगों में मारे गये। गाँव देहात ही नहीं, यहाँ से उत्तर प्रदेश के अन्य शहरों में भी यह आग फैली। जैसा साम्प्रदायिक दंगों में हमेशा होता आया है, मरने वालों में अल्पसंख्यक ही मुख्यत: थे। बाद में हुई जाँच में अफ़वाह निराधार पायी गयी और समाचार पत्र, जिन्होंने बढ़-चढ़कर इनमें हिस्सा लिया था, उनकी भूमिका को भी सेंसर किया गया। 1991 का यह दंगा और उसके बाद तेज़ी से बदलने वाला सामाजिक रूप-रंग ही मेरे उपन्यास 'लेडीज़ क्लब' का आधार बना।

तो यही नवमान जी ने एक बार मुस्लिम समाज को लेकर एक अजीबो-ग़रीब बयान दे डाला। उन्होंने कहा कि बारहसैनी बनियों और मुसलमानों में क़रीबी रिश्ता है। बारहसैनी वणिक और कसाई मुसलमान का एक ही गोत्र होता है। ज़ाहिर है कि इस पर उनकी ख़ूब ले-दे हुई।

इन्हीं नवमान जी के प्रेस और उनके छोटे बेटे के साथ हमारे अनुभव बेहद सुखद और सौहार्द पूर्ण रहे हैं। हुआ यह कि 2004 में 'वर्तमान साहित्य' पत्रिका के सम्पादन का भार हमारे ऊपर आ गया। इसकी भी एक अलग कहानी है। बहरहाल, जब ज़िम्मेदारी स्वीकार ली तो निर्वाह तो करना ही था, अपना सर्वश्रेष्ठ भी देना था। 2005 में पहला विशेषांक रांगेय राघव पर निकालने की योजना बनी। लगभग छह महीने मेहनत से सामग्री जुटाई गयी। रांगेय राघव के पैतृक स्थान भरतपुर (राजस्थान) के पास बैर की यात्राएँ कीं। निकट के लोगों से मिले। किला देखा। लम्बे अनुभव रहे। सब लोगों के सहयोग से मोटा विशेषांक तैयार हो गया। छपवाने के लिए दिल्ली का रुख किया। आर्थिक संकट तो हमारे साथ हमेशा ही रहा। दिल्ली में प्रकाशक से बात नहीं बनी। एक मित्र ने नवमान प्रेस का नाम सुझाया कि वे लोग पुस्तक प्रकाशन का काम शुरू कर रहे हैं। नवमान परिवार के नाम से हमें डर लगता था, हालाँकि कृष्ण कुमार नवमान तो अब नहीं रहे थे और न ही शहर की राजनीति में अब उस परिवार का या बड़े बेटे का नाम सुनायी देता था। फिर भी मन तो आशंकित था ही। नवमान जी के छोटे बेटे विनोद जी, जो प्रकाशन का काम देख रहे थे, उन्होंने अपने बेटे को बातचीत करने के लिए हमारे पास भेजा। अट्ठारह-उन्नीस साल का बेटा बहुत सुशील और विनम्र। हमारे मित्र मध्यस्थ थे। पसोपेश में रहे कुछ समय तक हम। फिर तय हुआ कि देखा जाएगा, विशेषांक यहीं से छपेगा। दिल्ली के मुकाबले खर्च कम था। उन्हें पूरा मैटर दे दिया गया। पता चला कि विनोद जी स्वयं मैटर

कम्पोज़ करेंगे और कि उनका भी कम्प्यूटर में काम अभी नया-नया है। बाप रे! लगा आसमान से गिरे खजूर पर जा अटके। हमारे साथ चार लोगों की सहयोगी टीम थी, राजीव शुक्ला, अजय बिसारिया, आशिक़ बालौत तथा रमेश कुमार, सभी हिन्दी के प्राध्यापक। तय हुआ मुझे मिलाकर हम पाँच लोग बारी-बारी से विनोद जी के साथ बैठकर कम्पोजिंग का काम करायेंगे और उनकी मदद करेंगे। तीन-चार बार मेरी ड्यूटी भी लगी। कॉलेज से आकर वहाँ जाती तो लौटते में शाम हो जाती। वहाँ कम-से-कम तीन घण्टे की बैठक तो होती ही थी। लौटते में खासा अन्धेरा हो जाता। पतली गली के भीतर उनका बड़ा-सा मकान। ऊपर के कमरे में काम होता। डर और आशंका से भरा मन। धीरे-धीरे आश्वस्त हुई। विनोद जी बेहद सज्जन। काम करते रहते, जहाँ ज़रूरत हो पूछते। चाय-नाश्ता भी कराते। सो, बारी-बारी से हमारा जाना होता। उन्होंने बहुत सहयोग किया और समय पर पत्रिका दे दी।

अभी फिर 2019 की बात है। पहले विनोद जी का फ़ोन आया और फिर बेटा आया घर पर। बताया कि वे दो काव्य-संग्रह छाप रहे हैं। उनका अनुरोध था कि मैं उनकी भूमिका लिख दूँ। मैंने कहा, मैं इसके लिए उपयुक्त व्यक्ति नहीं हूँ। लेकिन उनका आग्रह था। ताज्जुब हुआ, मुझसे क्यों लिखवा रहे हैं। खैर, दोनों संग्रह अच्छे थे। कवितायें स्तरीय थीं, सो भूमिका लिख दी। फिर एक दिन सबेरे फ़ोन आया कि हम लोग सब आपके आवास पर आ रहे हैं। कुछ नयी पुस्तकों के लोकार्पण का आयोजन करना है। उन्हें मालूम था कि मैं अब आयोजनों में बाहर आती-जाती नहीं, सो लेखक-प्रकाशक तथा सभी अतिथि मेरे घर पर आ गये। इनकार का मौक़ा ही नहीं दिया उन्होंने। दिलचस्प आयोजन रहा। विनोद जी और उनके बेटे विदित को देखकर कोई कह नहीं सकता कि घोर साम्प्रदायिक राजनीति करने वाले परिवार से हैं ये लोग।

आपातकाल और जनवादी लेखक संघ

जून 1975 में आपातकाल की घोषणा...एक अजीब अनुभव था। यह एक अनचाही, भयभीत करने वाली घटना थी। देश की आज़ादी के महज अट्ठाईस साल बाद ऐसी स्थिति...भारतीय राजनीति का यह एक अन्धेरा अध्याय था। राजनीतिक और सामाजिक स्तर के अलावा बौद्धिक और सांस्कृतिक जगत में भी इसका भरपूर विरोध हुआ। स्वाधीनता संग्राम की स्मृतियाँ अभी जनमानस में ताजा थीं। आज़ादी की लड़ाई का हिस्सा बने लोग अभी मौजूद थे। स्वतन्त्रता सेनानियों के त्याग और बलिदान-गाथाएँ अभी दुहराई जाती थीं तथा समाज में ज़िन्दा थीं। लम्बे संघर्षों के बाद मिली आज़ादी और लोकतन्त्र के प्रति साधारण जनता भी उस समय तक संवेदनशील थी। इसलिए लगातार प्रतिरोध के स्वर गूँज रहे थे। यह जन-प्रतिरोध ही था कि यह स्थिति बहुत लम्बे समय तक नहीं रही। इस दौरान कितनी पुरानी आस्थाएँ टूटीं, नये राजनीतिक समीकरण बने, इतिहास में नये सबक जुड़े...और इसके दूरगामी प्रभाव हुए।

हमारे लिए, हमारे आसपास के लिए भी यह एक उथल-पुथल भरा समय था। घरेलू स्तर पर सबसे कठिन समय तो था ही, वैचारिक स्तर पर भी गहन मन्थन का और बेचैन करने वाला समय था। प्रगतिशील लेखक संघ ने प्रधानमन्त्री इन्दिरा गांधी द्वारा देश में आपातकाल लगाये जाने का समर्थन कर दिया था। साहित्यकारों, संस्कृतिकर्मियों का एक बड़ा वर्ग इस क़दम से हतप्रभ था। प्रगतिशील आन्दोलन ने वैश्विक स्तर पर हो या अपने देश की बात हो, हमेशा अन्याय और शोषण का विरोध किया और लेखन-चिन्तन में जनपक्षधरता तथा लोकतान्त्रिक मूल्यों के लिए संघर्ष किया।

1936 में भारत में प्रगतिशील लेखक संघ बनना कोई अचानक हुई घटना नहीं थी। यह पिछले दो-ढाई दशकों से न सिर्फ़ स्थानीय बल्कि वैश्विक स्तर पर भी बुद्धिजीवियों, लेखकों, संस्कृतिकर्मियों और सामाजिक-राजनीतिक कार्यकर्ताओं के बीच चल रहे वैचारिक मन्थन और गतिविधियों से निर्मित परिणाम था।

प्रथम विश्वयुद्ध में दुनिया ने साम्राज्यवाद के वर्चस्ववादी मंसूबों और पश्चिम के पूँजीवाद के संघर्ष को देखा था। रूसी क्रान्ति जिसने वहाँ की निरंकुश जारशाही को उखाड़कर किसान-मजदूरों की समाजवादी सरकार की स्थापना की, एक ऐसी घटना थी जो दुनिया के वंचित और शोषितों के लिए एक आशा की किरण लेकर आयी। रूस की समाजवादी क्रान्ति ने दुनिया के बुद्धिजीवियों और चिन्तकों के सोच और गतिविधियों को शक्ति दी जो साम्राज्यवाद और उपनिवेशवाद के विरुद्ध थे और शोषित पीड़ित जनता के पक्ष में संघर्ष कर रहे थे।

हिन्दुस्तान में भी एक ओर औपनिवेशिक शासन-तन्त्र से किसान और मज़दूर भयानक रूप से शोषण के शिकार थे तो दूसरी ओर परम्परागत सामन्ती व्यवस्था में दलित और स्त्रियाँ सामाजिक असमानता और अन्याय के कारण दयनीय अवस्था में थीं। इस ओर अब प्रबुद्ध वर्ग चैतन्य हो रहा था। उस समय के साहित्य में इन स्थितियों की झलक दिखायी देती है। प्रेमचन्द अपनी रचनाओं में ये विषय उठाते हैं। 'प्रेमाश्रम' उपन्यास में प्रेमचन्द रूसी क्रान्ति का और वहाँ के किसान-मज़दूरों की नयी सरकार का ज़िक्र करते हैं। औपनिवेशिक शोषण तथा राजनीतिक-सामाजिक परिस्थितियों पर भगतसिंह अपने लेख और पत्रों में भी लगातार ज़िक्र करते हैं।

1925 में हिन्दुस्तान में कम्युनिस्ट पार्टी की स्थापना हुई। किसान-मजदूरों के संगठन बने। उनका संघर्ष अपनी स्थितियों की बेहतरी के लिए था, चले आ रहे शोषण से मुक्ति के लिए था और विदेशी पराधीनता से मुक्ति के लिए भी था। आने वाले समय में एक ऐसे समाज का सपना था, जहाँ जाति-भेद और धर्म आधारित भेदभाव की विभाजनकारी रेखाएँ न हों, सबको समानता के अधिकार हों।

ऐसे ही वातावरण में 1932 में उर्दू के एक कहानी संग्रह 'अंगारे' का प्रकाशन हुआ जो एक टर्निंग पॉइंट बना। इस कहानी संग्रह में एस. अहमद अली (जो लखनऊ विश्वविद्यालय में अंग्रेज़ी पढ़ाते थे तथा ऑक्सफ़ोर्ड के छात्र रह चुके थे) की दो, सज्जाद ज़हीर (जो लन्दन में क़ानून की पढ़ाई कर रहे थे) की पाँच, ऑक्सफ़ोर्ड के ही एक अन्य भूतपूर्व छात्र तथा सामाजिक-राजनीतिक कार्यकर्ता महमूदउज़्ज़फ़र की एक कहानी के अलावा डॉ. रशीद जहाँ की एक कहानी 'दिल्ली की सैर' और एक नाटक 'पर्दे के पीछे' शामिल थीं। सज्जाद ज़हीर के पिता सर वज़ीर हसन लखनऊ के न्यायाधीश थे और सज्जाद ज़हीर लम्बी छुट्टियों में लखनऊ आये हुए थे। अहमद अली और सज्जाद ज़हीर दोनों ही यूरोपीय भाषा के साहित्य से प्रभावित थे तथा उर्दू कहानी के मौजूदा प्रचलित स्वरूप और मुस्लिम समाज की स्थिति से बहुत असन्तुष्ट थे। महमूदउज़्ज़फ़र की कहानी परिवार में एक स्त्री की त्रासद स्थिति पर थी,

जो अन्त में मृत्यु को प्राप्त होती है। डॉ. रशीद जहाँ अलीगढ़ के वीमेंस कॉलेज के संस्थापक शेख़ अब्दुल्लाह की बेटी थीं जिन्होंने लखनऊ के आई.टी. कॉलेज और फिर दिल्ली के लेडी हार्डिंग से मेडिकल की शिक्षा प्राप्त की थी और लखनऊ में मेडिकल ऑफ़िसर के पद पर थीं। वे राजनीतिक रूप से सजग कार्यकर्ता भी थीं। डॉक्टर होने के कारण उनका ग़रीब मुहल्लों में आना-जाना होता था। इसके साथ ही सामन्ती परिवारों की पर्दानशीं महिलाओं के बीच भी उनका जाना होता और वे उनके घर-परिवार के वातावरण से भली-भाँति परिचित हो गयी थीं। एक ओर इन रईस घरानों के ठाट-बाट थे लेकिन घर की औरतों की स्थिति बेहद दयनीय थी। वे केवल अपने मर्दों के भोग-विलास का साधन मात्र थीं और बच्चे पैदा करने की मशीन थीं। ऊपर से पति की नाराज़गी की आशंका और हरदम तलाक की लटकती तलवार का भय। इसी वातावरण पर आधारित उनकी कहानी जिसमें एक उपेक्षित स्त्री का क़िस्सा था 'दिल्ली की सैर' और 'पर्दे के पीछे' की औरतों की स्थिति पर नाटक था।

'अंगारे' का प्रकाशन हुआ तो मानो भूचाल आ गया। संग्रह की कहानियों पर अश्लीलता और खुले यौन चित्रण के आरोप लगे तथा इन कहानियों (विशेष रूप से डॉ. रशीद जहाँ की कहानियों) को इस्लाम विरोधी बताया जाने लगा। उर्दू की पत्र-पत्रिकाओं में लगातार इनके विरुद्ध छपता रहा तथा संग्रह को प्रतिबन्धित करने की माँग तेज़ होती गयी। सबसे अधिक रोष डॉ. रशीद जहाँ की कहानी पर था क्योंकि पर्दे के पीछे की ढकी-छिपी औरत की व्यथा को उन्होंने उजागर किया था। डॉ. रशीद जहाँ के नाक-कान काटने के फ़तवे भी दिये गये। अन्ततः 1933 में 'अंगारे' को प्रतिबन्धित कर दिया गया। उस समय प्रेमचन्द के अलावा 'ज़माना' पत्र के सम्पादक दयानारायण निगम और मौलवी अब्दुल हक़ का ही समर्थन इन लेखकों को मिला।

प्रतिबन्ध के बाद लेखकों की ओर से महमूदउज़्ज़फ़र ने इलाहाबाद से निकलने वाले 'लीडर' अख़बार में पत्र लिखकर अपनी स्थिति स्पष्ट करते हुए कहा कि वे लोग किसी तरह की क्षमा-याचना के इच्छुक नहीं हैं। वे समूची मानवता और विशेष रूप से भारतीय जनता के लिए महत्त्वपूर्ण विषयों पर अपने विचार व्यक्त करने की तथा अभिव्यक्ति की आज़ादी का पूरा समर्थन करते हैं। इस पुस्तक या इसके लेखकों के साथ जो भी हो रहा है, आशा है दूसरे लेखक इससे पस्त हिम्मत नहीं होंगे। उन्होंने यह भी प्रस्तावित किया कि जल्दी ही प्रोग्रेसिव राइटर्स लीग का गठन किया जाये जो समय-समय पर ऐसी रचनाओं का अंग्रेज़ी में तथा देश की दूसरी भाषाओं में प्रकाशन करे।

'अंगारे' के लेखक जानते थे कि साहित्य के माध्यम से प्रचलित रूढ़ियों और धार्मिक मान्यताओं के ख़िलाफ़ सामाजिक बदलाव की लड़ाई आसान नहीं है। यह साहित्य का एक मुकम्मल राजनीतिक और सामाजिक एजेंडा है और इसके लिए व्यापक संगठन ज़रूरी है। यह समय था जब विश्व स्तर पर सोवियत संघ सहित अन्य देशों के नामचीन प्रगतिशील लेखक संगठित हो रहे थे और उनकी साम्राज्यवाद, उपनिवेशवाद और युद्ध विरोधी मुहिम जारी थी। 1934 में सोवियत संघ और 1935 में पेरिस में होने वाली लेखकों की कॉन्फ्रेंस का प्रभाव हिन्दुस्तान पर भी पड़ा। 1935 के अन्त में सज्जाद ज़हीर हिन्दुस्तान आ गये और संगठन की मुहिम तेज़ हो गयी। साम्राज्यवाद और उपनिवेशवाद तथा आम जन की आशा-आकांक्षाओं की पक्षधरता के मूल्यों को समाहित करने वाले प्रगतिशील लेखकों के संगठन की दिशा में लोग सक्रिय हुए और 10 अप्रैल 1936 को लखनऊ में प्रगतिशील लेखक संघ का स्थापना सम्मेलन सम्पन्न हुआ। संगठन का मूल प्रस्ताव तो लन्दन में ही तैयार हो गया था जिसमें डॉ. मुल्कराज आनन्द, डॉ. अब्दुल अलीम, डॉ. ज्योति घोष और सज्जाद ज़हीर की भागीदारी थी। इसे व्यापक रूप से बड़ी संख्या में लेखकों के पास भेजा गया था। कुछ आवश्यक संशोधनों के साथ इसे स्थापना सम्मेलन में प्रस्तुत किया गया। जैसा कि सभी जानते हैं, स्थापना सम्मेलन की अध्यक्षता महान कथाकार प्रेमचन्द ने की। उन्होंने इसके मेनिफेस्टो (प्रस्ताव) पर हस्ताक्षर भी किये। प्रेमचन्द अपने साथ युवा हिन्दी कथाकार जैनेन्द्र को भी लेकर आये थे लेकिन उन्होंने प्रगतिशील लेखक संघ के प्रस्तावित मसौदे पर हस्ताक्षर नहीं किये। अपने ऐतिहासिक भाषण में प्रेमचन्द ने साहित्य में जन पक्षधरता की बात करते हुए एक नये सौन्दर्यशास्त्र की आवश्यकता पर बल दिया। बड़ी संख्या में उर्दू के शीर्ष साहित्यकारों के अलावा अदब के शौक़ीन अध्यापक, वकील, छात्र, ट्रेड यूनियन और किसानों के बीच काम करने वाले कार्यकर्ताओं ने भी इसमें हिस्सा लिया। इन्हीं तारीखों में लखनऊ में कांग्रेस का अधिवेशन हो रहा था। इसमें शामिल होने के लिए आने वाले आचार्य नरेन्द्र देव, जय प्रकाश नारायण, यूसुफ़ गौहर अली, इन्दुलाल याज्ञनिक, कमला देवी चट्टोपाध्याय और मियाँ इफ़्तखारुद्दीन ने भी इसमें शिरकत की। सरोजिनी नायडू ने अपना सन्देश भेजा था जो पढ़कर सुनाया गया।

बाद में जगह-जगह पर इसके सम्मेलन हुए और बड़ी संख्या में न केवल हिन्दी बल्कि अन्य भारतीय भाषाओं के लेखक भी इससे जुड़े। दूसरे विश्वयुद्ध के दौरान भी प्रगतिशील धारा के तथा संगठन से जुड़े साहित्यकार नाज़ीवाद, युद्ध और

साम्राज्यवाद का विरोध और विश्व शान्ति की अपील करते रहे। देश की आज़ादी से पहले और उसके बाद भी बुद्धिजीवियों का बड़ा हिस्सा चाहे राजनीति में हों या सामाजिक जीवन में, समाजवादी विचारधारा से प्रभावित रहा है। इसी का प्रभाव साहित्य में भी दिखायी दिया।

हिटलर की पराजय और विश्वयुद्ध समाप्त होने के बाद मित्र राष्ट्रों के रास्ते भी अलग होने लगे। सोवियत संघ की समाजवादी राज्य व्यवस्था पश्चिमी पूँजीवादी देशों की आँख में हमेशा काँटे की तरह चुभती रही। अब न केवल राजनीतिक रूप से बल्कि साहित्यिक-सांस्कृतिक मंचों से भी समाजवाद के साथ-साथ प्रगतिशील विचारधारा पर बहुआयामी हमले होने लगे। साहित्य में शोषित-पीड़ितों की उपस्थिति, जन-पक्षधरता और लोकतान्त्रिक मूल्यों के बरक्स कला-कला के लिए, उच्चतर कलात्मकता, सार्वभौमिकता, विश्वशान्ति और आध्यात्मिकता जैसी विचारधाराएँ प्रचारित होने लगीं। ये राजनीतिक विचारधाराओं के संघर्ष का प्रतिबिम्ब था

राजनीतिक व्यवस्थाएँ सामाजिक दृष्टिकोण को प्रभावित करती हैं तो इसका प्रभाव साहित्य पर भी दिखायी देता है। इसके साथ बौद्धिक स्तर पर वैचारिक मतभेद होना अनिवार्य है। 1964 में भारत की कम्युनिस्ट पार्टी का विभाजन हो गया जिसके पीछे राजनीतिक समझ और नीतियों में मतभेद था। कम्युनिस्ट पार्टी ऑफ़ इंडिया का आकलन था कि सत्ताधारी कांग्रेस सरकार का बुर्जुआ चरित्र है। यह भारतीय पूँजीपतियों के प्रभाव वाली पार्टी है। इसके साथ शामिल होकर वर्ग सहयोग द्वारा इस व्यवस्था में समाजवादी नीतियों का समावेश किया जा सकता है। यह वर्ग सहयोग की नीति इन्दिरा शासन में और सुदृढ़ हुई जब कम्युनिस्ट पार्टी के अनेक दिग्गज और बुद्धिजीवी तथाकथित 'प्रतिक्रियावादी नेताओं के षडयन्त्रों' से इन्दिरा जी के शासन को बचाने के लिए कांग्रेस में शामिल हो गये। इन्द्र कुमार गुजराल, पी.एन. हक्सर, प्रो. नुरुल हसन, चन्द्रजीत यादव जैसे लोग सचमुच पढ़े-लिखे, बुद्धिजीवी वर्ग से थे और ईमानदार तथा कुशल प्रशासक भी थे जो अब कांग्रेस में थे। इस वर्ग-सहयोग की नीति ने कम्युनिस्ट पार्टी के कैडर को ही नहीं, पूरे नेतृत्व को भी भ्रमित किया और कांग्रेस तथा कम्युनिस्ट पार्टी मानो एक रूप हो गये। फ़र्क़ यह था कि कांग्रेस शासन की मुख्य धारा में थी और कम्युनिस्ट पार्टी सहयोगी के रूप में परिधि पर।

कम्युनिस्ट पार्टी ऑफ़ इंडिया की इस समझ से मतभेद रखने वाले अनेक शीर्ष नेता थे जो वर्ग सहयोग की इस नीति से सहमत नहीं थे और उन्होंने अलग होकर कम्युनिस्ट

पार्टी-मार्क्सवादी का गठन किया। इनकी समझ थी कि कांग्रेस पूँजीपति-सामन्ती गठजोड़ की पार्टी है और निरन्तर इसका विश्व पूँजीवाद के साथ सम्बन्ध और सहयोग मज़बूत हो रहा है। इसका परिणाम भविष्य में देश की अर्थव्यवस्था को निजी क्षेत्र में धकेलना और सार्वजनिक क्षेत्र को नष्ट करना होगा। आज सभी जानते हैं कि यह आकलन कितना सटीक था। निजीकरण और तथाकथित तीसरी अर्थव्यवस्था में सुधार की प्रक्रिया जो अन्तिम दशक में शुरू हुई, आज इक्कीसवीं सदी की तीसरी दहाई में किस रूप में है, यह सभी के सामने प्रत्यक्ष है।

कम्युनिस्ट पार्टी ऑफ़ इंडिया ने आपातकाल का भी समर्थन किया। प्रगतिशील लेखक संघ ने भी इसी नीति का अनुसरण किया और 'विरोधियों' से संघर्षरत इन्दिरा जी के हाथ मज़बूत करने का आह्वान किया। आपातकाल लोकतान्त्रिक व्यवस्था पर एक हमला था और राष्ट्र का एक काला अध्याय था। प्रगतिशील लेखक संघ से जुड़े साहित्यकार, संस्कृतिकर्मी इन्दिरा जी का गुणगान कर रहे थे, समर्थन दे रहे थे, वहीं विरोध करने वाले लेखक, कलाकार तथा विरोधी दलों के नेता, सामाजिक कार्यकर्ता, पत्रकार, छात्र संगठनों के नेता...जेलों में डाले जा रहे थे, प्रताड़ित किये जा रहे थे।

हम लोगों को भी शुरू में तो समझ ही नहीं आया कि क्या करना है...कैसे करना है...कुछ करना भी है या चुप बैठना है। जॉर्ज फर्नांडीज़ के नेतृत्व में लाखों रेलकर्मी हड़ताल का हिस्सा बन चुके थे और उनके नेता जेल में थे। हमारे अनेक लेखक, पत्रकार साथी जो ट्रेड यूनियनों से जुड़े थे, गिरफ़्तार हो चुके थे। अजीब बेचैनी से भरे दिन थे। एक महत्वपूर्ण बात यह है कि सत्तर-अस्सी के दशक में किसानों के आन्दोलन सक्रिय थे। ट्रेड यूनियनें भी जीवन्त थीं। किसान-मज़दूरों की समस्याएँ लगातार उठाई जा रही थीं। साहित्यकार-संस्कृतिकर्मी विभिन्न तरीक़ों से किसान-मज़दूरों के आन्दोलनों में सहयोग करते रहे थे जो हमेशा एक स्वस्थ परम्परा रही है। पत्र-पत्रिकाओं से जुड़े साहित्यकर्मियों का भी इसमें बड़ा योगदान रहा। इस रूप में सातवाँ, आठवाँ और नौवाँ दशक बेहद सक्रिय और सचेत रहा है। धीरे-धीरे व्यापारिक घरानों के संस्थानों से निकलने वाले पत्र और साहित्यिक पत्रिकाएँ व्यापारमुखी होकर बन्द होने लगीं तो देश के कोने-कोने से छोटी पत्रिकाओं ने मोर्चा सँभाला। सीमित साधनों से निकलने वाली और सीमित क्षेत्रों में प्रसारित होने वाली ये लघु पत्रिकाएँ समानधर्मा थीं, सामाजिक-राजनीतिक जागरूकता की संवाहक थीं। प्रतिष्ठित साहित्यकारों से लेकर नये युवा लेखकों की इनमें भागीदारी थी। सभी कुछ-न-कुछ करने के लिए मानो बेचैन थे।

आपातकाल की घोषणा के बाद सांकेतिक विरोध स्वरूप अनेक पत्रों ने सम्पादकीय पृष्ठ काले कर दिये या कोरा छोड़ दिया। 'सारिका' के सम्पादक कमलेश्वर ने आपातकाल की घोषणा के बाद के अगले अंक के सम्पादकीय पृष्ठ ख़ाली छोड़ दिये। शुरुआती दिनों में निश्चित रूप से भय का माहौल था। धीरे-धीरे स्थितियों का आकलन और गतिविधियाँ शुरू करने का सिलसिला शुरू हुआ। दो महीने बाद ही अलीगढ़ ज़िले की किसान सभा की मीटिंग होनी थी जो सामान्यत: गाँव में या ज़िला मुख्यालय में होती। सुरक्षा की दृष्टि से आयोजन हमारे घर पर हुआ। हम लोग उस ज़माने में अलीगढ़ की बैंक कालोनी में रहते थे। वहाँ ऊपर की मंज़िल में दो कमरों का घर था। छोटी-सी रसोई, बिना फ्लश का टॉयलेट और हत्थे वाला हैंडपम्प। हाँ, बाहर की छत बहुत बड़ी थी। किसान सभा की मीटिंग के लिए रात से ही लोग आने शुरू हो गये थे। ये कोई ख़ास बात नहीं थी क्योंकि कुँवरपाल के पास छात्रों तथा लोगों का आना-जाना लगा रहता था। फिर भी हमें लगता कि नीचे घर के आसपास कोई शख़्स मौजूद रहता है जो आने-जाने वाले लोगों पर निगाह रखे हुए हैं। अठारह-बीस लोग मीटिंग में मौजूद थे। बाहर से खाना मँगाना ख़तरे से ख़ाली नहीं था। सव्यसाची उस मीटिंग में मौजूद थे। बोले—'भाभी, आप दाल-चावल बना लो...काम चलेगा।' हमारी भी नयी गृहस्थी थी। किचेन की अपनी सीमा थी। बहरहाल, बख़ूबी काम चला। मीटिंग में क्या फ़ैसले हुए, नहीं मालूम क्योंकि मेरी भूमिका सिर्फ़ इन्तज़ाम करने तक सीमित थी।

कुँवरपाल से शादी के बाद उनके मित्रों सव्यसाची, सुधीश पचौरी और कान्तिमोहन जी से परिचय हुआ। ये चारों लोग मथुरा से अनियतकालीन पत्रिका 'उत्तरार्ध' का सम्पादन-प्रकाशन करते थे। सम्पादक के रूप में सव्यसाची का नाम जाता और वे ही प्रकाशक थे। बाक़ी तीन लोग सहयोगी के रूप में थे। अक्सर 'उत्तरार्ध' की बैठकें अलीगढ़ में होतीं जिसमें अंक की रूपरेखा, प्रकाशन सामग्री, नीतियों और योजनाओं पर विचार होता। बाद में लेखक और सहयोगी के रूप में मैं भी जुड़ गयी।

आपातकाल लगने के बाद कुछ समय गतिविधियाँ रुक गयीं लेकिन धीरे-धीरे सिलसिला शुरू हुआ। कुछ अंक 'उत्तरार्ध' के उस दौरान हम लोग निकाल पाये। कुछ उत्साही लोगों ने छोटी-छोटी, यहाँ तक कि हाथ से लिख और साइक्लोस्टाइल करा पत्रिकाएँ निकालनी शुरू की, जो लिफ़ाफ़ों में या बुक पोस्ट से आतीं। कहना न होगा कि प्रतिरोध के स्वरों को समेटे इस सामग्री में (जो अधिकतर कविताएँ होतीं) अन्याय के प्रति विद्रोह था और संकल्प था मुकाबला करने का। धीरे-धीरे

यह सिलसिला बढ़ा तो सभी ने पंख फैलाने शुरू किये। मिल बैठकर योजनाएँ बना काम करने की इच्छा बढ़ने लगी। साहित्यकर्मी कब तक रेत में मुँह धँसाये इन्तज़ार करते। यह साहित्य का धर्म नहीं है।

धीरे-धीरे परस्पर सहयोग से अनेक अनियतकालीन लघु पत्रिकाओं के प्रकाशन का दौर तेज़ हुआ और कहना होगा कि इसने एक आन्दोलन का रूप ले लिया। छोटे-बड़े शहरों से, क़स्बों से कोई पत्रिका निकल रही है और बेहतरीन कविताएँ, लेख, कहानियाँ सामने आ रही हैं। उस समय मैंने ढेर सारी प्रतिरोध कविताओं के अनुवाद किये जिसमें ब्रेख्त, माओ-त्से-तुंग, महमूद दरवेश सहित अनेक फिलिस्तीनी कवियों की कविताएँ थीं, जो लगातार इन लघु पत्रिकाओं में छपती रहीं। प्रतीकों का प्रयोग करते हुए कहानियाँ भी लिखीं। बड़ी संख्या में युवा लेखक रचना-कर्म में संलग्न थे और लघु पत्रिकाओं के माध्यम से अपने उद्‌गार मुखर कर रहे थे। लेखकों के बहुत बड़े वर्ग को क्षोभ था कि प्रगतिशील लेखक संघ संगठन के रूप में इन्दिरा गांधी को आपातकाल के दौर में समर्थन दे रहा है। पहले बाँदा में हुए सम्मेलन में और फिर बाद में पटना सम्मेलन में प्रगतिशील लेखक संघ ने सभी विरोधी स्वरों को दरकिनार कर दिया और नेशनल फ़ेडरेशन ऑफ़ प्रोग्रेसिव राइटर्स बना कर पूरी तरह से सरकार के सामने समर्पण कर दिया।

दूसरी ओर अन्य लेखक रास्ता तलाश रहे थे। 1977 की बात है। उतरते जाड़ों के दिन थे शायद। लखनऊ में उस समय के युवा साथी कौशल किशोर जो प्रखर पत्रकार और कवि हैं, उन्होंने पहल की और लखनऊ में अपने साथियों कवि-लेखक विनय श्रीधर तथा रघुराज दीक्षित के साथ दो दिवसीय सम्मेलन का आयोजन किया। क्रान्तिकारी-स्वतन्त्रता सेनानी शिव वर्मा ने उद्‌घाटन किया। बड़ी संख्या में लेखक साथी मौजूद थे। सव्यसाची, कान्तिमोहन, सुधीश पचौरी, मनमोहन, बादल सरोज, शैलेन्द्र शैली, रामेश्वर उपाध्याय, वीरेन्द्र डंगवाल, मधुरेश, मोहदत्त, धीरेन्द्र अस्थाना, उद्‌भ्रांत आदि के अलावा शील जी भी उपस्थित हुए। अपनी दो साल की बेटी और पाँच साल के बेटे को लेकर कुँवरपाल और मैं भी सम्मेलन में पहुँचे। सभी साथियों का जोश और जज़्बा अद्‌भुत था। सभी यह महसूस कर रहे थे कि हताशा और भय के माहौल से न सिर्फ़ ऊपर उठना है बल्कि अभिव्यक्ति के लोकतान्त्रिक अधिकार को भी बरकरार रखना है, आमजन की भावनाओं को भी संबल देना है।

इसी कड़ी में कुछ महीने बाद कोटा में भी दो दिवसीय सम्मेलन हुआ। इसमें भी ख़ासी बड़ी संख्या में लेखक-संस्कृतिकर्मी पहुँचे। दोनों छोटे बच्चों को लेकर

कुँवरपाल और मैं भी वहाँ पहुँच गये। हम लोग वहाँ एक जैन परिवार के घर पर ठहरे। लेखक-कवि-संस्कृतिकर्मी ब्रजेन्द्र कौशिक, महेन्द्र नेह और शिवराम इस सम्मलेन के संयोजक और कर्ता-धर्ता थे। साथी शिवराम के नाट्य समूह द्वारा उनके लिखे नुक्कड़ नाटक भी हुए। आगे की कार्य योजना बनाने की दिशा में कोटा की बैठक महत्त्वपूर्ण थी। वहीं यह तय हुआ कि अन्य जगहों पर भी ऐसी बैठकें की जायें। इससे लेखकों-साहित्यकारों के बीच जन-पक्षधरता तथा लोकतान्त्रिक मूल्यों की हिफ़ाजत के लिए तथा साहित्यिक-सांस्कृतिक गतिविधियों के साथ युवा वर्ग में वैचारिक चेतना के निर्माण का काम हो सकता है। इस बैठक में शीर्ष लेखकों के अलावा उ.प्र., म.प्र, राजस्थान, बिहार और दिल्ली के युवा रचनाकारों ने शिरकत की। एक बात और। बच्चों को ऐसे आयोजनों में साथ ले जाने का हमारा यह सिलसिला हमेशा बना रहा, जब तक वे बड़े होकर घर में अकेले रहने लायक नहीं हो गये। मीटिंगों में बैठे रहना, आपस में खेलते रहना, वहीं दरी पर लुढ़क कर सो जाना...उन्हें ख़ासा अभ्यास हो चला था। बड़े होने पर उनकी विचारधारा और सोच के निर्माण में बचपन की इन कवायदों ने भी शायद मदद की।

इसके बाद 1978 में हम लोगों ने भी अलीगढ़ में दो दिवसीय सम्मलेन का आयोजन किया। हम लोगों के मित्र डॉ. नरेन्द्र तिवारी जो कवि और व्यंग्यकार थे और नेहरू युवा केन्द्र के समन्वयक थे उन्होंने अपना घर नुमा ऑफ़िस इसके लिए हमें दिया। एक गली में तीन-चार कमरों और बड़े आँगन वाला एक घर था जिसमें उनका ऑफ़िस हुआ करता था। लगभग सवा सौ युवा रचनाकारों के साथ देश के बड़े, प्रतिष्ठित लेखकों ने शिरकत की । जन-पक्षधरता, लेखकों के कार्यभार, साहित्य के उद्‌देश्य, लोक और साहित्य जैसे विषयों पर लम्बी बातचीत हुई। सभी लोग बेहद उत्साहित दिखे। इसी बैठक में एक अखिल भारतीय सम्मेलन का विचार बना जिसमें रचनाकारों की लोकतान्त्रिक, प्रगतिशील भावनाओं के अनुरूप संगठन निर्माण की बात हो सके।

यह सम्मलेन 1978 में, सम्भवत: साल के अन्त में सत्यवती कॉलेज, दिल्ली में हुआ। दिल्ली के साथियों ने इस अवसर पर बहुत मेहनत की और बहुत बड़ी संख्या में लेखक-रचनाकार-संस्कृतिकर्मी और साहित्य प्रेमी इसमें उपस्थित हुए। प्रगतिशील लेखक संघ से अलग हुए हिन्दी के सभी शीर्ष रचनाकार और बड़ी संख्या में नौजवान साथी इसमें सम्मिलित हुए। सुधीश पचौरी, कर्णसिंह चौहान, चंचल चौहान और साथी ज़हूर बख़्श जैसे लोग आयोजकों में प्रमुख चेहरे थे। एक नया संगठन बनाने की दिशा में लगातार विचार-विमर्श हुआ जिसके लिए सभी उत्साहित थे लेकिन कोई ठोस

रूपरेखा नहीं बन पायी। यह काम अचानक हुआ 1980 में जब जवाहरलाल नेहरू विश्वविद्यालय में प्रेमचन्द जन्मशती का कार्यक्रम चल रहा था। हिन्दी के सभी शीर्ष और वरिष्ठ लेखक उसमें शिरकत कर रहे थे। वहीं आपस में मिल-बैठकर बातचीत हुई जिसमें भैरव प्रसाद गुप्त, शील, चन्द्रबली सिंह, मार्कण्डेय, चंचल चौहान, मुरली मनोहर प्रसाद सिंह, कान्तिमोहन, सुधीश पचौरी, कर्णसिंह चौहान, कुँवरपाल सिंह, सव्यसाची, शिवकुमार मिश्र, ओमप्रकाश ग्रेवाल, रामप्रकाश त्रिपाठी, रमेश कुन्तल मेघ आदि शामिल थे।

संगठन को साकार रूप देने की प्रक्रिया शुरू हुई। एक प्रस्ताव का मसविदा तैयार कर उसमें लगभग पचास लोगों के हस्ताक्षरों के साथ, जिसमें हम सभी शामिल थे, जारी किया गया। बहुत बड़ी संख्या में लेखकों को यह प्रस्ताव भेजकर सम्मति और सहमति ली गयी। इसमें हिन्दी-उर्दू के वरिष्ठ से लेकर एकदम नये लेखक शामिल थे। लोगों की बेहद उत्साहजनक प्रतिक्रियाएँ थीं। इससे जनवादी लेखक संघ के निर्माण की परिकल्पना को बल मिला। यह संगठन जनता के लिए और जनता के साहित्य का पक्षधर था। सम्प्रदायवाद, सामन्ती प्रवृति और साम्राज्यवाद का विरोध तथा जनता के व्यापक हितों व लोकतान्त्रिक मूल्यों की पक्षधरता जनवादी लेखक संघ की स्थापना का आधार बनी।

फरवरी 1982 में जनवादी लेखक संघ का स्थापना सम्मलेन दिल्ली में सम्पन्न हुआ। हिन्दी-उर्दू के लगभग पाँच सौ लेखकों ने इसमें भाग लिया। विशेष रूप से युवा लेखकों में बहुत उत्साह था। दूसरी भारतीय भाषाओं के तथा अन्य बिरादराना संगठनों के लेखक भी इसमें सम्मिलित हुए। इसका उद्घाटन उर्दू के सुप्रसिद्ध लेखक अलीगढ़ के क़ाज़ी अब्दुल सत्तार ने किया। सम्मेलन में संगठन का संविधान और कार्यक्रम सर्वसम्मति से पारित हुए। भैरव प्रसाद गुप्त इसके प्रथम अध्यक्ष और डॉ. चन्द्रबली सिंह महासचिव बने। जनकवि शील के साथ अनेक उपाध्यक्ष और सचिव मण्डल के साथ कुँवरपाल सिंह कोषाध्यक्ष बने ।

इसके बाद प्रान्तीय अधिवेशन शुरू हुए। म.प्र., राजस्थान, बिहार, महाराष्ट्र और उ.प्र. के अलावा पश्चिम बंगाल में भी संगठन बना। गुजरात में प्रान्तीय इकाई तो नहीं थी लेकिन डॉ. शिवकुमार मिश्र, सनत कुमार आदि कुछ साथी सक्रिय रहे। उ.प्र. के पहले सम्मेलन की ज़िम्मेदारी कुँवरपाल को दी गयी जिसके लिए कानपुर में शील जी और उनके साथियों की मदद से कानपुर में सम्मेलन हुआ। शील जी अध्यक्ष और सव्यसाची महामन्त्री बनाये गये।

शील जी का बच्चों जैसा निश्छल स्वभाव था। प्रबुद्ध वर्ग के लोग हों, युवा हों या बच्चे हों...सभी के साथ वे घुल-मिल जाते और साहित्य-समाज पर बातें करते उन्हें प्रेरित करते। ग़रीब ब्राह्मण परिवार में जन्मे शील जी आज़ादी से पहले गाँव के ज़मींदार से लड़े और हिंसक प्रताड़ना का शिकार हुए। स्वतन्त्रता संग्राम में कई बार जेल यात्राएँ कीं। पृथ्वी थियेटर से लम्बे समय तक जुड़े रहे। उनका 'किसान' नाटक पृथ्वी थियेटर द्वारा जगह-जगह खेला जाता। पृथ्वी थियेटर के दिनों के उनके पृथ्वीराज कपूर, शम्मी कपूर, गीताबाली, शशि कपूर आदि से जुड़े दिलचस्प क़िस्से होते जिसे वे हमारे कहने पर सुनाते। आज़ादी के बाद अब वे कांग्रेस की अवसरवादी और पूँजीवादी नीतियों के विरुद्ध साहित्य और सांस्कृतिक मंचों से संघर्ष कर रहे थे। उनका प्रसिद्ध गीत '*देश हमारा धरती अपनी हम धरती के लाल/नया संसार बसायेंगे, नया इन्सान बनायेंगे*...हम लोगों ने बचपन में बहुत बार गाया था।

सव्यसाची भी युवा वर्ग के बीच बहुत लोकप्रिय और प्रेरणादायक व्यक्तित्व थे। वे मथुरा में एक डिग्री कॉलेज में अध्यापक थे लेकिन लेखन तथा ट्रेड यूनियनों में भी सक्रिय थे। उनकी ढेर सारी पुस्तिकाएँ नौजवानों में बहुत लोकप्रिय थीं। इसके अलावा अपनी फक्कड़ जीवन शैली और वक्तृता से भी युवा वर्ग को, नये लेखकों, सामाजिक कार्यकर्ताओं को प्रेरित और आन्दोलित करते थे। आज भी साठ के पार अनेक लेखक हैं जो अपने व्यक्तित्व निर्माण का श्रेय सव्यसाची को और उनकी पुस्तिकाओं को देते हैं।

जनवादी लेखक संघ के प्रान्तीय और राष्ट्रीय अधिवेशन नियमित होते रहे। वाराणसी, भोपाल, जयपुर, कलकत्ता, पटना आदि के राष्ट्रीय सम्मेलनों में हमेशा बड़ी संख्या में लेखकों, पत्रकारों, संस्कृति कर्मियों ने भाग लिया। राष्ट्रीय और अन्तर्राष्ट्रीय पटल पर होने वाली घटनाओं और गतिविधियों के विश्लेषण और शासन-व्यवस्था के चरित्र को समझने के लिए इन अधिवेशनों का बहुत महत्त्व है। इस बीच अनेक रचनाकार जो प्रगतिशील लेखक संघ के सदस्य थे, वे जनवादी लेखक संघ का हिस्सा बन गये। कुछ लेखकों की उपस्थिति दोनों ही संगठनों में रही। राजेन्द्र यादव विधिवत जनवादी लेखक संघ के सदस्य और पदाधिकारी भी रहे। कमलेश्वर भी कार्यक्रमों में सक्रिय भागीदारी करते थे। 1998 में जब अलीगढ़ में उ.प्र. जलेस का प्रान्तीय सम्मेलन हुआ तो कमलेश्वर ने उद्घाटन किया। मराठी के सुप्रसिद्ध कवि नारायण सुर्वे मुख्य अतिथि थे। उस सम्मेलन में बाकायदा कमलेश्वर ने सदस्यता ग्रहण की।

कुछ लेखक जो प्रगतिशील लेखक संघ और जनवादी लेखक संघ में से किसी भी संगठन के सदस्य नहीं थे, उन्होंने कुछ समय बाद जन-संस्कृति मंच की स्थापना की। मूलतः ये लेखक सामाजिक-राजनीतिक बदलाव के लिए नक्सलवादी विचारधारा के समर्थक रहे। बाद में इनकी सोच और कार्यनीति में परिवर्तन आया जब इस धारा से अलग एक दल कम्युनिस्ट पार्टी ऑफ़ इंडिया–एम.एल. (लिबरेशन ग्रुप) बन गया जो आज मुख्य धारा की राजनीति में है और देश की संसदीय प्रणाली के जनतन्त्र का हिस्सा है। आज की स्थिति में जनवादी लेखक संघ, प्रगतिशील लेखक संघ और जन संस्कृति मंच परस्पर सहयोगी हैं। सभी के साहित्यिक, सांस्कृतिक कार्यक्रमों का रूप-रंग लगभग एक जैसा होता है। अन्तर केवल संख्या-बल में और सक्रियता में दिखायी देता है।

यहाँ मैं अलीगढ़ के जनवादी लेखक संघ और प्रगतिशील परिदृश्य के बारे में कुछ कहना उचित समझती हूँ। अलीगढ़ में बड़ी संख्या में लेखक और साहित्य प्रेमी रहे हैं। अलीगढ़ की सरज़मीं ऐतिहासिक रूप से इसके लिए प्रसिद्ध रही है। अलीगढ़ मुस्लिम यूनिवर्सिटी जैसे शिक्षा संस्थान का होना भी इसका एक कारण रहा है। विज्ञान और सामाजिक विज्ञान के ख्याति प्राप्त विद्वानों के अलावा अंग्रेज़ी, फ़ारसी, अरबी, हिन्दी और विशेष रूप से उर्दू के प्रख्यात लेखकों, शायरों ने अलीगढ़ का नाम रोशन किया है। यह सिलसिला आज़ादी के पहले से ही रहा। अख्तर हुसैन रायपुरी, जाँनिसार अख्तर, मंटो, मजाज़, खलीलुर्रहमान आज़मी, मुईन अहसन जज़्बी, अब्दुल अलीम, राही मासूम रज़ा, आले अहमद सुरूर, शहरयार, खुर्शीदुल इस्लाम, क़ाज़ी अब्दुल सत्तार...उर्दू के अदीबों की एक लम्बी सूची है। यह सभी प्रगतिशील धारा के साहित्यकार थे।

उ.प्र. जनवादी लेखक संघ का सम्मेलन जो नवम्बर 1982 में कानपुर में हुआ, उसके बाद अलग-अलग ज़िलों में भी कमेटियाँ बनीं और सम्मेलन हुए। इलाहाबाद, लखनऊ, वाराणसी, मुरादाबाद, मेरठ, एटा, गोरखपुर, बलिया, देवरिया, मथुरा, झाँसी, इटावा, फतेहपुर, फर्रुखाबाद और अलीगढ़...। आज सोचती हूँ तो लगता है कितना उत्साह था युवा लेखकों में और वरिष्ठ साहित्यकारों में भी। एक बड़ी ज़िम्मेदारी का अहसास भी सबको था। सभी लेखक रचनाधर्मिता के साथ-साथ सामाजिक-राजनीतिक मुद्दों के प्रति जागरूक हो रहे थे और जन संगठनों में सक्रिय उपस्थिति सुनिश्चित कर रहे थे।

जनवादी लेखक संघ की अलीगढ़ इकाई राष्ट्रीय स्तर पर भी बेहद सक्रिय थी। काज़ी अब्दुल सत्तार और शहरयार राष्ट्रीय संगठन के अलावा राज्य के पदाधिकारी

भी थे और अलीगढ़ इकाई में भी ये लोग लम्बे समय तक अध्यक्ष रहे। शहरयार तो मृत्यु पर्यन्त अलीगढ़ इकाई के अध्यक्ष थे। 1993 में उ.प्र. जनवादी लेखक संघ के सचिव पद का भार सव्यसाची के बाद मेरे कन्धों पर आया लेकिन अलीगढ़ इकाई की सचिव में शुरू से रही। बाद में डॉ. प्रदीप सक्सेना ने 2005 में यह ज़िम्मेदारी ली। अलीगढ़ इकाई में हिन्दी-उर्दू के रचनाकार बड़ी संख्या में थे और एक समय इसकी सदस्य संख्या 60 के लगभग थी जो अनेक राज्यों की सदस्य संख्या से अधिक थी। इसी के बल पर यह इकाई दो बार राष्ट्रीय कार्यकारिणी और राष्ट्रीय परिषद की बैठकें सम्पन्न करा सकी। एक अवसर पर तीन दिवसीय कार्यक्रम हुआ जिसमें कथा-गोष्ठी, कविता गोष्ठी और हिन्दी आलोचना पर आयोजन हुए। राष्ट्रीय स्तर के इन कार्यक्रमों में लगभग सवा सौ अतिथि बाहर से पधारे थे और इनमें देश के वरिष्ठ एवं शीर्ष साहित्यकार थे।

सामाजिक सन्दर्भों में भी यह इकाई सक्रिय रही। पिछली सदी के अन्तिम दशक में चुनावों के दौरान 1 जनवरी 1989 को सफ़दर हाशमी की नाट्य संस्था जन नाट्य मंच, साहिबाबाद में नुक्कड़ नाटक कर रही थी। उसी दौरान कांग्रेस से जुड़े कुछ असामाजिक तत्त्वों ने उनकी पीट-पीटकर हत्या कर दी। इसकी व्यापक प्रतिक्रिया हुई और जगह-जगह प्रदर्शन हुए अलीगढ़ में जलेस के तत्त्वाधान में जुलूस आयोजित हुआ जिसमें बहुत बड़ी संख्या में लेखकों के साथ शहर के लोगों ने हिस्सा लिया।

जैसा मैंने पहले भी कहा है, बाबरी मस्जिद में विध्वंस से एक वर्ष पहले दिसम्बर 1991 में अलीगढ़ में भीषण दंगे हुए। इसमें सरकारी आँकड़ों के अनुसार एक हज़ार और ग़ैर-सरकारी तौर पर लगभग दो हज़ार लोग मारे गये। कभी घोषित और कभी अघोषित कर्फ़्यू की वजह से शहर लगभग दो महीने बन्द रहा। शहर के भीतर हिन्दू बहुल इलाके पी.ए.सी. की तैनाती का स्वागत करते और परस्पर मित्रवत रहते। मुस्लिम बहुल मुहल्लों, मेडिकल कॉलेज से लेकर गर्ल्स कॉलेज के बीच तथा आसपास पी.ए.सी. की उपस्थिति विवादास्पद रही है। उस दौरान काफ़ी समय बाद इन इलाकों में मिलिट्री की टुकड़ियाँ तैनात हुईं, तब यहाँ के लोगों ने चैन की साँस ली। हालाँकि इस क्षेत्र में पढ़े लिखे मुस्लिमों के मुहल्ले हैं लेकिन इनमें भी व्यवस्था के तथा पुलिस के प्रति एक अविश्वास की भावना रही है, ऐसा मैंने महसूस किया है।

इस प्रसंग को यहाँ प्रस्तुत करने का मेरा मकसद यह बताना है कि घोर संकट और भय के माहौल में केवल जनवादी लेखक संघ था, जिसने आगे बढ़ कर काम किया। हिन्दी विभाग, अलीगढ़ विश्वविद्यालय के युवा प्रवक्ता अजय बिसारिया और मैंने कर्फ़्यू में ढील दिये जाने के समय शहर के भीतरी भागों में घूम कर रिपोर्टें

तैयार कर प्रशासन को तथ्य सौंपे। मेडिकल कॉलेज के बारे में फैली अफ़वाहों के निराकरण के लिए कुँवरपाल ने निरन्तर पत्रकारों से सम्पर्क कर उनको बार-बार मेडिकल कॉलेज में बुलाया और प्रत्यक्ष दिखाया, ताकि वे सच्चाई जान कर सही रिपोर्ट मीडिया में प्रसारित करें। मेडिकल कॉलेज के आसपास, भीतरी इलाक़ों में जहाँ भय का माहौल था, वहाँ जो अध्यापक हमारे सदस्य थे, उनके माध्यम से मुहल्ला कमेटियाँ बनायी गयीं, जो घूम-घूम कर लोगों को आश्वस्त करती और ज़रूरत पड़ने पर कमेटियों के साथ रात में पहरा भी देते थे। डॉ. कृष्ण मुरारी मिश्र, तारिक इस्लाम, आशिक़ बालौत, शमीम अख़्तर, तारिक छतारी, सगीर अफ़राहीम जैसे अनेक लोग इन शान्ति कमेटियों में शामिल थे और लोगों से मिलते-जुलते रहते थे। बाद में जब दिन का कर्फ़्यू ख़त्म हुआ तब संगठन की पहल पर बहुत बड़ा शांतिमार्च का आयोजन किया गया। यूनिवर्सिटी और मेडिकल कॉलेज के लोगों के साथ शहर के रास्तों से जब शन्तिमार्च निकला तो सैकड़ों की तादाद में लोग जुड़ते गये। प्रशासन ने आरम्भ में रोकने की कोशिश की लेकिन कोई न रुका। कारवाँ आगे बढ़ता गया और लोग जुड़ते गये। शिवशंकर शर्मा 'राकेश', प्रेम कुमार, वेद प्रकाश अमिताभ, नरेन्द्र तिवारी, सुरेश कुमार आदि हिन्दी के कवि, लेखक हमेशा हमारे साथ रहे। जब कर्फ़्यू हट गया और शहर सामान्य होने लगा तब जनवादी लेखक संघ की ओर से साम्प्रदायिक सद्भाव हेतु 'संस्कृति संगम' के रूप में वृहद् आयोजन किया गया। इसमें यूनिवर्सिटी तथा शहर के कॉलेजों के अध्यापक और विद्यार्थियों के अलावा बड़ी संख्या में लेखक, कवि, शायर और संस्कृतिकर्मियों ने शिरकत की। अलीगढ़ के नामी-गिरामी सभी वरिष्ठ शायरों और कवियों की उपस्थिति बहुत रोमांचक थी। हिन्दी-उर्दू कविता सत्र के बाद होने वाले रंगारंग संगीत कार्यक्रम का उद्घाटन सुप्रसिद्ध लेखक कमलेश्वर ने किया। चार बजे से रात दस बजे तक यह कार्यक्रम चला। कमलेश्वर जी और गायत्री जी रात ग्यारह बजे के बाद ही वापस दिल्ली के लिए रवाना हो सके।

इसी कड़ी में फिर जनवादी लेखक संघ ने हिन्दी के लोकप्रिय कवि नीरज और उर्दू के वरिष्ठ लेखक आले अहमद सुरूर का अभिनन्दन कार्यक्रम किया, जिन्हें पद्मश्री और पद्म विभूषण पुरस्कारों से सम्मानित किये जाने की घोषणा हो चुकी थी। दरअसल, इन कार्यक्रमों के माध्यम से लोग लम्बे समय की घुटन और भय के माहौल से निकल कर खुली हवा में साँस लेना चाहते थे। साहित्य को इसलिए मानव आत्मा का शिल्पी कहा जाता है।

आज के परिदृश्य में यह उत्साहजनक है कि सभी लेखक संगठन मिलकर काम कर रहे हैं। साहित्य और संस्कृति के मंच से जन साधारण की पक्षधरता ही प्रगतिशील और जनवादी मूल्यों की स्थापना करती है। इसलिए समानधर्मा सभी साहित्यिक और संस्कृतिकर्मियों की एकजुटता बहुत ज़रूरी है।

...और फिर, वर्तमान साहित्य

'वर्तमान साहित्य' पत्रिका का सम्पादन-प्रकाशन हमारे लिए एक विशद अनुभव के रूप में रहा। साहित्य जगत और उसकी राजनीति के रंग-रूप से इस दौरान हम रू-ब-रू हुए, वर्ना इसके दबे-छिपे गह्वर हमें न दिखते और इस ज्ञान से वंचित ही रह जाते। सुनी हुई बातें तो बहुत थीं लेकिन उन पर कभी भरोसा किया, कभी नहीं किया। दिल्ली से दूर एक कोने में रहना और चलने वाली साहित्य की राजनीति में दिलचस्पी न रखना भी एक कारण था। यूँ तो साहित्य और हिन्दी विभागों की उठा पठक के केन्द्र इलाहाबाद, बनारस और फिर लखनऊ, दिल्ली तथा ऐसे ही कुछ विश्वविद्यालय हुआ करते हैं जिनका बेहद दिलचस्प ख़ाका बनारस हिन्दू विश्वविद्यालय के हिन्दी विभाग के अध्यक्ष रहे प्रो. कुमार पंकज ने अपनी पुस्तक 'रंजिश ही सही...' में खींचा है। इस पुस्तक के दो-तीन अंश वर्तमान साहित्य में भी छपे जब हम लोग देश के बड़े शहरों की हलचल और रूप-रंग पर केन्द्रित एक शृंखला प्रकाशित कर रहे थे। अलीगढ़ से इस पत्रिका का सम्पादन-प्रकाशन जुलाई 2004 से अगस्त 2014 तक हुआ। इस दौरान प्रकाशन और साहित्य के अलावा रचनाकारों की पृष्ठभूमि और उनके सरोकारों के साथ रचनात्मकता को भी समझने का अवसर मिला।

वर्तमान साहित्य निश्चित रूप से लघु पत्रिका आन्दोलन की देन है। गम्भीर लेखन के लिए प्रतिबद्ध लेखकों ने हमेशा सामाजिक और वैचारिक दायित्व का महत्त्व समझा है। 1975 में आपातकाल लगने के बाद पत्र-पत्रिकाओं पर अघोषित प्रतिबन्ध लगे और शासन तन्त्र द्वारा लेखकों के बीच भय का माहौल बनाने की कोशिश हुई। इसके अलावा नब्बे के दशक से बड़े व्यापारिक प्रतिष्ठानों द्वारा निकलने वाली पत्र-पत्रिकाएँ बन्द होने लगीं, क्योंकि नयी पीढ़ी के मालिकों को यह साहित्य-सेवा घाटे का सौदा लगती थी। इन परिस्थितियों में लघु-पत्रिका आन्दोलन की शुरुआत हुई। लेखकों ने अपने बलबूते पर, परस्पर सहयोग करके अपने सीमित साधनों से पत्रिकाएँ निकालनी शुरू की। एक समय था जब लघु पत्रिकाओं में प्रकाशित रचनाएँ ही मुख्यधारा में

दिखायी दीं और चर्चित हुईं। ढेर सारी पत्रिकाएँ...अनेक अल्पकालीन रहीं, कुछ लम्बे समय तक निकलीं– फिर बन्द हो गयीं...लेकिन यह सिलसिला जिसने विचार और सरोकार के साहित्य को रेखांकित किया, आन्दोलन की शक्ल में जारी रहा।

इसी कड़ी में, सम्भवत: सत्तर-अस्सी के दशक में वर्तमान साहित्य का प्रकाशन शुरू हुआ। प्रारम्भ के दिनों में कभी इस पर कवि अजामिल और कथाकार अखिलेश का नाम भी दिखायी देता था। बाद में डॉ. धनंजय जो स्वयं एक समर्थ लेखक-आलोचक थे, उनके सम्पादन में पत्रिका के कई अंक निकले। मुझे याद है, नौवें दशक की शुरुआत में उनका पत्र मिलने पर मैंने भी एक कहानी भेजी थी जो इसमें छपी। बाद में चर्चित लेखक-कथाकार और भारतीय पुलिस में प्रशासनिक अधिकारी विभूति नारायण राय के पास यह पत्रिका आ गयी और वे इसे गाज़ियाबाद ले आये, जहाँ लम्बे समय तक उनकी पोस्टिंग रही। उनको श्रेय जाता है कि उन्होंने वर्तमान साहित्य की अनियतकालीनता को काफ़ी कम किया तथा उसका प्रचार-प्रसार भी बढ़ा। उस समय विभूति नारायण जी के अलावा सम्पादक मण्डल में से.रा. यात्री, हरीश चन्द्र अग्रवाल, प्रियदर्शन मालवीय और सूरज पालीवाल जी नाम रहते थे। 2000-2001 में वर्तमान साहित्य के अनेक महाविशेषांक निकले जो बहुत चर्चित हुए।

महाविशेषांकों के बाद सामान्य अंक फिर अनियतकालीन हो गये। फिर 2003 में यशपाल शताब्दी के अवसर पर यशपाल पर केन्द्रित अंक की योजना बनी और इसका दायित्व कुँवरपाल सिंह को दिया गया। अलीगढ़ में हमारे शिष्य-मित्रों का बड़ा सहयोगी समूह था। सभी इस अंक के लिए जुट गये और सितम्बर 2003 में यह अंक छप कर आ गया। उस समय यशपाल जी के बेटे आनन्द लखनऊ में ही थे। उन्होंने इसमें सहयोग किया और ज़रूरत की मूल सामग्री भी उपलब्ध करायी। यशपाल : पुनर्मूल्यांकन के रूप में यह अंक बेहद चर्चित रहा। बाद में अन्य अनेक पत्रिकाओं ने भी यशपाल पर केन्द्रित अंक निकाले।

कुछेक महीनों बाद एक मुलाकात में विभूति जी ने प्रस्ताव किया कि वर्तमान साहित्य के सम्पादन-प्रकाशन की ज़िम्मेदारी कुँवरपाल और मैं ले लें। कुँवरपाल ने तो सहमति दे दी, लेकिन मैं इसके पक्ष में नहीं थी। कारण, केवल सम्पादन ही नहीं, पूरी व्यवस्था और प्रकाशन का भार भी हम पर था। पूँजी के नाम पर धेला भी नहीं था। केवल नाम भर देने से पत्रिका कैसे चलेगी? पूँजी, प्रचार प्रसार, वितरण...ढेर सारे प्रबन्ध होने थे। इसी ऊहा-पोह में दो-तीन महीने निकल गये। इस बीच विभूति जी की ओर से कुछ पत्रिकाओं में इस आशय की विज्ञप्ति भी छप गयी जो हम लोगों

के द्वारा वर्तमान साहित्य के अलीगढ़ से सम्पादन-प्रकाशन के सम्बन्ध में थी। अब धर्मसंकट का मामला था। किसी काम से पैर पीछे खींच लेना कुँवरपाल के स्वभाव में नहीं था। मुझे भी अन्ततः सहमत होना पड़ा। घरेलू स्तर पर शुरू हुआ काम फिर इतना बढ़ गया कि लगता था दिन के चौबीस घण्टे भी कम हैं। मैंने फिर अपनी कॉलेज की नौकरी से दो साल पहले स्वैच्छिक अवकाश ले लिया। बाद में कुँवरपाल का स्वास्थ्य भी धीरे-धीरे गिरने लगा था। ऐसे में मुझे लगा कि वर्तमान साहित्य से उनकी संलग्नता उन्हें मानसिक रूप से व्यस्त रखेगी और जीवन-रेखा बनेगी।

शुरुआत में हम दो-तीन लोगों ने पाँच-पाँच हज़ार रुपये डाले। हमारे एक निकट सम्बन्धी ने तीन अंकों के लिए एक विज्ञापन का वायदा किया। हमारे ऐसे व्यापारिक-प्रशासनिक सम्पर्क सूत्र नहीं थे कि हम विज्ञापन जुटा पाते। आपसी सम्बन्धों से जो विज्ञापन जुट पाये सो ठीक वर्ना इस तन्त्र का खेला समझना हर एक का बूता नहीं। बहरहाल, व्यक्तिगत स्तर पर की जाने वाली मदद से और अपने बलबूते पर काम शुरू हुआ। कुँवरपाल के शिष्य मित्रों ने जिनमें हिन्दी विभाग के अजय बिसारिया, राजीव शुक्ल, आशिक़ बालौत, देवेन्द्र गुप्ता के अलावा उर्दू विभाग के तारिक छतारी, महताब हैदर नक़वी, सग़ीर अफ़राहीम से बहुत मदद मिली। डॉ. कमरुल हुदा फ़रीदी ने उर्दू से हिन्दी में हमारे लिए अनेक महत्त्वपूर्ण रचनाओं के अनुवाद किये। लेखन के साथ-साथ आर्थिक रूप से हम लोगों के मित्र प्रख्यात शायर शहरयार और उर्दू कथाकार काज़ी अब्दुल सत्तार भी अक्सर सहयोग करते थे। कुँवरपाल के अनेक लेखक-साहित्यकार मित्र जो विभिन्न विश्वविद्यालयों में थे, उन्होंने भी बहुत मदद की। उनके व्यक्तिगत प्रयासों से तथा बुक स्टाल के ज़रिये पत्रिका लोगों तक पहुँचती थी। वे पाठकों से पैसे भी इकट्ठा करते और हम तक पहुँचाते। बनारस हिन्दू विश्वविद्यालय के प्रो. शुकदेव सिंह, कुमार पंकज, अनूप वशिष्ठ के अलावा जोधपुर से सूरज पालीवाल, देहरादून के (स्व.) त्रेपन सिंह चौहान, मण्डी (हिमाचल प्रदेश) के कवि सुरेश सेन निशांत तथा भोपाल के जाने-माने कवि राम मेश्राम, बसन्त सकरगाये और लेखक सन्तोष चौबे, दिल्ली के कवि और रंगकर्मी अशोक तिवारी सदैव मददगार रहे। चर्चित कवि, गीतकार बुद्धिनाथ मिश्र तो स्वयं आगे आये और उन्होंने मदद की। लखनऊ के हमारे वरिष्ठ साथी बाबूराव जी और इटावा के साथी (और किसान नेता) मुकुट सिंह ने भी हमेशा मदद की। लेखक-प्रशासक के रूप में चर्चित भोपाल के मनोज कुमार श्रीवास्तव तथा लखनऊ के डॉ. हरदेव सिंह सदैव सहायता के लिए तत्पर रहे। अलीगढ़ से लम्बे समय तक प्रकाशित होने वाली इस पत्रिका ने हमारी इस धारणा को मज़बूत किया कि साहित्य और सामाजिक सरोकार

एक दूसरे के पूरक हैं और अगर उद्देश्य गम्भीर हैं तो समानधर्मा सहयोगी भी मिल ही जाते हैं। वैचारिक प्रतिबद्धता और समर्पण से ही लम्बे समय तक काम चल सकता है। पत्रकारिता के क्षेत्र में हमारे पुरखों ने उन्नीसवीं सदी से जो काम शुरू किया इसमें उनका समर्पण, बलिदान और उद्‌देश्य के प्रति गम्भीरता ही थी।

हमारे सामने सबसे पहला काम पत्रिका को नियमित करना था। हमने तय किया कि हर हाल में पत्रिका पाठकों तक महीने की दूसरी-तीसरी तारीख़ तक ज़रूर पहुँचेगी और इसमें सफल हुए।

सबसे पहला काम एक हिन्दी टाइपिस्ट की खोज थी। अजय बिसारिया एक नौजवान लड़के बिसारत अली को खोज कर लाये जिससे वे लोग यूनीवर्सटी के पास के मार्केट में ज़रूरत पड़ने पर हिन्दी की सामग्री टाइप कराया करते थे। मार्केट में वह दो हज़ार रुपये महीने पर काम करता था और वह भी सवेरे दस बजे से लेकर शाम सात बजे तक। अब वह हमारे यहाँ काम करता दो-तीन घण्टे। बिसारत अली हिन्दी का बेहतरीन टाइपिस्ट था जिसे बाद में सबने प्रयास करके यूनीवर्सटी के हिन्दी विभाग में नौकरी दिलवा दी। वर्तमान साहित्य बन्द होने के बाद भी वह मेरे साथ बना रहा। दुखद यह रहा कि इस कोरोना काल में वह इसकी चपेट में आ गया और चल बसा। रचनाएँ पढ़ने, चयन करने का काम शुरुआत में कुँवरपाल और मैं दोनों ही करते। प्रूफ रीडिंग कर, मैटर तैयार करने में पूरी शिष्य मण्डली लगती और फिर पत्रिका के रूप में तैयार करने की ज़िम्मेदारी बिसारत अली और मेरी ही होती। व्यवस्था सम्बन्धी भाग-दौड़ भी बहुत हो जाती।

शुरुआत में असग़र वजाहत साहब ने बहुत उपयोगी सुझाव दिये। कवर का टाइटल बदला गया। अब वर्तमान छोटे अक्षरों में और साहित्य बड़ा हो गया। वे मेरे साथ दिल्ली कान्ति जी के मकान पर भी आये, जो प्रकाशक थे। तब उनके घर पर ही कम्पोजिंग और प्रिंटिंग होती थी। शुरू-शुरू में हम तैयार मैटर डाक से भेजने के बाद फाइनल प्रूफ रीडिंग के लिए दिल्ली जाते, लेकिन फिर कान्ति जी स्वयं इस ज़िम्मेदारी को सँभालने लगे। तीन-चार साल बाद तो हम ले-आउट के साथ पूरी पत्रिका तैयार कर मेल से भेजने लगे और वह ज्यों कि त्यों छपती। हमारा काम बढ़ गया लेकिन पत्रिका की छपाई जल्दी होने लगी। पत्रिका की पैकिंग और डाक से रवानगी दो दिन में हो जाती। हमारे एक परिचित जो रिटायर हो चुके थे तथा साहित्य के प्रति उत्साही थे, उन्होंने यह ज़िम्मेदारी सँभाली जिसमें हमारा ड्राइवर भी पूरी मदद करता। सारा प्रबन्धतन्त्र घरेलू स्तर पर ही था। एक पुराना कम्प्यूटर जो हमारा बेटा छोड़ गया था, उस पर टाइप की शुरुआत हुई। कुछ समय बाद हमारी बेटी ने एक फैक्स मशीन, स्कैनर और प्रिंटर हमें उपहार स्वरूप दिये जिनकी हमें ज़रूरत थी।

वर्तमान साहित्य का काम शुरू हुआ, उसके लगभग सात साल पहले कुँवरपाल सेवानिवृत्त हो चुके थे। मैंने भी रिटायरमेंट ले लिया था। उस समय पेंशन भी बहुत मामूली थी। ऑफ़िस के ज़रूरी खर्चों के अलावा कान्ति जी को प्रिंटिंग के पैसे देना ही होते थे। इसके बाद सबसे बड़ा खर्च डाक का था। हमें पत्रिका के डाक खर्च में रियायत नहीं मिलती थी क्योंकि हमारे पास वर्तमान साहित्य के रजिस्ट्रेशन के काग़ज़ात नहीं थे और उसके बिना डाक विभाग में आवेदन नहीं हो सकता था। हमने रजिस्टेशन नम्बर राय साहब से माँगे तो उन्होंने कहा कि उनके पास नहीं हैं। पुराने सम्पादक मण्डल में किसी के पास नहीं था, छापने वाले कान्ति जी के पास नहीं था और पूर्व प्रकाशक-व्यवस्थापक रघुनाथ शर्मा के पास भी नहीं था। रघुनाथ शर्मा जी ने यह भी कहा कि अगर हम बिना रजिस्ट्रेशन काग़ज़ों के पत्रिका छापते रहे तो हमें धोखाधड़ी के केस में जेल जाना पड़ेगा।

जेल जाने वाली बात तो हवन करने में हाथ जलने जैसी थी। दो-ढाई साल हम इस समस्या से जूझे। हमें समझ ही नहीं आता था कि क्या करें। दिल्ली में पंजीकरण कार्यालय से सम्पर्क साधा, अजय और मैं दो बार दिल्ली गये लेकिन मूल प्रपत्र न होने की वजह से काम नहीं बना। कुँवरपाल आने-जाने की स्थिति में थे नहीं। दिल्ली के एक मित्र को काम सौंपा गया, लेकिन निराशा ही हाथ लगी। फिर एक बार अजय और मैं गाज़ियाबाद के हेड पोस्ट ऑफ़िस गये। सोचा, यहाँ से पूर्व में पत्रिका भेजी जाती थी, सो वहाँ ज़रूर काग़ज़ जमा कराये गये होंगे। पूरा दिन हमने वहाँ काग़ज़ खंगाले, लेकिन आश्चर्य वहाँ भी कुछ नहीं था।

एक दिन अजय ने एक सूचना दी। उनके मित्र श्री मनोज यादव जो उनके सहपाठी रहे थे और भारतीय पुलिस सेवा में थे, वे दिल्ली आ गये थे। अलीगढ़ में उनसे मुलाक़ात हुई तो साहित्य-चर्चा के दौरान वर्तमान साहित्य का ज़िक्र हुआ और समस्या भी सामने आयी। उनकी मदद और सम्पर्क सूत्रों के ज़रिये रजिस्ट्रेशन कार्यालय से ही पुराने काग़ज़ निकले और नवीनीकरण का काम हुआ। मनोज जी एक कुशल पुलिस प्रशासक रहे और कुछ समय पहले ही हरियाणा कैडर से सेवानिवृत्त हुए हैं।

पत्रिका की शुरुआत में ही एक दिलचस्प वाक़या हुआ। जुलाई 2004 से पत्रिका का सम्पादन-प्रकाशन शुरू हुआ ही था कि हमें दिल्ली के एक नामचीन समीक्षक जो विभूति जी के मित्र थे और पहले भी पत्रिका से जुड़े रहे थे, उनका चार पेज का लम्बा पत्र मिला। उन्होंने पत्रिका के सम्पादन के सम्बन्ध में अनेक मशवरे तथा कुछ निर्देश भी दिये थे। उन्होंने तीन लम्बी सूचियाँ भेजीं जिनमें कवि, कथाकार

तथा समीक्षक-आलोचकों के नाम थे और लिखा था कि इनके बिना हिन्दी की कोई साहित्यिक पत्रिका नहीं निकल सकती।

हम लोगों ने पत्र में दिये गये निर्देश पढ़े। अजीब महसूस हुआ। लगा कि वर्तमान साहित्य में हमारी भूमिका शायद दिल्ली के साहित्य-समाज को पसन्द नहीं आयी या कि हम पर भरोसा नहीं है। कुँवरपाल ने पत्र पढ़ा और हँस दिये। बोले, इसे तह करके रख दो और अपना काम करते रहो।

कुँवरपाल ने वर्तमान साहित्य के विशेषांकों के लिए कुछ योजनाएँ तैयार की थीं। 2005 में पहला विशेषांक रांगेय राघव पर निकला जिसका साहित्य जगत में और पाठकों में बहुत स्वागत हुआ। दूसरे विशेषांक की योजना प्रवासी लेखन अंक के रूप में बनी। इस विशेषांक ने दिल्ली के साहित्य और प्रकाशन जगत की राजनीति के एक अलग चेहरे से परिचित कराया जिसके बारे में सुना तो करते थे लेकिन अब प्रत्यक्षदर्शी और भुक्तभोगी भी थे।

2005 की शुरुआत की बात है। कुँवरपाल के शिष्य-मित्र और हमारे परिवार के सदस्य जैसे असग़र वजाहत साहब ने प्रवासी भारतीय लेखन विशेषांक की एक बेहतरीन योजना बनायी। ढेर सारे प्रवासी हिन्दी लेखकों से उनका परिचय था। वे यात्राएँ भी करते रहते थे। उन्होंने इस अंक की पूरी ज़िम्मेदारी लेते हुए एक सुझाव दिया कि किसी प्रकाशक से बात कर ली जाये। वह हमारी पत्रिका छाप दे और अंक के पुस्तक रूप में प्रकाशन के अधिकार उसे दे दिये जायें। हम यह अंक जनवरी 2006 में प्रवासी दिवस सम्मेलन के अवसर पर निकालना चाहते थे। असग़र साहब ने राजकमल प्रकाशन के मालिक से बात कर ली और उन्होंने प्रस्ताव स्वीकार कर लिया। हम लोग राजकमल के नाम पर तैयार नहीं थे। हमारे पुराने कटु अनुभव थे, इसलिए हमें उन पर भरोसा नहीं था। असग़र साहब ने हमें आश्वस्त किया। मैं फिर भी सशंकित थी। मैंने एक अनुबन्ध तैयार कराया जिसके अनुसार हम पूरी सामग्री अक्तूबर 2005 के पहले सप्ताह में दे देंगे। वे हमें जनवरी 2006 की पहली-दूसरी तारीख़ तक दो हज़ार प्रतियाँ विशेषांक की देंगे और पुस्तक के रूप में प्रकाशन पर उनका अधिकार होगा। इस अनुबंध पर असग़र साहब और मैंने हस्ताक्षर किये और दिल्ली में राजकमल के मालिक ने हस्ताक्षर किये। असग़र साहब ने हस्ताक्षरित अनुबन्ध देकर मेरी दुविधा दूर करनी चाही।

असग़र साहब और उनकी टीम ने बहुत मेहनत की और समय से पाण्डुलिपि प्रकाशक को सौंप दी। फिर पता चला कि सामग्री बहुत है तो कहा कि जनवरी-फरवरी संयुक्तांक होगा। अब...नवम्बर-फिर दिसम्बर का महीना निकल गया...अंक का पता नहीं।

फिर जनवरी भी निकल गयी। फरवरी ख़त्म हो रही थी। मेरे आग्रह पर असग़र साहब और मैं राजकमल के ऑफ़िस बात करने के लिए गये। मालिक वहाँ मौजूद थे लेकिन वे हमसे नहीं मिले। अब तीन महीने हो चले। पत्रिका का कोई अंक नहीं आया। लोगों को लगा कि वर्तमान साहित्य बन्द हो गया है। पूरी पांडुलिपि राजकमल के पास थी। खबरें मिल रही थीं कि दिल्ली में कहीं ढकी-छिपी तो कहीं खुली हंसी का माहौल था। हमें इसका अन्दाजा था। अलीगढ़ से वर्तमान साहित्य के प्रकाशन के बाद जहाँ सकारात्मक साहित्यिक-पाठकीय प्रतिक्रियाएँ मिल रही थीं, वहीं कुछ साहित्यिक नेतागण अपना असन्तोष जाहिर कर रहे थे जो राय साहब के माध्यम से हम तक पहुँच रही थीं। हमें महसूस हुआ कि शायद तय करके विशेषांक रोकने का प्रयास हो रहा है। हमने राजकमल से जुड़े चर्चित कवि मदन कश्यप जी से बात की। उन्होंने आश्वस्त किया कि पत्रिका ज़रूर निकलेगी। सामग्री बहुत है इसलिए दो अंक निकलेंगे। सवाल वही था कि आख़िर कब...? मार्च के शायद दूसरे-तीसरे सप्ताह में राजकमल के स्वामी का कुँवरपाल के लिए फ़ोन आया। उन्होंने कहा कि प्रवासी रचनाकारों की भाषा-शैली शुद्ध नहीं है और वे इस रूप में नहीं छापेंगे। उनका कहना था कि हम समस्त रचनाओं को शुद्ध कर भेजें।

यह एक अचम्भा था। सभी प्रवासी लेखक हिन्दी के सुपरिचित, प्रतिष्ठित रचनाकार थे। बहरहाल, यह तय हो गया कि बिना पूरी पाण्डुलिपि को 'शुद्ध' किये, यह अंक नहीं छपेगा।

हम तो ठगे से रह गये। दिल्ली के साहित्यिक माफियाओं के जाल में हम फंस चुके थे। फिर किसी तरह दुबारा वह सामग्री हमलोगों के कवि-मित्र लेखक रामकुमार कृषक जी के प्रयासों से छपी और प्रवासी-लेखन के दो विशेषांक निकले, यह अलग कहानी है। इस काम के लिए एक साथ रक़म जुटाना मुश्किल था। मैं 2005 में स्वैच्छिक सेवानिवृत्ति ले चुकी थी। ग्रेचुइटी वग़ैरह मिली थी जो अब इन दो अंकों के प्रकाशन में काम आयी। इस विलम्ब से अंकों का सिलसिला भी गड़बड़ा गया था लेकिन सन्तोष था कि दोनों अंक बेहद चर्चित रहे। असग़र साहब और उनकी टीम की मेहनत का फल था। आज 17-18 साल बाद भी उन अंकों की मांग बनी हुई है। प्रवासी-अंक की विलम्ब कथा को कुँवरपाल ने विस्तार से उस अंक के सम्पादकीय में लिखा है। इस प्रकरण ने साहित्य के चौधरियों के बारे में हमारा ज्ञान बहुत बढ़ाया।

उसके बाद तो फिर हम लोग एक अन्य विशेषांक '1857-जन प्रतिरोध' की तैयारी में लग गये। यह भी बहुत मकबूल हुआ। सुभद्रा कुमारी चौहान पर केन्द्रित अंक की माँग भी बहुत हुई। इसमें उनके कवि-रूप के अलावा उनके व्यक्तित्व और

सामाजिक-राजनीतिक सरोकारों तथा उनके गद्य लेखन पर भी सामग्री थी जिस पर अधिक चर्चा नहीं हुई है। आमतौर पर उनका मूल्यांकन 'झाँसी की रानी' कविता तथा स्वाधीनता आन्दोलन में उनकी भागीदारी तक सीमित रहा है। जन्म-शताब्दी वर्ष में मजाज़ लखनवी, सआदत हसन मंटो के अलावा मुईन अहसन जज़्बी, वामिक जौनपुरी, दुष्यन्त कुमार, कमलेश्वर, ख़्वाजा अहमद अब्बास और ज्ञानपीठ पुरस्कार से सम्मानित अलीगढ़ के और जनवादी लेखक संघ से आजीवन जुड़े रहे शायर शहरयार पर केन्द्रित अंक भी निकले।

वर्तमान साहित्य के अलीगढ़ प्रकाशन से सबसे बड़ा सन्तोष हमें यह रहा कि पत्रिका का प्रसार बढ़ा। ए.एच. व्हीलर के बुक स्टॉलों के अलावा सबसे बड़ा सहयोग इसमें मित्रों और लेखकों का रहा। हिमाचल प्रदेश, कश्मीर तथा पूर्वोत्तर राज्यों से लेकर बिहार, पश्चिम बंगाल, महाराष्ट्र, तमिलनाडु, केरल के अलावा उत्तर भारत के लगभग सभी प्रान्तों में पत्रिका विभिन्न बुक स्टॉलों के साथ ही पुस्तकालयों में भी जाती थी। हमें पाठकों, लेखकों के पत्रों से इसकी पहुँच की जानकारी मिलती थी। झारखण्ड, छत्तीसगढ़, ओडिशा के आदिवासी क्षेत्रों से पत्रों के साथ रचनाएँ भी मिलती थीं। हमारी शुरू से कोशिश रही कि लेखक और पाठक के रूप में देश के हर कोने से लोग जुड़ें। अहिन्दी भाषी क्षेत्रों से अनुवादित रचनाओं के अलावा हिन्दी में भी रचनाएँ होतीं। भाषा के स्तर पर त्रुटियों की भरमार होती। उनमें सुधार करना रचना को दुबारा लिखने जैसा होता। यह श्रम साध्य था और समय भी लगता था लेकिन इससे उस क्षेत्र के लेखकों का जुड़ाव होता और उनका हिन्दी प्रेम भी दृष्टिगत होता। इस काम को मैंने स्वीकार किया, हालाँकि सम्पादकीय टीम के साथियों का कहना था कि हमें लेखक से ही दुबारा लिखवाना चाहिए। हमारे साथी कहते कि जितना समय रचना को सुधार कर लिखने में लगता है, उतने समय में स्वयं की मौलिक रचना लिखी जा सकती है। इस सम्बन्ध में हमारा उद्देश्य उस क्षेत्र की अच्छी रचना को प्रस्तुत करना और लेखक के उत्साह को बनाये रखना था।

अलीगढ़ से पत्रिका बन्द होने के बाद मुझे याद है कि हिमाचल प्रदेश से एक लेखक का मेरे पास फ़ोन आया था। वे कह रहे थे, कि मैं तो कभी आपसे मिला नहीं, आपको कभी पत्र भी नहीं लिखा। फिर भी आपने मेरी तीन कहानियाँ वर्तमान साहित्य में छापीं...। मुझे लगाकि क्या ऐसा भी होता है? कहानी अच्छी थी, छपने लायक थी सो छपी। हम इस जान-पहचान वाली संस्कृति से सचमुच अनभिज्ञ ही रहे। बहुत लोगों के फ़ोन आते रहे। आज भी जब लोग बात करते हैं तब अच्छा लगता है। हमारे लिए यह सन्तोष की बात थी कि पत्रिका साहित्य प्रेमियों, रचनाकारों के

अलावा व्यापक स्तर पर आम लोगों के बीच गयी जिनके लिए सरोकारों की बात हम साहित्य और समाज में करते हैं। नये लेखकों की रचना को वापस करते समय अक्सर मैं पत्र लिख कर सुझाव देती और दुबारा लिखने के लिए कहती तो उनके लिए भी उत्साहवर्धक होता। कभी-कभी, ख़ास तौर से बड़े लेखक की नाराज़गी भी झेलनी पड़ी है, ख़ासकर कमलेश्वर की कहानी लेखन प्रतियोगिता के सिलसिले में। बहरहाल, पत्रिका के सम्पादन-प्रकाशन के ज़रिये साहित्य जगत की सोच और सामाजिकता के बारे में हमारा बहुत ज्ञानवर्धन हुआ।

वर्तमान साहित्य के मंच का इस्तेमाल हम अन्य अनेक साहित्यिक-साँस्कृतिक गतिविधियों में कर सके, इसकी हमें ख़ुशी है। हम लोगों के मित्र, अग्रणी प्रगतिशील साहित्यकार-कवि और स्वतन्त्रता सेनानी डॉ. मलखान सिंह सिसौदिया, अलीगढ़ के पास एटा में रहते थे। वह लम्बे समय तक वहाँ के पोस्ट ग्रेजुएट कॉलेज में प्रिंसिपल रहे। एटा में जब जनवादी लेखक संघ की इकाई का गठन हुआ तब अध्यक्ष के रूप में वे सक्रिय हो गये। कार्यक्रमों तथा मीटिंगों के सिलसिले में वे अलीगढ़ आते तो कुँवरपाल के शिष्य और कॉलेज में प्रवक्ता गोपाल कृष्ण शर्मा भी उनके साथ रहते जो एटा में जनवादी लेखक संघ के सचिव थे। रिटायरमेंट के बाद भी सिसौदिया जी वहीं थे। एटा में उनका बड़ा हवेलीनुमा मकान था। वे निरन्तर लेखन में सक्रिय थे और रिटायरमेंट के बाद उनके दो और काव्य संग्रह तथा संस्मरणों की पुस्तक छपी। बाद में गिरते स्वास्थ्य के कारण उन्होंने अपने बेटे के पास हैदराबाद जाकर रहने का फ़ैसला किया। जाने से पहले उन्होंने कहा कि वे वर्तमान साहित्य से जुड़े रहना चाहते हैं। कुँवरपाल ने उन्हें सुझाव दिया कि वे वैचारिक रूप से सम्पन्न युवा कवियों के लिए प्रोत्साहन हेतु एक पुरस्कार की स्थापना कर सकते हैं जो निरन्तर चलता रहेगा। उन्होंने कुछ धनराशि वर्तमान साहित्य को प्रदान की और कहा कि लगभग ग्यारह हज़ार रुपये जो प्रतिवर्ष ब्याज मिलेगा, वह किसी प्रगतिशील, जनवादी सोच के युवा कवि को सम्मान राशि के रूप में प्रदान किया जायेगा। हम लोगों ने उसे 'मलखान सिंह सिसौदिया कविता पुरस्कार' के रूप में स्थापित कर उसे वर्तमान साहित्य के साथ जोड़ दिया। हमें ख़ुशी है कि 2007 से शुरू हुआ यह आयोजन अब तक निरन्तर चल रहा है। 2014 के बाद यह कविता-सम्मान 'के.पी. सिंह मेमोरियल ट्रस्ट' के माध्यम से आयोजित होता रहा है।

2007 से ही वर्तमान साहित्य के मंच से हम लोगों के मित्र और सुप्रसिद्ध कथाकार कमलेश्वर के सहयोग से प्रतिवर्ष कहानी-पुरस्कार के आयोजन की योजना बनी। यह भी एक दिलचस्प प्रसंग है। 'हंस' पत्रिका के यशस्वी सम्पादक राजेन्द्र यादव जी ने

2006 में 'हंसाक्षर कहानी पुरस्कार' की घोषणा की। उनकी योजना प्रतिवर्ष हिन्दी में प्रकाशित होने वाली कहानियों में से एक सर्वश्रेष्ठ रचना को पुरस्कृत करने की थी। इस योजना में कमलेश्वर जी भी शामिल थे और प्रतिवर्ष पुरस्कार राशि उनके द्वारा ही प्रदान की जाने वाली थी। प्रथम आयोजन हेतु कहानियों का चयन राजेन्द्र जी द्वारा कर लिया गया था। इससे पहले कि चयनित बारह कहानियाँ तथा पुरस्कृत कहानी की घोषणा हो, कमलेश्वर जी ने राजेन्द्र जी से कहा कि वे स्वयं उन कहानियों को देखना चाहेंगे और अपनी राय देंगे। राजेन्द्र जी सहमत थे।

कमलेश्वर जी ने मुझे फ़ोन किया कि मैं दिल्ली जाऊँ और उन चयनित कहानियों को पढ़कर अपनी राय दूँ। मेरे लिए यह धर्मसंकट का मामला था। कहानीकार के रूप में दोनों ही मेरे गुरु समान थे। राहत तब मिली जब राजेन्द्र जी ने मुझे फ़ोन किया कि कब आ रही हो कहानियाँ पढ़ने के लिए। कुँवरपाल बोले कि जो काम करना है, उसमें देर मत करो। मैं दूसरे दिन सवेरे दिल्ली चली गयी और नौ-साढ़े नौ बजे उनके घर पहुँच गयी। राजेन्द्र जी नाश्ते पर मेरा इन्तजार कर रहे थे। उन्होंने बढ़िया नाश्ता कराया। फिर ड्राइंग रूम में कहानियों का बंडल मुझे थमा दिया और कहा कि तुम बैठकर इन्हें पढ़ो...और वे अन्दर सोने चले गये। क़रीब एक बजे वह तैयार होकर आये। मैं लगभग सभी कहानियाँ पढ़ चुकी थी, केवल दो-तीन रह गयी थीं। उन्हें लेकर हम 'हंस' कार्यालय पहुँच गये। वहाँ शेष कहानियाँ पढ़ीं। मैं कहानियों पर नोट्स लेती रही। लौट कर मैंने कहानियों पर टिप्पणी लिखी और कमलेश्वर जी के सामने विस्तार से अपनी राय रख दी। मेरे विचार से पुरस्कार के लिए जिस कहानी को चयनित किया गया था, उसके स्थान पर पाँचवें क्रम पर रखी कहानी सबसे अच्छी थी।

दिसम्बर में 'हंसाक्षर' का यह आयोजन होना था। उससे पहले ही कमलेश्वर जी उस योजना से हट गये। मुझे लगता है कि कमलेश्वर जी सम्भवत: उस लम्बी अवधि की योजना में शामिल नहीं होना चाहते थे। कुछ समय बाद उन्होंने कहानी पुरस्कार के लिए प्रतिवर्ष वर्तमान साहित्य को ग्यारह हज़ार की धनराशि देना प्रस्तावित किया। सोच-विचार कर अन्त में प्रस्ताव पर हम लोग सहमत हो गये और फिर 'कमलेश्वर-वर्तमान साहित्य कहानी पुरस्कार' की घोषणा की गयी। कमलेश्वर जी ने पहली किस्त के रूप में तुरन्त ग्यारह हज़ार का चेक भेज दिया।

यह दुर्भाग्य रहा कि प्रथम आयोजन से पहले ही उनका अचानक निधन हो गया। दिसम्बर 2007 में पहला आयोजन हुआ जिसमें गायत्री जी और उनका परिवार सम्मिलित हुआ। उसके बाद आलोक त्यागी जी प्रतिवर्ष ग्यारह हज़ार रुपये पुरस्कार राशि भेजते रहे और हम लोग निरन्तर आयोजन करते रहे। अन्तिम कार्यक्रम 2014

में हुआ। उसके बाद गायत्री भाभी का निधन हो गया। आलोक जी भी सम्भवत: कुछ संकट में थे अत: यह योजना फिर आगे नहीं चली। यूँ तो वर्तमान साहित्य में प्रकाशन हेतु ढेर सारी कहानियाँ आती रहती थीं लेकिन इस आयोजन के लिए प्रतिवर्ष पैंतीस-चालीस कहानियाँ मिलती थीं। समय तो लगता था लेकिन मैं स्वयं सारी कहानियाँ पढ़ने के बाद अपने सहयोगियों को देती। पहले स्तर पर पन्द्रह-सोलह कहानियों के चयन के बाद अन्तिम चरण पर छह-सात कहानियों को हम निर्णायक मण्डल के पास भेजते। पुरस्कृत कहानी के अलावा अन्तिम चरण में चयनित सभी कहानियाँ पत्रिका में छापी जातीं। कविता-पुरस्कार के लिए भी यही चयन प्रक्रिया हम लोगों ने रखी और अन्तिम निर्णय निर्णायक मण्डल का ही रहा।

आज पीछे मुड़कर देखती हूँ तो सन्तोष होता है कि वर्तमान साहित्य के माध्यम से हम साहित्य की धारा को यथासम्भव प्रगतिशील विचारों के साथ व्यापक सामाजिक सरोकारों से जोड़ पाये और आम लोगों की अभिव्यक्ति को रचनात्मक माध्यम प्रदान करने की कोशिश की। ढेर सारे अनाम, छोटे शहरों, क़स्बों में रहने वाले रचनाकारों को सामने लाने का प्रयास भी किया।

दरअसल, आज पत्रिका का प्रकाशन एक मिशन के रूप में ही सम्भव है...यह हमने सीखा। साहित्य जगत की उठापटक और राजनीति से दूर, समाज की अन्तर्धारा के रूप में साहित्य की उपस्थिति बनाये रखना, सामूहिक प्रयास से ही सम्भव है और इस काम में...जो घर फूँके आपनौ चले हमारे साथ, उक्ति ही चरितार्थ होती है।

OOO